Bruno Keiser
Adelheid

Zu diesem Buch

Daß auch Frauen Geschichte machen, beweist Adelheid (931 bis 999), Königin von Italien (947) und als Gemahlin Ottos des Großen Kaiserin des Römischen Reiches (962). Sie entwickelte schon damals ein Konzept von Europa und wirkte mit bei der Gestaltung und Bewahrung des entstehenden Reiches. Mit Hartnäckigkeit und Machtbewußtsein, mit Charme und Diplomatie setzte sie ihre Ziele durch. Ihr Leben spielte sich nicht nur in Palästen und Pfalzen ab, sondern auch im Kerker, auf Feldzügen und Reichstagen. Als Gründerin eines Klosters in Selz im Elsaß wurde sie 1097 heiliggesprochen. Das anschaulich erzählte Lebensbild einer klugen und tatkräftigen Herrscherin zur Zeit der letzten Jahrtausendwende läßt zugleich ein faszinierendes Bild der Zeit entstehen, in der sich altrömische und karolingische Traditionen zur Idee eines neuen, gemeinsam von Kaiser und Papst geleiteten abendländischen Weltreiches verbanden.

Bruno Keiser, geboren 1928 in Zoppot bei Danzig, studierte Geschichte, Theatergeschichte und Germanistik. Er war dreißig Jahre lang für das Bayerische Fernsehen mit Schwerpunkt Geschichte tätig.

Bruno Keiser
Adelheid
Königin, Kaiserin, Heilige

Ein Leben in bewegter Zeit

Piper München Zürich

FSC

Dieses Taschenbuch wurde auf FSC-zertifiziertem Papier gedruckt. FSC (Forest Stewardship Council) ist eine nichtstaatliche, gemeinnützige Organisation, die sich für eine ökologische und sozialverantwortliche Nutzung der Wälder unserer Erde einsetzt (vgl. Logo auf der Umschlagrückseite).

Ungekürzte Taschenbuchausgabe
Piper Verlag GmbH, München
1. Auflage Dezember 1999
5. Auflage Oktober 2006
© 1995 Droste Verlag GmbH, Düsseldorf
unter dem Titel
»Bevor das Jahr Tausend anbrach. Adelheid.
Königin, Kaiserin, Heilige. Ein Leben in bewegter Zeit«
Umschlag: Büro Hamburg
Stefanie Oberbeck, Katrin Hoffmann
Foto Umschlagvorderseite: Kaiserin Adelheid, Stifterfigur
im Dom zu Meißen
Papier: Munken Print von Arctic Paper Munkedals AB, Schweden
Gesamtherstellung: Clausen & Bosse, Leck
Printed in Germany
ISBN-13: 978-3-492-22995-1
ISBN-10: 3-492-22995-6

www.piper.de

Inhalt

1. Kapitel

Eine Lanze als Wegweiser

Die prunkvolle Fassade der Neuen Hofburg in Wien flößt dem Spaziergänger gehörigen Respekt ein. Im Rasen davor steht ein Denkmalsockel, auf dem der Feldherr Prinz Eugen von Savoyen galoppiert. Aus der Gegenrichtung sprengt Erzherzog Karl heran. Etwas eingeschüchtert verläßt der Besucher den Heldenplatz und eilt in eine dunkle Passage. Er wendet sich nach rechts und betritt den Schweizerhof. Der bebilderte Stadtführer in seiner Hand belehrt ihn, er nähere sich jetzt dem ältesten Teil des umfangreichen und vielgliedrigen Gebäudes. In der Südostecke führt eine Art Rampe abwärts. Erinnerungen an die Besichtigung von Grabkammern drängen sich auf, doch der Weg endet vor der Garderobe der ›Weltlichen und Geistlichen Schatzkammer‹, einer der Abteilungen des Kunsthistorischen Museums.

Kaum ist die Eintrittskarte gelöst und geprüft, kommt Gold in Sicht. Die jüngere Vergangenheit, das 19. Jahrhundert funkelt verführerisch. In den Vitrinen entfaltet sich die späte Pracht eines Reichs, das nicht mehr besteht. Es entstand vor etwa tausend Jahren. In diese ferne Epoche wünscht der Besucher vorzudringen. Im 10. Jahrhundert nach Christus hat die Kaiserin Adelheid gelebt. Ihr möchte er sich mit der Hilfe des Museums nähern.

Zu den Schwierigkeiten, die sich der Reise in die Vergangenheit entgegenstellen, gehört die Abfolge der Räume der Wiener Schatzkammern. Auf den Raum 4 folgt Raum 9. Sobald das ›Kaisertum Österreich‹ besichtigt ist, beginnt das ›Heilige Römische Reich‹. Der gewohnte Zusatz ›deutscher Nation‹ fehlt. Das Aufsichtspersonal erklärt auf Nachfragen, man befände sich schließlich in Wien.

Der gelehrte Betreuer einer Gruppe ausländischer Touristen weiß mehr. Die besagte Bezeichnung sei erst im 15. Jahrhundert aufgekommen. Sie habe ursprünglich nur das deutsche Reichsgebiet von den Reichsteilen Italien und Burgund unterschieden. Die Information beruhigt den Besucher. Sie bestätigt ihm, daß er sich auf dem richtigen Weg befindet. Burgund und Italien will er kennenlernen, allerdings zu einem Zeitpunkt, als die beiden Länder noch Königreiche und keine Reichsteile waren.

Während dieser Überlegungen entfaltet sich ringsherum die Zeit der Staufer. Wunderbare Stoffe in erlesenen Farben und ausgestattet mit feinen Stickereien sind zu sehen. Namentlich die italienischen Prunktextilien des 12. und 13. Jahrhunderts werden mit den prosaischen Angaben ›Mäntel, Kleider, Strümpfe‹ nur unzulänglich vorgestellt. Das Exponat 148 beispielsweise, ein in Palermo angefertigtes Paar Handschuhe, besteht aus Samt, Gold, Silber, Emaille und Edelsteinen. Vermutlich streifte sich der Enkel Kaiser Barbarossas, der Staufer Friedrich II., die kostbaren Stücke über, als er am 22. November 1220 frühmorgens aus seinem Zelt auf dem Monte Mario trat, um sich zur Kaiserkrönung in die Peterskirche zu begeben. Zweihundertachtundfünfzig Jahre vor ihm waren König Otto und seine Gemahlin, die Königin Adelheid, vom gleichen Ort zur selben Zeremonie aufgebrochen. Die so oft erstrebte Kaiserkrone gehört zu den Kostbarkeiten der Wiener Schatzkammer.

Jeder Schritt durch die Säle läßt Jahrzehnte, manchmal Jahrhunderte verstreichen. Schicksal fliegt vorbei. Die ausgestellten Gegenstände berichten unaufhörlich von Glück und Unglück, Siegen und Niederlagen. Mit Raum 11 ist das Ziel des Vorstoßes in die Geschichte erreicht. Es öffnet sich das Portal zum Reich der Salier, der Ottonen und der Karolinger. Wenn irgendwo ein Objekt gefunden werden kann, das hilft, in den fernen, durch Unkenntnis, Vorurteile und Mißverständnisse versperrten Bereich des 10. Jahrhunderts einzudringen, dann hier.

Um die Schaukästen, in denen die Reichskleinodien aufbewahrt werden, drängen sich die Neugierigen. Der Besucher tritt zu den weniger belagerten Vitrinen. Sein Blick tastet den sogenannten Säbel Karls des Großen ab. Er verharrt bei dem knapp vor 800 entstandenen Krönungsevangeliar. Es folgen Reichskreuz, Reichsschwert, Reichsapfel und endlich die berühmte Reichskrone. Bei der Umkreisung dieses Wunderwerks erscheinen die biblischen Könige David und Salomon vor goldenem Hintergrund und mahnen zur Rechtlichkeit. Der Prophet Isaias äußert sich über die Lebenszeit des Königs Ezechias. Der majestätisch thronende Herr des Himmels und der Erde verkündet: ›Durch mich regieren Könige‹. Gold, Silber, Perlen, vielfarbige Edelsteine, kunstvoll zusammengefügt, strahlen den Glanz der alten Reichsidee aus. Des ›rîches krone‹ beantwortet dem Sucher nach der fast verlorenen Zeit zweifellos manche Fragen. Freilich gibt sie auch viele Rätsel auf. Die Auskünfte, wann sie entstanden sei, weichen sehr voneinander ab. Jede Neuerscheinung zum Thema ›Reichskrone‹ nennt ein anderes Datum. Sie altert und verjüngt sich ständig.

Da bezweifelt wird, daß die Krone noch in der Lebenszeit der Adelheid von Hochburgund angefertigt wurde, wendet sich der Erforscher der Schatzkammer einer benachbarten Vitrine zu. Unter dem Glas, über das er sich beugt, liegt das Exponat 155. Es handelt sich um eine Waffe, die keine ist. Der äußerlich unscheinbare, aber bedeutsame und geheimnisvolle Gegenstand ist die Spitze einer Lanze. Sie taugte gewiß auch für den Kampf von Mann gegen Mann, war aber eigentlich nicht für das ordinäre Handgemenge gedacht. Wenn mächtige Herren und Heere mit ihr in die Schlacht zogen, hatte sie ihre eigene Weise, die Entscheidung zu bringen. Sacra lancea, Heilige Lanze nannten die Zeitgenossen sie.

Es handelt sich um ein 50,7 Zentimeter langes, an den Seiten etwas konkaves Gerät. Trotz der Goldmanschette um die Mitte des Lanzenblatts, wirkt die Waffe schlank. Sie besteht aus Stahl, Eisen, Messing, Silber und Gold, aber die schlichten Materialien dominieren. Die verschiedenen Bestandteile sind sorgfältig und kunstvoll miteinander verbunden. Der mittlere Grat der Schneide wurde herausgestemmt und an seiner Stelle ein Eisenstift eingeschmiedet. Die Einfassung verhüllt einen Bruch. Das untere Ende besteht aus zwei Messerklingen. Sie schließen an die Flügel der Lanze an. Auf ihnen und dem eingefügten Stift sind silberne Kreuze zu erkennen.

Eine dem Betrachter verborgene Inschrift nennt die Waffe ›Nagel des Herrn‹ und ›Lanze des Heiligen Mauritius‹. Die früheste Beschreibung bringt die zweifache Reliquie mit Kaiser Konstantin und seiner Mutter Helena in Verbindung. Von dem Kreuz, das sie fand, sollen die Partikel der Nägel stammen, die nach dem Bericht in die Lanze eingelassen sind.

Über Alter, Herkunft und frühe Besitzer der Waffenreliquie ist viel geforscht und gestritten worden. In alten Texten fanden sich Hinweise, aber die Informationen bleiben widersprüchlich und unklar. Karl der Große soll sie besessen haben. Ein Gedicht des neunten Jahrhunderts erzählt, die Einwohner Modenas hätten sie um Schutz vor den Ungarn angefleht. Gesichert ist nur, daß sich die Lanze zehn Jahre vor der Geburt der Kaiserin Adelheid auf dem Weg von Italien über die Alpen nach Hochburgund befand. Was dann mit ihr geschah, gehört in den Bereich des Mystischen oder Mysteriösen. Mit seltsamer Kraft verband sie etwa ein Jahrhundert lang die Geschicke des Nordens und Südens und wirkte dann noch lange in die Entwicklung der Reiche Europas hinein. Der erste in der Reihe der Fürsten, auf deren Leben sie Einfluß gewann, war Adelheids Vater, König Rudolf II. von Hochburgund.

Vielleicht erregt es Anstoß, wenn hier versucht wird, Zugang zu einer großen Herrscherin sozusagen mit der Waffe in der Hand zu gewinnen. Es gibt aber keinen zweiten Gegenstand, der so unmittelbar in ihre Nähe führt und zugleich in die Eigentümlichkeiten ihrer Lebenszeit einweist.

2. Kapitel

Der Vater oder
die Liebe zu und in Italien

*I*m Winter 921 auf 22 ritten zwei Herren durch das Aostatal. Sie hatten es eilig. Solange sie sich in der Nähe der Burg des Markgrafen Adalbert von Ivrea befanden, fühlten sie sich einigermaßen sicher, aber dann wurden ihre Blicke unruhig. Hinter jeder Biegung des Weges vermuteten sie einen Hinterhalt. Beständig meinten sie, Pferdegetrappel zu hören, das Verfolger ankündigte. Auch als sie bereits auf hochburgundischem Gebiet waren und an den Toren der Stadt Aosta vorbeitrabten, witterten sie noch Gefahr. Sie schlugen den Weg zum Paß des Mons Jovis ein. Die Richtung verriet, wohin sie wollten: auf die andere Seite der Alpen nach Saint Maurice. Die Grafen Gislebert und Samson, beide mächtig und reich, reisten mit kleinem Gefolge. Nichts lag ihnen ferner, als Aufsehen zu erregen. Schließlich waren sie unterwegs, um einen Kaiser zu stürzen.

Kaiser Berengar I. war zäh. Er hielt sich. Man durfte ihn nicht unterschätzen. Vor 33 Jahren hatten ihn die Großen Italiens in Pavia zum König erhoben. Schon im Jahr darauf war er von Markgraf Wido II. von Spoleto verdrängt worden. Auf Wido folgte dessen Sohn Lampert. Dann bemächtigte sich Arnulf von Kärnten der umstrittenen Herrschaft. Als nächster eroberte Ludwig von der Provence Oberitalien. In all der Zeit aber, trotz seiner vielen Gegner, ungeachtet der Niederlagen, die sie ihm zufügten, hatte dieser Berengar seine Ansprüche niemals aufgegeben. Sobald er eine Chance sah, abermals die Macht in Italien an sich zu bringen, stürmte er aus den Burgen hervor, in die er sich geflüchtet hatte, und fuhr fort zu kämpfen. 915 schaffte er es tatsächlich, sich in Rom zum Kaiser krönen zu lassen.

Das war nun auch schon wieder sechs Jahre her, sechs weitere Jahre der Unfähigkeit, das Land tatkräftig gegen die Ungarn zu verteidigen. So dachten viele Große Italiens, nicht nur die beiden über die Alpen reisenden Herren Gislebert und Samson. Gegen Berengar stellten sich auch Lambert, der Erzbischof von Mailand, Adalbert, der Markgraf von Ivrea, und seine Frau, die faszinierende Ermengard. Auf sie vor allem konnten die Verschwörer zählen. Sie hatte es verstanden, dem Markgrafen alle Bedenken auszureden. Er hatte gezögert. Immerhin war er vor Ermengard mit einer Tochter Berengars verheiratet gewesen und hatte von ihr einen Sohn.

So zahlreich und mächtig die Rebellen waren, ohne fremde Hilfe meinten sie, Berengar nicht stürzen zu können. Ein erster Versuch war schmählich fehlgeschlagen. Bei Brescia hatten sich die Verschwörer versammelt. Ehe sie losschlagen konnten, fiel Berengar über sie her. Sein Angriff kam so überraschend, daß manchen der Überrumpelten nicht einmal die Zeit blieb, die Rüstung anzulegen. Pfalzgraf Odelrich fiel im Gemetzel. Der schlaue Markgraf Adalbert schaffte es gerade noch, das Wehrgehänge, die goldenen Armspangen und anderen Schmuck abzustreifen und in ärmliche Kleider zu schlüpfen. Er gab sich vor den Siegern als Dienstmann eines seiner eigenen Lehnsleute aus, und kam gegen Lösegeld frei. Ein gewiefter Bursche, dieser Adalbert. Es hieß zu Recht von ihm, sein Schwert sei lang und seine Treue kurz. Jetzt freilich wurde er alt, und seine Frau war jung. Die Herren lächelten.

Auch Graf Gislebert war mit dem Leben davongekommen, aber er saß, während er zum Paß des Mons Jovis hinauffritt, schlecht im Sattel. Die Ungarn hatten ihn gefangengesetzt, gebunden, gegeißelt und dann halbnackt vor Berengar geführt. Im bloßen Hemd, ohne Beinkleider, warf er sich dem Kaiser zu Füßen. Das Tuch verrutschte und ließ seine Schamteile sehen. Die Umstehenden lachten sich halbtot über ihn. Gislebert rechnete mit dem Schlimmsten. Er wußte sehr genau, wie Berengar mit Gegnern umging. Ludwig von der Provence hatte er blenden lassen. Was erwartete ihn, Gislebert? Berengar ließ ihn frei.

Dankbarkeit gehörte nicht zu den Tugenden des Grafen Gislebert. Er und Graf Samson quälten sich bei Eiseskälte durch die Berge, um Berengars endgültigen Sturz zu betreiben. Der Mann, der ihnen dabei helfen sollte, regierte jenseits der Gipfel: König Rudolf II. von Hochburgund. Für einen großen Kriegshelden hielt ihn keiner in Italien, aber er galt als geschickt. Vor zwei Jahren hatte Rudolf bei Winterthur eine blutige Schlacht gegen den Herzog von Schwaben verloren. Er schien verdammt zu sein, sein Leben in Saint Maurice beschließen zu müssen, dem zugigen Felsennest über der Rhone. Da heiratet er plötzlich die Tochter seines bisherigen Gegners Burchard. Eben noch ein Besiegter, trat er nun in seiner Gebirgsresidenz erneut als ein Mann mit besten Beziehungen auf.

Rudolf II. prahlte oft und gern, er sei mit den Karolingern verwandt. Sein Großvater Konrad habe eine Urenkelin Karls des Großen geheiratet. Des Urgroßvaters Schwester, die schöne Judith, war die Frau von Kaiser Karls Sohn Ludwig gewesen. Von diesem Paar stammte in 5. Generation König Rudolfs Frau Berta ab. Die Verschwörer erwogen den Wert solcher Verbindungen zu den Karolingern. Die Verwandtschaft mit dem großen Frankenkaiser legitimierte zur Herrschaft, und zwar ganz gewiß auch in Italien. Wie konnte man König Rudolf reizen, sie zu ergreifen?

Graf Samson setzte seine Hoffnungen auf den Inhalt des Lederfutterals, das er hinten auf den Sattel geschnallt hatte, ein sicherer, aber etwas merkwürdiger Ort für eine Lanzenspitze, die als Reliquie galt. Beiden Reitern war die große Liebe bekannt, die geistliche und weltliche Herren nördlich der Alpen für Heiligtümer hegten. Die Grafen selbst reagierten auf Reliquien etwas kühler. Die übergroße Fülle von heiligem Gebein und Gerät im Land hatte sie abgebrüht werden lassen. Man schlug sein Kreuz, beugte auch mal das Knie, wenn eine Reliquie, von Gesängen und Weihrauch behütet, vorbeigetragen wurde. Im übrigen aber vertraute man eher der Schläue und dem Schwert als der Wunderkraft der Heiltümer. Graf Samson ließ es sogar geschehen, daß seine Leute vor Klosterbrüdern die Reste eines Heiligen einen Haufen Eselsknochen schimpften.

Der Graf gedachte, seine etwas laxe Einstellung vor König Rudolf von Hochburgund zu verbergen. Er überlegte, wie er ihm die Lanzenreliquie in seinem Gepäck vorstellen sollte. Sie mit Kaiser Karls Eroberung Italiens zu verknüpfen, lag nahe. Durch dessen Urenkel, den König und Kaiser Ludwig, konnte sie in den Reliquienschatz der Residenz gelangt sein. Wie ließ sich dem Geschenk für König Rudolf sonst noch Glanz verleihen? Graf Samson fiel ein, daß die Hochburgunder den heiligen Mauritius verehrten. Auch im Palast von Pavia, davon mußte er unbedingt sprechen, gab es eine Kapelle für den Märtyrer. Vielleicht genügte der Hinweis, um die Lanzenspitze mit dem Heiligen der Abtei Saint Maurice in Verbindung zu bringen.

Graf Gislebert plagten Zweifel. Ob es genügte, die Waffe als Heiltum herauszustellen? Sie wollten schließlich König Rudolf nicht überreden, in ein Kloster einzutreten, sondern Oberitalien zu erobern. Gislebert gehörte zur alten langobardischen Oberschicht, die von dem Frankenkaiser entmachtet worden war. Er, Gislebert, hatte es freilich wieder zu Ansehen und Einfluß, zu einer herrschaftlichen Stellung gebracht. Bei seinem Aufstieg war es rauh zugegangen. Wer Macht wollte, durfte nicht zimperlich sein. So hatten es die Langobarden immer gehalten.

Der Graf kam ins Schwärmen und erzählte von alten Kriegstaten und Bräuchen. Sein Reisebegleiter Samson war Franke. Was wußte denn der, welche Bedeutung Lanzen und Speere für die Langobarden, die alten Herren Italiens, gehabt hatten? Lanzen, deren Spitzen durch ein Kreuz und einen Vogel ausgezeichnet waren, verliehen einst Befehlsgewalt. Mit Lanzen und Speeren, auf denen hölzerne Tauben saßen, gedachte man der in der Fremde umgekommenen Krieger. Ihre Angehörigen steckten sie in die Grabhügel eines Friedhofs bei Pavia. Er lag bei der Kirche Santa Maria ad Perticas, der Heiligen Maria zu den Stangen. Gislebert plauderte von dem germanischen Königsspeer, vom Speer, den Wotan in seiner Faust schwang, aber Graf Samson hörte nicht mehr zu. Er richtete sich im Sattel auf und schlug seinem Gefährten kräftig auf die Schulter.

»Die Lanze, die wir Rudolf schenken werden«, rief er, »ist nicht nur eine Reliquie, sie ist ein Herrschaftszeichen, ein Zeichen für die Herrschaft über Italien!« Hatten nicht schon Rudolfs Vorfahren danach gestrebt, in Italien Fuß zu fassen? Den König würde nur eine Frage interessieren: Wie groß ist das Risiko?

Die beiden Grafen erreichten die alte Abtei Saint Maurice ohne Schwierigkeiten. Als sie dann sahen, wie rasch ihr Gastgeber auf ihr Angebot einging, nach Italien zu kommen, betrachteten sie die Lanzenreliquie, die sie mitgebracht hatten, plötzlich mit einiger Scheu. Sie hatte erstaunlich überzeugend gewirkt.

Wenige Wochen nach dem Besuch der oberitalienischen Gesandten Gislebert und Samson machte sich König Rudolf II. auf den Weg. Ohne auf Widerstände zu treffen, rückte er in der Lombardei vor. Berengar räumte ihm das Feld und entwischte in seine Burg in Verona. Wie andere Eroberer der Macht im Königreich Italien vor ihm ließ sich auch König Rudolf in S. Michele in Pavia wählen und feiern. Nun war er König von Hochburgund und Italien, ein Doppelkönig. Er wußte mit seiner neuen Macht und Würde nicht viel anzufangen. In Pavia beobachtete man ihn aufmerksam. Einer der Bewohner meinte:

»Wenn ein Mensch im Laufe von zwölf Stunden sich bald gefällt, bald mißfällt, jetzt dies schätzt, gleich darauf jenes ablehnt, wie kann er dann anderen stets und in gleicher Weise gefallen?«

Der König löste das Problem nicht. Das Land, das ihn bereitwillig aufgenommen hatte, wandte sich binnen kurzem zur Hälfte von ihm ab. Der enthronte Berengar zog daraus Nutzen. Ein wüster Bürgerkrieg bereitete sich vor. Bei Fiorenzuola, 12 Meilen von Piacenza, kam es am 17. Juli 923 im Morgengrauen zum Kampf. Kaum hatte die Schlacht begonnen, stand sie schlecht für Rudolf. Seine Vasallen flohen. Berengars Truppen meinten, den Sieg bereits errungen zu haben. Sie begannen Beute zu machen. Da brach aus dem Hinterhalt König Rudolfs Schwager, Graf Bonifatius hervor. An seiner Seite stürmte Graf Gariard heran, ein Vasall des Markgrafen von Ivrea. Der überraschende Angriff der Grafen und ihrer Truppen besiegelte das Schicksal Berengars. Seine Streitmacht galoppierte vom Schlachtfeld.

Graf Gariards Familie zählte zu den führenden Oberitaliens. Er entdeckte unter den Fliehenden und Gefangenen viele, die er gut kannte. Er schonte sie und schenkte ihnen das Leben. Graf Bonifatius nahm keine Rücksichten und metzelte die Unterlegenen nieder. Der Ehemann von Rudolfs Schwester Waldrada sah in jedem der Besiegten den zukünftigen Verschwörer gegen den Schwager. Berengar entkam dem Schlachten. Wie üblich floh er nach Verona. Oberitalien gehörte Rudolf. In Pavia trat er vor eine Versammlung der Großen.

»Da es mir mit der Gnade des Himmels geglückt ist«, sprach er, »durch meinen Sieg über die Feinde den Königsthron zu erlangen, liegt es mir nun am Herzen, das Königreich Italien eurer Treue anzuvertrauen und mein altes Vaterland Burgund aufzusuchen.«

Die Bischöfe, Grafen und bedeutenden Grundherren sahen einander an. Ihr Sprecher antwortete vieldeutig: »Wenn du das für gut hältst, wir stehen zur Verfügung.«

Erst im August des folgenden Jahres zog König Rudolf wieder in Pavia ein. Er kam zu spät. Die wichtigste Aufgabe, die dem Herrn Italiens in diesen Jahren gestellt war, hatte er nicht erfüllt: das Land vor den Ungarn zu schützen. Sie waren im März unter ihrem Anführer Salard vor Pavia erschienen, hatten um die Stadt herum einen Wall geschaufelt und Zelte aufgeschlagen. Sie schossen Schwärme von Brandpfeilen über die Stadtmauern. Bald schlugen Flammen aus den Dächern der Kirchen und Häuser. Auch der königliche Palast brannte. An die tausend Menschen kamen im Feuersturm um. Unter den Opfern befand sich der Bischof der Stadt und sein Gast, der Bischof von Vercelli. Die überlebenden Einwohner kauften sich mit einer Tributzahlung frei. Die Ungarnschar zog weiter nach Südfrankreich, wo sie vernichtet wurde.

Wenige Wochen später, am 7. April 924, fand Kaiser Berengars langes Leben ein gewaltsames Ende. Er, der über so viele Gegner triumphiert hatte, oft, indem er sie überlebte, schenkte einem seiner Leute, einem gewissen Flambert, zuviel Vertrauen. Dabei war er vor dem Mann, den er mit Gunstbeweisen überhäufte, gewarnt worden. Der ungetreue Günstling brach nachts mit Mordgesellen in die Kammer des schlafenden Kaisers ein. Sie zerrten ihn ins Freie. Auf den Stufen einer Kirche stachen sie Berengar nieder. Flambert überlebte seine Untat nicht lange.

Berengars Unglück half König Rudolf. Eben noch schlecht angesehen, weil er sich den Ungarn nicht entgegengeworfen hatte, galt er nun wieder etwas in Oberitalien. Im November ritt er in Verona ein. Er gab sich großzügig. Eine Tochter des Ermordeten, die Äbtissin Bertha des Klosters San Sisto in Piacenza, beschenkte er. Man sei ja schließlich verwandt, ließ er sich vernehmen. Die Lästermäuler fanden, Rudolf nehme es mit den familiären Pflichten nicht immer so genau. Schuld, daß er ins Gerede kam, war die verführerische Ermengard, die Frau des Markgrafen von Ivrea. Er hatte sich um diese Zeit bereits von den Amtsgeschäften zurückgezogen. An seine Stelle trat Ermengard. Rasch dehnte sie Macht und Einfluß aus. Sie sammelte alle mit König Rudolf Unzufriedenen um sich und besetzte Pavia, die Hauptstadt des Königsreichs Italien.

Ermengard, Theodora, Marozia und vor allem Ermengards Mutter Berta, die Markgräfin von Tuszien, verblüfften alle. Was für Frauen! Die Männer Italiens schüttelten die Köpfe und staunten. So viel Talent und Leidenschaft für die Politik hatte es lange nicht mehr gegeben. Diese Damen verfügten über Mut und Phantasie und wußten mit Umsicht zu intrigieren. Ihren Ehemännern zeigten sie sich gewachsen, wenn nicht sogar überlegen. Berta, eine Tochter König Lothars II. und seiner Geliebten, der wilden Waldrada, hatte sich in dieser Hinsicht unmißverständlich ausgedrückt. Zu dem Markgrafen von Tuszien, ihrem zweiten Ehemann, sagte sie:

»Ich werde dich zum König oder zum Esel machen.«

Der Markgraf blieb Markgraf. Macht in den Händen von Frauen beunruhigte namentlich die Geistlichen. Wenn nicht Repekt vor einem großen Namen oder die Bewunderung strenger Sittlichkeit sie zügelte, gaben sie viel üble Nachrede weiter, ob an die Klosterchroniken oder im Gespräch. Von Ermengard wurde getuschelt, sie habe Geschlechtsverkehr mit allen gehabt, nicht nur mit den Fürsten, sondern auch mit ganz Unwürdigen. Durch ihre Hemmungslosigkeit seien die Italiener untereinander verfeindet worden.

»Weil sie dem einen ihre Liebe schenkt und sie dem anderen verweigert!«

König Rudolf zog vor Pavia, um Ermengard aus der Stadt zu vertreiben. Eine Meile vor der Stadt schlug er sein Lager auf. Der Tessin mündete dort in den Po. Nachts legte eine Barke innerhalb seines Lagers an. Ein Bote überbrachte ihm einen Brief der schönen Ermengard. Rudolf las: ›Wenn ich dich vernichten wollte, lebtest du längst nicht mehr. Alle deine Anhänger verlangen leidenschaftlich danach, dich zu verlassen und zu mir zu kommen, wenn das überhaupt mein Wille wäre. Hätte ich schon früher auf ihre Ratschläge gehört, wärst du an dem Ort, an dem du dich befindest, bereits gefangen und gebunden.‹

Der König erschrak. Er behielt die Nachricht für sich. In der Nacht darauf schlich er aus seinem Zelt. Die Wache bemerkte ihn nicht. Er stieg in ein Boot und ließ sich stromaufwärts nach Pavia rudern, zu Ermengard. Rudolfs Leute staunten, als am nächsten Morgen aus dem Zelt des Königs kein Laut drang und er sich nicht blicken ließ. Sie berieten, was das bedeute. Ein Bote traf ein und erklärte ihnen, König Rudolf sei auf die Seite der ursprünglich gegen ihn Rebellierenden getreten. Binnen kurzem werde er über seine bisherigen Gefolgsleute herfallen. Das genügte. Die Belagerer Pavias wußten, woran sie waren. Sie zerstreuten sich, so rasch sie konnten. Viele durchschauten

Ermengards Spiel und erkannten eher als König Rudolf, worauf sie hinauswollte.

Kaum hatte sie ihn von seinen bisherigen italienischen Verbündeten getrennt, rief sie einen neuen Fürsten nach Italien: ihren Halbbruder Hugo, den Grafen der Provence. Sein Titel sagte zu wenig über seine tatsächliche Macht. Faktisch regierte er in Arles, der wichtigsten Stadt von Niederburgund. Nur nominell war das Land noch Ludwig III. zu eigen, den Berengar vor Jahren hatte blenden lassen.

Im Winter 925 begriff Rudolf, welche Gefahr ihm drohte. Er verließ Italien. Im Frühling kehrte er zurück. An seiner Seite ritt sein Schwiegervater, Herzog Burchard von Schwaben. Das Heer zog zunächst bis Ivrea. Rudolf und Burchard waren sich einig über ihr Ziel. Sie gedachten ihrer Sippe ein Reich zu sichern, das sich auf beide Seiten der Alpen erstreckte und die wichtigsten Verbindungsstraßen kontrollierte. Der Schwabenherzog entschloß sich, alleine die Lage in und um Mailand auszukundschaften. Als er unter der Stadtmauer entlangtrabte, äußerte er zu seiner Begleitung:

»Wenn ich die Italiener nicht sämtlich so weit bringe, daß sie nur einen Sporn tragen und auf Schindmähren reiten, so will ich nicht Burchard heißen!«

Er fügte noch einige verächtliche Bemerkungen über die Mauern Mailands an. Ein zerlumpter Kerl in seiner Nähe verstand die Sprache des Schwabenfürsten. Er eilte in die Stadt und unterrichtete den Stadtherrn, Erzbischof Lambert. Der kluge Mann empfing den Gast aus dem Norden höflich und unterhielt ihn mit allerlei Zeitvertreib. Unterdessen trommelte er Truppen zusammen. Burchard verließ Mailand und machte sich auf den Rückweg nach Ivrea. Bei Novara preschte eine Schar Italiener aus einem Hinterhalt. Statt sich ihnen zu stellen, ergriff der Herzog die Flucht. Er stürzte vom Pferd und fiel in den Stadtgraben. Einige Lanzenstiche gaben ihm den Rest. Seine Begleiter suchten Zuflucht in einer Kirche. Die Verfolger zeigten keinen Respekt vor der geweihten Stätte und erschlugen alle. Als König Rudolf hörte, was geschehen war, kehrte er eilig nach Burgund zurück. Der Weg für den nächsten König von Italien war frei. Am 6. Juli 926 wählten die Großen Oberitaliens in Pavia den Grafen Hugo von der Provence.

In Italien gescheitert, mußte König Rudolf auch jenseits der Alpen zurückstecken. Er träumte davon, Nachfolger des erschlagenen Schwiegervaters und Herzog von Schwaben zu werden. Doch der ostfränkische König Heinrich durchkreuzte solche Pläne. Er dachte nicht daran, sich Schwaben aus der Hand winden zu lassen und vergab die Herzogswürde an Hermann von Franken. Reginlindis, die Witwe des alten Herzogs von Schwaben, heiratete den neuen.

Das Jahr brachte König Rudolf nur Verdruß und Verlust. Im November reiste er zum Reichstag, den König Heinrich in Worms einberufen hatte. Mit seinem Auftritt unterstellte er sein burgundisches Reich dem ostfränkischen. König Heinrich legte es darauf an, Rudolfs Unterwerfung ganz deutlich zu machen. Wiederholt hatte er den Hochburgunder gedrängt, er solle ihm jene Lanzenreliquie übergeben, die er vor knapp fünf Jahren aus Italien erhalten hatte. Er drohte sogar, er werde notfalls seinen Wunsch mit Gewalt durchsetzen. In Worms händigte König Rudolf die Heilige Lanze an Heinrich aus. Er verzichtete auf Italien. Als Gegengabe brachte er ein Stückchen Schwaben heim, ein Gebiet zwischen Aare, Jura und Reuß und die Stadt Basel mit Umland. Auch etwas Gold und Silber hatte ihm König Heinrich geschenkt.

Fünf Jahre nach diesen Ereignissen kam Adelheid zur Welt.

3. Kapitel

Kind und Königin

Die Stimmung am Hof des Königs von Hochburgund war gedrückt. Die Geburt einer Tochter am 27.6.931 verbesserte die Laune des Herrschers kaum. Stammhalter besaß die Familie bereits. In die Wiege der kleinen Adelheid lugten zwei Brüder, Konrad und Rudolf, ein schon betagter Onkel Ludwig und dessen Sohn Heinrich. Das Interesse für den Nachwuchs verflog rasch. Man mußte abwarten, ob der Säugling die ersten Monate überleben würde.

Zudem war der Hof ständig unterwegs. Nach den Verlusten, die er hatte hinnehmen müssen, wollte König Rudolf wenigstens sein angestammtes Königreich sichern. Selbst das fiel nicht leicht. Die großen Familien seines Landes waren selbstbewußt und eigenmächtig. Sie ließen ihn fühlen, daß seine Königswürde von ihrem Wohlwollen abhing. Es war erst ein halbes Jahrhundert her, daß die Großen des Landes seinen Vater, Herzog Rudolf I., in der uralten Basilika von Saint Maurice zum König gewählt hatten. Wie damals, so dachten die Mächtigen auch heute vor allem an die eigenen Interessen. Sie ließen sich in einem unabhängigen, kleinen Reich mit einem abhängigen König besser verfolgen, als in einem Hochburgund, das Teil des west- oder ostfränkischen Großreichs war. König Rudolf II. wurde nicht müde, den großen Herren seines Landes zu erklären, wie eng verbunden sein Wohlergehen mit dem ihren blieb. Er zog von einer Pfalz zur anderen, hielt Versammlungen ab, gab Gelage, und suchte sein geschmälertes Ansehen zu heben.

Die kleine Tochter wuchs in der Obhut der Ammen heran, umgeben von Mägden und Knechten, die im festen Haus für Ordnung sorgten und die schwere Arbeit erledigten. Bär-

1 *Von der Kindheit in St. Maurice d'Augaune an bis zu ihrer letzten Reise im Jahr 999 bildete die Verehrung der Märtyrer der Thebäischen Legion ein wichtiges Element der Frömmigkeit Adelheids.*

beißige Kriegsleute gaben äußeren, Geistliche inneren Schutz. Koseworte, kleine Reime, kurze Ermahnungen vernahm das Kind auf fränkisch, alemannisch und romanisch. Sie lernte in mehreren Mundarten plaudern, jede fast eine eigene Sprache. Viele Dinge besaßen mehrere Namen. Oft ähnelten sie einander. Manchmal lachten die Frauen, als habe sie etwas Richtiges und zugleich Falsches gesagt. Und gewisse Worte durfte sie überhaupt nicht aussprechen, zumindest nicht, wenn einer der Geistlichen bei ihr stand.

»Ziu«, sagte das Mädchen. Die Mägde kicherten, der Pater bekreuzigte sich. Wenn er nicht zugegen war, geisterte der alte heidnische Weltenschöpfer durch das Geflüster der einfachen Leute. Er wurde im Gebirge heimlich noch immer in Schluchten, Höhlen und heiligen Bäumen verehrt oder gefürchtet. Das Mädchen lauschte und sah zu den Felswänden hinauf, die Saint Maurice umschlossen und steil über dem Ort, der Basilika und der Burg in die Höhe stiegen. Wolkenfetzen hingen vor dem grauen Gestein, in dem verborgene Grotten lagen. Sie reichten tief in die Berge hinein und führten zu stillen Seen. Feen lebten auf ihnen. Manchmal ließen sie sich sehen, eingehüllt in dichte Nebelschwaden, die durch das Tal waberten. Wenn das Geraune der Frauen verstummte, weil eine Respektsperson nahte, setzte das Rauschen der Rhone, die unten durch das Tal schäumte, die dunklen Erzählungen fort.

Der Pater tat sein Bestes, die lokalen Dämonen mit frommer Unterweisung zu bannen. Er nahm das Kind bei der Hand und führte es in die uralte Klosterkirche. Aus dem Dämmerlicht leuchtete das Antlitz des gekreuzigten Heilands. Der Mönch berichtete vom heiligen Mauritius und den anderen Märtyrern, die hier für ihren Glauben an Jesus Christus gestorben seien. Er deutete auf den Boden, auf dem sie standen und blickte das Mädchen erwartungsvoll an. Erst langsam begriff es die Geschichte von dem Hauptmann der Thebäischen Legion und seinen Leuten, die sich geweigert hatten, gefangene christliche Glaubensbrüder zu töten, und deshalb selbst den Tod erlitten.

»Wir haben zuerst auf das Sakrament Gottes geschworen«,

hatte Mauritius dem römischen Imperator geantwortet, »wir haben dann dir den Eid geleistet. Welche Gewähr hast du, daß wir den zweiten Eid halten, wenn wir den ersten gebrochen haben?«

Die Verehrung für die glaubensstarken Legionäre hatte das Kloster Saint Maurice entstehen lassen und wunderbare Kunstwerke in die Kirche und ihre Schatzkammer gebracht. Adelheid sah im Sonnenstrahl, der durch ein schmales, hohes Fenster fiel, Edelsteine funkeln, die ein Netz aus Goldfäden umfing. Die Finger berührten eine kleine Arche Noah aus purem Gold. Eine Wasserflasche mit schlankem, blauem Hals wurde gezeigt. Ihre flachen, grünen Emailleflanken wirkten wie Märchenwiesen. Da stand ein Lebensbaum und blühte rot, weiß und gelb. Neben ihm reckten sich blauweiße Löwen. Wenn der Pater das Gefäß drehte, schwebten zwei geflügelte Fabeltiere heran.

Das Kunstwerk war ein Geschenk Kaiser Karls. Adelheid hörte von seinen Beutezügen, bei denen er unermeßliche Schätze eroberte. Auf sechzehn Karren hatte er den Hort der Awaren abtransportiert. Sie vernahm von Karls Sieg über die Sachsen und der Zerstörung ihrer Eresburg. Sie erlebte mit, wie Karls Krieger Pavia erstürmten und den Palast des Königs der Langobarden plünderten. In die Truhen des großen Herrschers sanken Gold, Juwelen und Silber, ein nie versiegender Strom von Kostbarkeiten. Was immer er aber den Niedergeworfenen aus der Hand riß, gab er mit vollen Händen weiter. Ein Herrscher mußte freigebig sein. Vom Heil umstrahlt, vom Glück begünstigt, lebte er in der Fülle und ohne die Sorge, sein Reichtum könne zu Ende gehen.

Kaiser Karl der Große wuchs in den Augen der kleinen Zuhörerin zur übermächtigen Gestalt heran. Weil die Zeit ihn in große Ferne rückte, wirkte seine Größe nicht einschüchternd. Er war ihr Ahn. Der Vater, König Rudolf II., und die Mutter Berta ermunterten das Mädchen immer wieder, in den überaus verzweigten Stammbaum der Welfen, ihrer Familie, zu steigen. Das war eine mühselige Kletterei, bei der es unendlich viele

Namen auswendig zu lernen gab: Reginlindis, die Tochter Giselas, welche die Tochter Unruochs, welcher der Sohn Giselas, welche die Tochter Judiths war... Unweigerlich führte jeder Ausflug in die Sippengeschichte zu Judith, der Kaiserin. Sie war über die Mutter wie den Vater zu erreichen. In der väterlichen Linie stand sie als des Ururgroßvaters Schwester. Er war mit einer Adelheid verheiratet gewesen. Der Name besaß einen besonderen Klang, da eine Schwester und eine Tochter Karls des Großen ihn getragen hatten. ›Adal‹ bedeutete ›edles Geschlecht‹, ›heid‹ soviel wie ›von guter Art‹.

Anregender als die Reisen zu den Altvorderen fand das Mädchen das Leben um sich herum. Wenn es aus dem Fenster der Burg schaute, sah es unten den in der Sonne glitzernden Strom und daneben die Straße, auf der Pilger, Kaufleute, Reiter im Kettenhemd, Boten und Bauern das Tal hinaufzogen und herunterkamen, eine lockere Kette von Fahrzeugen, Tieren und Menschen, die den fernen Norden mit dem tiefsten Süden verband. Der befestigte Ort mit Kloster und Herrenhaus schützte und schröpfte die Reisenden. Die Felswände ließen bei Saint Maurice nur einen mäßig breiten Durchlaß. Doch auch der Ort hatte Aderlässe erdulden müssen. Früher von plündernden Langobarden heimgesucht, sah er sich jetzt durch Sarazenen und Ungarn bedroht. Die Angst trieb die Einwohner jedesmal in die Basilika, die sich eng an den Fels schmiegte.

Die Boten, die über den Paß kamen, brachten Nachrichten aus dem Land im Süden. Sobald sie von König Hugo sprachen, der jetzt im Königreich Italien herrschte, verfinsterte sich das Gesicht des Vaters. Was sein Nachfolger in Pavia trieb, wunderte, mißfiel, empörte König Rudolf. Einmal machte König Hugo seinem Vorgänger ein Angebot. Die Erwachsenen berieten. König Rudolf schwang sich bald danach aufs Pferd und verschwand mit seinem Gefolge talabwärts. Als er nach Wochen heimkehrte, war ihm die gute Laune verdorben.

Dann tauchte an seinem Hof seine Schwester Willa auf. Die ehemalige Markgräfin von Tuszien, Frau von König Hugos

Bruder Boso, berichtete über neue Mißwirtschaft, Greuel und Gewalttätigkeiten im Königreich Italien. Zwei Richter in Pavia hätten alledem ein Ende machen wollen. Ihre Verschwörung sei aber entdeckt und die Richter hingerichtet worden. König Hugo verdanke seine Rettung Graf Samson. Der Überbringer der Heiligen Lanze habe sich bei dieser Gelegenheit durch besondere Grausamkeit hervorgetan. König Rudolf gab zu verstehen, man sei über die Ereignisse unterrichtet. Die Schwester solle ihre eigenen Erlebnisse berichten. Von einem Anschlag war die Rede, den Boso gegen seinen Bruder geplant habe, von der Aufdeckung der Verschwörung, der Verhaftung Bosos, von Mißhandlungen und Schmach, die König Hugo seiner Schwägerin zugefügt hatte, eine finstere Geschichte. Sie war kaum zu begreifen. Die Erwachsenen kochten vor Wut.

Der Vater erkrankte. Am 12. Juli 937 starb er. Adelheid war Halbwaise. Zwischen der Mutter und den Brüdern folgte sie den Mönchen, die den Sarg aus der Pfalz trugen. Die königliche Familie und das Gefolge zogen durch enge Gassen zur Basilika, über der drohend die Felswand ragte. Durch den halbdunklen Raum schwangen schlichte Melodien und lullten Furcht und Kummer ein.

»Requiem aeternam dona eis, Domine«, hörte das Kind, »Herr, gib ihm die ewige Ruhe.« Es begriff nicht, daß es den Vater nicht wiedersehen würde. »Dies irae, dies illa.« Der Tag des Zorns und das Ende aller Dinge kündigten sich an. Der Sarg, in dem der bleiche Vater lag, sank in die Gruft.

Der hochburgundische Hof bekam keine Gelegenheit, sich der Trauer hinzugeben. Der Mörtel zwischen den Steinplatten, unter denen Rudolf II. ruhte, war noch feucht, als burgundische Kriegsleute durch die Gassen von Saint Maurice rasselten. Sie preschten in den Hof der Burg, sprangen von den Pferden, große Männer in Kettenhemden. Die Faust am Schwertgriff, warfen sie rasche Blicke um sich. Ihre Anführer, burgundische Grafen und Barone, eilten mit langen Schritten über die Stufen ins Herrenhaus. Es gab keine Zeit zu vertrödeln. Wer jetzt nicht handelte, kam zu spät. Die Herren waren erfahren in den

Dingen der Welt. Sie wußten, daß ihre Unabhängigkeit auf dem Spiel stand. Ein unbesetzter Thron, eine Krone, die zu vergeben war, weckten überall Begehrlichkeiten. Es lagen Nachrichten vor. An den Königshöfen ringsherum, in Westfranken, Ostfranken und Italien, traf man Vorbereitungen.

Die Großen Hochburgunds redeten auf Königin Berta ein. Sohn Konrad sollte schleunigst gekrönt werden und zwar in Lausanne. Der Ort verfügte über eine stattliche Kathedrale und lag so ziemlich in der Mitte des Landes. Kurze Reisewege würden es allen Mächtigen des Landes ermöglichen, sich rechtzeitig zu versammeln, um den neuen König zu wählen. Die Hast war ungehörig, daran gab es nichts zu deuteln, aber besondere Umstände erforderten rasche Entscheidungen. Die Herren sprachen von Konrads Ansprüchen und der Würde seines Hauses. Ihre eigentlichen Beweggründe brauchten sie nicht zu erläutern. Die Königin kannte sie. Als der Bruder zwischen den Kriegsleuten davonritt, winkte er der Mutter und den Geschwistern zu.

Sie trafen ihn wieder in der Pfalz Orbe, die der Hof oft aufsuchte. Nach wenigen Wochen erschienen Boten vor dem Burgwall. Sie traten in die Halle und kündigten König Hugo von Italien an. Der junge König Konrad zog die Stirne kraus und glich dem Vater. Den burgundischen Höflingen fehlten erst die Worte vor Erstaunen, dann redeten sie alle gleichzeitig. Was wollte der Mann, der König Rudolf II. zum Verzicht auf das Königreich Italien genötigt hatte? Gewiß, es war ihm als Ausgleich Niederburgund angeboten worden, aber die übermächtigen fränkischen Nachbarn hatten Rudolf den Zugewinn sofort streitig gemacht.

König Hugo trat mit großem Pomp auf. Seine Begleitung füllte die Halle. Unten im Hof tummelten sich Bewaffnete und Musikanten, Pferdeknechte und Gaukler. Die Leute waren dunkelhaarig und lebhaft. Sie sahen sich neugierig um und scherzten. In der Halle ging es ernst zu. König Hugo hielt um Königin Bertas Hand an. Dann wies er auf seinen Sohn, der neben ihm stand, ein Knabe nicht älter als Konrad. König

Hugo schlug die Verlobung seines Sohnes Lothar mit Bertas Tochter Adelheid vor.

Der König war ein faszinierender Mann. Seine lebhaften Augen musterten die Umstehenden eindringlich, während er in gewandten Worten für seine Vorschläge warb. Er versagte sich billige Schmeicheleien und machte der Königin Berta doch auf elegante Art den Hof. Sie sei zu jung, um schon der Welt und ihren Freuden zu entsagen. Statt in ein Kloster sich zurückzuziehen, wie es ältere Königinwitwen zu tun pflegten, könne sie an seiner Seite der Mittelpunkt eines glänzenden Hofs sein. Ihre Ehe mit ihm, Hugo, und die Verlobung ihrer Kinder würden im übrigen allen Zwist beseitigen, der seit langem zwischen ihren Familien bestünde.

Er spielte auf seinen Vorfahren an, jenen Grafen Hukbert, der als Laienabt Herr von Saint Maurice gewesen war. Adelheids Vorfahr, Graf Konrad, hatte ihn bei Orbe in einer Schlacht erschlagen. Das Ereignis brachte ihm und seiner Familie den Besitz Hochburgunds ein. Dahinter tauchte die Geschichte von der unglücklichen Ehe König Lothars II. und seiner Leidenschaft für die Geliebte Waldrada auf, eine Geschichte auch über Sorgen ums Erbe, uralten Hader, nie vergessene Beleidigungen. Waldrada hatte einst die Schwester Hukberts von der Seite König Lothars verdrängt. Jetzt bestand die Möglichkeit, das alles in einer neuen, doppelten Verbindung glücklich aufzulösen.

Sie konnte zugleich erneut vereinen, was durch einen Vertrag schon einmal zusammengehört hatte. Nach der Schlacht von Orbe war das hochburgundische Kernland dem Königreich Italien zugeschlagen worden. An die Stelle von alten Zusagen sollten neue familiäre Beziehungen treten, Blutsbande die zwei Reiche auf den beiden Seiten der Alpen verbinden. Die Allianz würde auch die Herrschaft über Niederburgund mit Vienne und Arles in der Provence sichern helfen. In neuer Weise, mit friedlichen Mitteln ließe sich verwirklichen, wovon die burgundischen Fürsten schon immer geträumt hätten.

Der eloquente König ließ Geschenke hereintragen. Die

kostbaren Gewänder und Kleinodien brachten den Glanz mittelmeerischer Kultur in die rauhe Residenz. Auf einen weiteren Wink Hugos entrollte sein Notar zwei Dokumente und breitete sie auf einem Tisch vor Königin Berta aus. Der König erläuterte die von ihm vorbereiteten Heiratsverträge. Er sprach von den 21 Höfen und 4 Abteien, die er Berta und Adelheid zu schenken gedenke. Mit zusammen 6640 Mansen besaß die Mitgift fast den Umfang einer Markgrafschaft in Oberitalien. Es entging den burgundischen Hofleuten nicht, daß die Tochter Adelheid reichlicher bedacht wurde als die Mutter. Mehr als doppelt soviel Grund und Boden sollte sie erhalten. Damit zeigte König Hugo, an welcher der beiden Verbindungen ihm besonders lag.

Die Beratungen zogen sich hin. Bedenkzeit wurde erbeten und zugestanden. König Hugo gab sich gelassen, aber hinter seiner guten Laune verbarg sich Wachsamkeit. Er bemerkte, daß Königin Bertas Notare und Schreiber die Köpfe zusammensteckten. Sie flüsterten miteinander und beugten sich über die ihnen anvertrauten Pergamentrollen aus der Kanzlei von Pavia. Sie hatten etwas herausgefunden und verkündeten ihre Entdeckung triumphierend. In dem Dokument, das die Adelheid in Aussicht gestellte Mitgift regelte, war überall dort, wo nun ihr Name stand, ursprünglich ein anderer Name ausgeschrieben worden. Was hatte das zu bedeuten? Wenn die Kleriker und Rechtskundigen das Pergament gegen das Sonnenlicht hielten, meinten sie, die gelöschten Buchstaben entziffern zu können.

»Uuilla!«, buchstabierten sie. Willa? Welche der vielen Frauen dieses Namens aus der Oberschicht Italiens und der Umgebung König Hugos war ursprünglich als Ehefrau für seinen Sohn und Mitkönig Lothar ausersehen worden? König Hugo blieb heiter. Er wiegelte ab und versicherte, sein Notar Giseprand könne alles erklären. Das Pergament habe man in Eile ausgefertigt.Sehe man denn nicht, daß dem Schreiber noch andere Fehler unterlaufen seien? Er habe eine Vorlage mißverstanden. Warum so viel Aufhebens von einem Versagen in der Schreibstube? Was auf dem Pergament jetzt stehe, gelte.

Die sechsjährige Adelheid beobachtete den Jungen, für den sie, der für sie ausersehen war. Er gefiel ihr, weil er ihrem Bruder glich, zumindest was das Wesen anging. Beide waren stille Knaben. Und da sie beide schon die Pflichten eines Königs oder Mitkönigs erfüllten, zeigten ihre Gesichter den frühen Ernst, der von den Unterredungen mit erwachsenen Ratgebern herrührte und bei feierlichen Anlässen und vor der Menge gefordert war. Der junge König Konrad sprach viel mit seiner Mutter. Adelheid verstand, daß er König Hugo mißtraute. Vor allem wollte er ihn nicht als Vormund für die fünf Jahre bis zu seiner Mündigkeit. Königin Berta beruhigte ihn. Ihre Stimme wurde so leise, ihr Mund kam dem Kopf des Sohns so nah, daß außer ihm niemand ihre Worte verstand. Doch der Hof war ein Lebewesen mit unzähligen Ohren und Augen. Es blieb nicht unbemerkt, daß ein Bote nachts aus der abgelegensten aller Pforten ins Freie schlich, sich leise davonmachte und ebenso heimlich nach vielen Tagen zurückkehrte. Jedesmal gab Königin Berta ihrem Gast und seinen Leuten gerade ein großes Fest.

Fünf Monate nach dem Tod König Rudolfs II. läuteten die Glocken von Colombiers am Genfer See. Man feierte die Vermählung der Königin Berta mit König Hugo. Sie ging ihre zweite, er seine dritte Ehe ein. Ein rüstiger Mann von etwas mehr als fünfzig Jahren schritt an der Seite der Frau seines verstorbenen Gegners. Er sah seine Pläne gelingen und genoß den Erfolg. Das Glück machte ihn großmütig. Als er nach Italien zurückkehrte, weil es Zeit wurde, in dem unruhigen Land nach dem Rechten zu sehen, verzichtete er darauf, seine neue Frau und ihre Kinder sofort mitzunehmen. Er gewährte kurzen Aufschub. Sie sollten folgen, sobald der Winter es erlaubte. Man trennte sich in Saint Maurice. Der König schied in bester Laune.

In die Burg kehrte nach dem Abzug der lärmenden Schar Stille ein. Jeder lauschte auf den Hufschlag, der das nächste Ereignis melden konnte. Dennoch kam es überraschend. Von einem Augenblick zum anderen befand sich der königliche Hof von Hochburgund, Gefolge, Gesinde und Gebäude abermals in der Hand eines Knäuels fremder Kriegsleute. Barsch beorderten sie die einen hier, die anderen dorthin, versperrten Zugänge, öffneten Türen. Sie schienen sich auszukennen und duldeten nirgendwo Widerspruch. Adelheid sah, wie ein Mann von riesigem Wuchs ihrem Bruder in den Sattel half. König Konrad wehrte sich nicht, er lachte. Der Trupp stob davon, die Bohlen der Brücke donnerten. Königin Berta brauchte behutsame Worte, als sie dem Mädchen, das sich zu ihr flüchtete, erklärte, der Bruder werde von nun an am Hof eines anderen großen und mächtigen Königs erzogen werden. Adelheid hörte zum erstenmal den Namen Otto.

Der ostfränkische König war im vergangenen Jahr als Nachfolger seines Vaters Heinrich in Aachen gekrönt worden. Feindliche Nachbarn hatten den Machtwechsel als günstige Gelegenheit benutzt und die Grenzen überschritten. Aufstände erschütterten seine Stellung sogar in seinen sächsischen Stammlanden. Der eigene Bruder erhob sich gegen ihn. In mehrere Kämpfe gleichzeitig verwickelt, zögerte er dennoch nicht, den jungen König Konrad vor den Ränken des italienischen Königs in Sicherheit zu bringen. Der neue und eisenharte Mann verteidigte entschlossen die von seinem Vater Heinrich erzwungene Oberherrschaft über das Königreich Hochburgund.

Der Winter dauerte noch an, als Königin Berta und ihre Tochter Adelheid nach Italien aufbrachen. Der Aufstieg zum Paß kostete Zeit und Kraft. Die Nacht vor seiner Überquerung verbrachten die Frauen und ihr Gefolge in dem Hospiz des Klosters St. Peter. Früh am Morgen warteten braungekleidete Bergführer an der Klosterpforte. Die Marrones, wie sie genannt wurden, ließen sich noch einmal den vereinbarten Lohn bestätigen, dann griffen sie nach den Zügeln der Pferde und Maultiere, bekreuzigten sich und stapften in den Schnee hinaus.

Die Königin wußte, daß sie sich erfahrenen Leuten anvertraute. Was ihr Sorgen bereitete, war nicht der Ritt durch Kälte und Berge. Erst wenn keine Lawine sie mehr vom Saumpfad reißen, kein Tier mehr ausgleiten und mit den Reiterinnen abstürzen konnte, begann die Gefahr, die sie fürchtete. Erst dann würde sich zeigen, ob sie die richtigen Entscheidungen getroffen hatte. König Hugos Reaktion auf die Nachricht, daß der junge Konrad seiner Vormundschaft entzogen worden war, vermochte niemand vorauszusehen. Zweifellos schätzte er es nicht, wenn seine Pläne durchkreuzt wurden. Sollte er sie verantwortlich machen, konnte seine Haltung sich auch gegenüber dem sechsjährigen Mädchen ändern, das vor ihr ritt, eine kleine, tief vermummte Gestalt.

Königin Berta wußte, daß sie tat, was sie tun mußte. Sie begab sich mit ihrer Tochter in ein Land, um das die Sippe, der sie angehörten, seit langem kämpfte. Jede Generation der Welfen hatte versucht, dort Besitz und Einfluß zu erwerben. Auch der verstorbene König war in Sieg und Niederlage dieser Tradition gefolgt. Es konnte Adelheid gelingen, was ihm versagt geblieben war. Der bangen Königin sprachen die Vorfahren mit vielen Stimmen Mut zu. Auf der Paßhöhe zauste der Wind, unten lag Italien.

4. Kapitel

Im Palast von Pavia

Der Heiratskontrakt wirkte wie ein orientalischer Wunderteppich. Er trug Adelheid in kurzer Frist von den Alpen in die Ebene, aus dem Tal, durch das die Rhone braust, zum Ufer des ruhig dahingleitenden Ticino, des Tessins. Sie geriet in eine neue Umwelt, erlebte ein anderes Klima und begegnete einer fremden Bevölkerung. Statt an steilen Felswänden entlang, huschte ihr Blick jetzt über die Fassaden der Häuser in engen Gassen. Eine ähnlich bedeutende Stadt hatte sie noch nicht gesehen.

Pavia ist schön, ist reich, an Reichtum übertrifft es nicht nur die benachbarten, sondern auch entferntere Städte. Sogar das weltberühmte Rom müßte hinter Pavia zurückstehen, hätte es nicht die Apostelgräber! Die Begeisterung der Einwohner von Pavia für ihre Stadt war eindrucksvoll. Sie wirkten stolz, doch worauf? Die Antwort erfolgte rasch: auf sich selbst. Ein solches Bewußtsein kannte Adelheid bisher nicht. Ihre Welt erfuhr eine beträchtliche Ausdehnung. Sie begegnete zum erstenmal dem Städter. Er wirtschaftete in seinen Werkstätten und Warenlagern mit Erfolg und begann gerade jetzt mehr politischen Einfluß zu fordern. Die alte Ordnung, die nur hohe Herren und niedrige Knechte kannte, änderte sich in Oberitalien. Pavia gehörte zu den umtriebigsten Städten der Lombardei, wenn nicht gar der westlichen Welt. Nicht nur Adelheid staunte über die vielen Einwohner Pavias und ihren Wohlstand.

So neugierig Adelheid die ungewohnte Umgebung musterte, so aufmerksam und ungeniert betrachteten die Einwohner sie. Das schöne Kind gewann die Zuneigung der Frauen und die Bewunderung der Männer. Ihre Begleiter warnten sie vor der

Streitlust dieser Bürger, sprachen von ihrem Ehrgeiz, sich unabhängig zu machen, und über ihren Hang zur Kritik an den Mächtigen. Die Bedenken begriff Adelheid kaum, und sie verleideten ihr Pavia nicht.

Die Stadt nahm die Handelsströme auf, die von Gallien her in die Poebene flossen oder in die Gegenrichtung drängten. Sie leitete sie um und gab sie weiter. Adelheid sah, wie die englischen Fernhändler ihre zweirädrigen Karren durch die Tore lenkten und ihre Warenballen in die Gewölbe der Kaufherren trugen. Aus dem Süden des Landes, aus Amalfi und Salerno, zogen die Kolonnen der italienischen Händler heran. Von Venedig nach Pavia und zurück beförderten Barken die Güter auf Tessin und Po.

»Diese Leute pflügen nicht, säen nicht und ernten nicht«, meinte ein Beamter in Pavia halbwegs bewundernd über die Venezianer. Dennoch könnten sie in jedem Hafen Getreide und Wein kaufen. Geld besaß auch Pavia. Die Kaufleute zahlten Gebühren für den Umschlag der Waren; sie beglichen saftige Rechnungen für Essen und Unterbringung. Der Königshof vergab Aufträge in der Stadt. So häuften sich in den Truhen Pavias Münzen aus vielen Ländern.

Zwischen die stattlich gekleideten Geschäftsleute und Handwerker zwängten sich Pilger. Wer immer auf dem Weg nach Rom war, um dort für sein Seelenheil zu sorgen, verweilte in Pavia. Die Stadt öffnete Tore und Türen für die Wallfahrt so bereitwillig wie für den Güterverkehr. Zugleich sammelte sie Informationen und gab sie an ganz Europa weiter. Davon profitierte auch der königliche Palast und der für Neuigkeiten aus den Zentren der Macht stets empfängliche Adel Italiens. Die Menge auf den Plätzen, unter den Bogengängen, in den Höfen und Gassen schwätzte in allen Sprachen des Okzidents und Orients, vor allem aber in den Dialekten Italiens. Den Grundton gab an, was die Bürger Pavias sprachen.

»Sao ko kelle terre per kelle fini ... ich weiß, daß dieser Boden mit diesen Grenzen ...«

Adelheid lernte die Umgangssprache rasch und pickte gleich

noch viele Wörter anderer Sprachen auf. Was sie hörte, erleichterte und erschwerte ihr zugleich, Latein zu lernen. Ein lateinischer Text, an dem sie sich abmühte, stammte von dem Mönchspoeten Walahfrid Strabo. Für Adelheids Vorfahren Konrad hatte er einen Hymnus auf die Märtyrer von Saint Maurice verfaßt. In der letzten Zeile der ersten Strophe fand sie ein Wort, das sie beschäftigte: ›consors‹, Gefährtin. Dem Römischen begegnete Adelheid nicht nur in alten Texten und noch älteren Inschriften auf sorgfältig behauenen Steinen. Ohr und Auge übten sich und nahmen schärfer wahr. Im gefälligen Wesen der Italiener ringsum verbarg sich ein harter Kern, eine unbeirrbare Selbstsicherheit, die auf langer Erfahrung und altem Wissen beruhten. Sogar in der rauhen Anfangszeit der Eroberung, erfuhr Adelheid, waren die ›romani‹ freigeblieben und durften Besitz behalten. Eine Heeresreform besserte ihren Status weiter auf. Ihre Angelegenheiten regelte immer noch das römische Recht. Für geschwinde Prozeßprotokolle oder Vertragsdiktate diente in Pavia eine aus der Antike stammende Schnellschrift, die tachigrafia sillabica. Vielleicht am deutlichsten machte sich das Altertum im Stadtbild, im Verlauf der Straßen und Mauern bemerkbar. Pavia war so rechtwinklig geblieben, wie die Römer es entworfen hatten.

Bei ihnen gab der Fluß, der unter der südlichen Stadtmauer vorbeifließt, der Siedlung den Namen: Ticinum. In einer Chronik wies man der Schülerin die Stelle, an der neben dem alten erstmals der neue Name auftauchte: ›Papiae quod Ticinum cognotum est.‹ Eine römische Familie namens ›PAPILLIA‹ steckte angeblich hinter der anderen, nun üblichen Bezeichnung. Wenn Adelheid nach der Herkunft eines Brauches, eines Ausdrucks fragte, so wiesen die Italiener mit der Hand über die Schulter. Alles besaß hier eine lange Vorgeschichte.

Um etwas über die Langobarden und ihre Eroberung Italiens im Jahre 568 zu erfahren, ließ sich Adelheid aus dem Buch vorlesen, das der Diakon Paulus über ihre Geschichte geschrieben hatte. Die Langobarden waren zwar bei ihrer Invasion schon Christen, dachten aber über den Gottessohn anders als in Italien üblich. Erst die aus Regensburg stammende Königin Theodelinde und ihre Tochter Gundeberga bekehrten den wilden Stamm zu der Glaubenslehre, die in Rom vertreten wurde.

Eine weitere Schranke wich, als auch die Unterwerfer unterworfen wurden. Im Juni 774 nahm Karl der Große endgültig Besitz von Papia. Zwar wurden König Desiderius und seine Frau Ansa gefangen fortgeführt, aber die Masse der Langobarden blieb. Nach einem letzten Aufbegehren befahl König Karl, der spätere Kaiser, den abermals Besiegten, zum Zeichen ihrer Unterwerfung das Kinn nach fränkischer Sitte zu rasieren. Von dieser Stutzung des langobardischen Langbarts abgesehen, blieb das Aussehen des Volkes in den Gassen gleich. Weiterhin durften die Langobarden ihre Umhänge, knielange Kittel und Beinkleider tragen, die durch Streifen, Kringel und Farbkontraste gemustert waren. Die Franken bevorzugten eine schlichtere Tracht in einem kräftigen Blau.

Adelheids Wege durch die äußerlich kunterbunte, gesellschaftlich vielschichtige und nach der Herkunft höchst unterschiedliche Einwohnerschaft endeten immer im königlichen Palast. Er lag in der nordöstlichen Ecke der Stadt. Dort führte ein Tor aus der hohen Stadtmauer hinaus. Als Erbauer des Palastes wurde Theoderich genannt, der große König der Ostgoten. Es hieß, er habe ein antikes Gebäude in seinen Bau einbezogen. Neben ihm lagen ein riesiger Garten, Thermen und jenseits der Mauern der Stadt ein Amphitheater. Theoderichs Enkel Athalarich ließ es errichten.

Wie die ganze Stadt hatte 924 bei der Belagerung durch die Ungarn auch der Palast gebrannt. König Hugo stellte ihn wieder her. Adelheid und ihre Mutter bezogen kein verräuchertes Quartier. Als die burgundische Prinzessin zum erstenmal den Audienz- oder Thronsaal betrat, sah sie auf dem Mosaikfußboden Theoderich hoch zu Roß. Eine Reiterstatue, die ebenfalls mit dem Gotenkönig in Verbindung gebracht wurde, nach Meinung mancher aber einen römischen Imperator darstellte, hatte sie schon vor dem Palast bewundert.

Den großen Theoderich lernte Adelheid bei einem ihrer

Stadtrundgänge von einer wenig erhabenen Seite kennen. In S. Pietro in Ciel d'Oro zeigte man ihr den kleinen Sarg des römischen Staatsmannes und Philosophen Boethius. Theoderich hatte ihn in Pavia einkerkern und auf dem ›ager calventianus‹ bei Mailand umbringen lassen. Die Stadt erzählte sich selbst. Und wo sie schwieg, ergänzten die Begleiter des Mädchens. So hörte es auch von dem wilden Alboin. Drei Jahre mußte er Pavia belagern. In seinem Zorn schwor er, er werde alle Einwohner Pavias töten. Als die Stadt schließlich kapitulierte und er durchs Tor reiten wollte, stürzte sein Pferd zu Boden. Der Reiter gab dem Tier die Sporen, man prügelte und stach es mit Lanzen, es kam nicht auf die Beine.

»Erinnere dich, mein Herr König«, sagte einer der Begleiter, »was du für ein Gelübde getan hast. Brich diesen grausamen Schwur und du wirst in die Stadt einziehen können; denn hier wohnen wahre Christen.«

Der Geschichtsschreiber der Langobarden, aus dessen Buch man Adelheid vorlas, berichtete, Alboin habe den Schwur zurückgenommen und das Pferd sei hochgesprungen. Als er dann ungehindert zum Palast ritt, applaudierten die erleichterten Einwohner.

Adelheid hörte von der Reise König Autharis nach Regensburg an den Hof Herzog Garibalds, und wie er sich dort unerkannt Theodelinde näherte, der Tochter des bajuwarischen Fürsten. Er ließ sich von ihr den Becher Wein reichen und strich ihr über das Haar. Die Herzogstochter fand das ungehörig. Authari gab sich zu erkennen. Die Ehe, die aus dieser Begegnung entstand, dauerte nur anderthalb Jahre. Authari starb im Palast von Pavia. Er sei vergiftet worden, hieß es. Adelheid erschauerte.

Auf die Mär vom dunklen Ende des nicht unbedeutenden Königs folgte die Fortsetzung der Lebensgeschichte der Königin Theodelinde. Bei einem Besuch des Adelheid versprochenen Gutes nahe Lomello erzählte man ihr, hier habe sich Theodelinde mit Agilulf, dem Herzog von Turin, getroffen. Die jugendliche Witwe hatte ihn nach sorgfältiger Beratung mit

Verwandten und Vertrauten zum Nachfolger Autharis gewählt. Theodelinde ließ Wein kommen, trank und reichte den Becher ihrem Zukünftigen weiter. Agilulf küßte ihr die Hand. Da meinte die Königin, wer sie eigentlich auf den Mund küssen dürfe, solle sich nicht mit der Hand begnügen. Der Herzog kam der Aufforderung nach. Als Adelheid lachte, wurde sie belehrt, die Geschichte verweise auf das Recht der langobardischen Königinwitwe, selbst ihren nächsten Mann und König von Italien zu bestimmen.

Die Erlebnisse der Königin Gundeperga, der Tochter Theodelindes, führten Adelheid in jene Sitten ein, die auch noch zu ihrer Zeit, wie sie bald herausfand, in Pavia herrschten. Königin Gundeperga, schön und gütig, von allen geliebt, war etwas zu arglos. Eines Tages machte sie einem gewissen Adalulf ein Kompliment über seine gute Gestalt. Adalulf beugte sich vor und flüsterte der Königin ins Ohr:

»Du hast meine Gestalt gelobt, laß mich dein Bett teilen.«

Der Königin ging das entschieden zu weit: Sie spuckte ihm ins Gesicht und wies ihn mit kräftigen Worten zurück. Der Frechling begriff, daß sein Leben nun in Gefahr war. Heimtückisch suchte er sich zu verteidigen, indem er Gundeperga bei ihrem Mann, König Charoald, verleumdete. Sie wolle ihn vergiften, um Herzog Taso auf den Thron zu heben. Der König sperrte Gundeperga ein. Sie kam erst frei, als der fränkische Hof sich einmischte. Der Verleumder fiel in einem gottesgerichtlichen Zweikampf. Auch von ihrem zweiten Mann, Rothari, wurde Gundeperga übel mitgespielt. Fünf Jahre hielt er sie in einer Kammer des Palastes von Pavia gefangen. Wieder kam ihr ein Merowingerkönig zu Hilfe. Gundeperga erhielt Besitz und Würde zurück. Die Erzählung endete mit den Worten: »Sie lebte in königlicher Herrlichkeit bis an ihr Ende.«

Gundeperga, die überzeugte Katholikin, ließ die Kirche S. Giovanni Domnarus bauen. Dort wurde sie begraben. König Rothari, ihr arianischer, also nicht ganz rechtgläubiger Mann, mußte sich mit einem Grab neben der Kirche S. Giovanni in Borgo begnügen. Als ein Räuber, der es auf die wertvollen Bei-

gaben seines Grabes abgesehen hatte, den Sarkophag aufbrach, trat ihm der Kirchenpatron, Johannes der Täufer, entgegen.

»Warum hat du dich vermessen«, fuhr er den Bösewicht an,
»den Leichnam dieses Mannes anzurühren? Wenn er auch
nicht den richtigen Glauben hatte, so hat er sich doch mir an-
empfohlen.«

Rothari beeindruckte Adelheid. Er hatte das langobardische
Recht aufschreiben lassen und mit dem römischen und fränkischen vereint. Die Herkunft von Kläger und Beklagtem entschied, zu welchem der drei Gesetzesbücher die Richter griffen. Recht wurde im Palast gesprochen. Adelheid lauschte dem
Hohen Tribunal, vernahm die Sprüche der Richter und die Erläuterungen der Rechtsgelehrten, die innerhalb des Palastbe-
zirks unterrichteten. Der Palast war ein Hort des Rechts und
ein Ort der Verbrechen. Wo Herzog Grimoald seinen Gastgeber Godepert niederstach und König Cunincpert das schöne
Mädchen Theodota vergewaltigte, residierte auch König Liut-
prand, der in seinem Reich für ein hohes Maß an Sicherheit
sorgte. Sacrum Palatium, Heiliger Palast nannten die in der
Kanzlei von Pavia ausgefertigten Dokumente den alten Herr-
schaftssitz.

Es kostete Adelheid einige Mühe zu begreifen, wie das Königreich verwaltet wurde, welche Aufgaben die Hofkanzlei
wahrnahm, wie die Ämter eingeteilt waren, vom König und
obersten Richter hinunter bis zu den Schultheißen, die auf den
Dörfern in der ›sala‹ für Ordnung sorgten. Bischöfe, Äbte, der
Pfalzgraf, der Graf von Pavia, die Machthaber und Amtsinha-
ber aus der Region unterhielten Quartiere in Pavia, Häuser,
Höfe, Ställe und Kapellen. Eine Münze arbeitete unter der
Aufsicht eines ›minister moneta‹. Das Königreich Italien besaß, was es sonst nur noch im byzantinischen Reich gab: eine
Hauptstadt mit einer Residenz.

Der ohnehin schon vielen Zwecken dienende Palast entwickelte sich durch König Hugos Lebensstil auch noch zu einem
Freudenhaus. Adelheid erlebte den Kummer und die Empö-

rung ihrer Mutter. König Hugo ließ sich von den Reizen zahlreicher Konkubinen betören. Schon bald verweigerte er Königin Berta die ihr zustehenden Aufmerksamkeiten. Er genierte sich sogar nicht, sie öffentlich zu verwünschen. Der Königin war es kein Trost, wenn die Frauen des Palastes erzählten, ihrer Vorgängerin Alda sei es nicht anders ergangen. Der König habe sie mit einer gewissen Wandelmoda betrogen. Der Palast wimmelte von Kindern. Alda hatte König Hugo den ältesten Sohn geboren, den nun mit Adelheid verlobten Lothar, ferner eine Tochter, die so hieß wie die Mutter. Aldas Familie war wie die Adelheids in Burgund beheimatet. Von Wandelmoda gab es einen Sohn.

Die neuen Favoritinnen des Palastherrn hießen Pezola, Roza und Stefania. Pezola kam aus der Unterschicht. Jeder in Pavia bewunderte ihre Schönheit. Die spottlustigen und am Treiben des Hofes sehr interessierten Bürger Pavias gaben Hugos Damen Beinamen. Pezola nannten sie Venus. Die ihretwegen ständig eifersüchtige Roza hieß beim Volk Juno. Rozas erster Mann, Graf Gislebert von Bergamo, hatte zusammen mit Graf Samson seinerzeit Adelheids Vater die Heilige Lanze überbracht. Roza besaß ein robustes Gemüt. Ihr Vater, der Richter Walpert, war von König Hugo wegen einer Verschwörung hingerichtet worden. Das Schicksal des Vaters hielt Roza nicht davon ab, Hugos Konkubine zu werden. Sie gebar ihm die wunderschöne Tochter Rotlinda.

Hugo wußte seine Sprößlinge zu plazieren. Rotlinda etwa heiratete den Grafen von Parma, einen einflußreichen Herrn. Wandelmodas Sohn Hubert erhielt die Markgrafschaft Tuszien anvertraut. Auch das schöne Kind, das seine Geliebte Pezola 940 zur Welt brachte, spannte er in seine Pläne ein. Adelheids Mutter Berta fühlte sich verhöhnt, als die Tochter der Rivalin ausgerechnet ihren Namen erhielt. Der König lächelte anzüglich. Er schickte Gesandte nach Konstantinopel, um die Hilfe des byzantinischen Reichs gegen die Sarazenen zu erbitten, die sich in Südfrankreich festgesetzt hatten. Im Palast munkelte man freilich, die zwischen Pavia und Konstantinopel hin- und herreisenden Diplomaten verhandelten auch über die kleine Berta. Adelheid beugte sich staunend über das kleine Mädchen, das Kaiserin von Byzanz werden sollte.

Die wichtigste Person in Pavia war für Adelheid neben ihrer Mutter Berta der Verlobte. Fünfzehn Jahre zählte Lothar jetzt und versprach, ein fähiger Herrscher zu werden. Er fand bald Gelegenheit, sich zu beweisen. Wenige Jahre nach der Rückkehr König Hugos aus Hochburgund, bildete sich in Oberitalien eine Opposition aus Adligen. Sie fühlten sich bedroht, seitdem sie Hugos Wüten gegen die eigenen Brüder Lambert und Boso erlebt hatten, der eine geblendet, eingekerkert der andere. Auf den bloßen Verdacht hin, eine Rebellion zu planen, waren Leute ohne Gerichtsverfahren exekutiert, ihre Hinterbliebenen des Vermögens beraubt worden. Ämter, Posten, Pfründen vergab Hugo ausschließlich an seine Freunde aus der Provence. Was hatte denn sein Neffe Manasses in der Lombardei zu suchen? Warum blieb der Mann nicht, was er war, Bischof von Arles? Mit welchem Recht erhielt er die Kirchen von Verona, Trient und Mantua übertragen?

Als absolut unerträglich empfanden es die italienischen Großen, daß Hugo alles selbst und von Pavia aus zu regeln wünschte. Er ignorierte die traditionelle Versammlung des Adels und der Kirche, obschon gerade sie ihn seinerzeit gewählt hatte. Er pfiff auf das Recht der Bürger, zusammenzukommen und sich zu beraten, und er setzte sich über das Recht der Grundherren hinweg, in den von ihnen kontrollierten Städten den Bischof zu wählen. Mit der Hilfe seines ›camerarius‹ trieb er unerbittlich Strafgelder, Zölle, Steuern und andere Abgaben ein. Er selbst war geizig, auch gegen die Kirche. Ihm fehlte die Freigebigkeit, die den Fürsten auszeichnet. Dabei ließ er es sich in seinem Palast und mit seinen vielen Weibern gutgehen. Er hortete Schätze und lauschte der Musik und dem Gesang der Pagen.

Gelegentlich neigte er den Kopf und Adelheid wußte, daß er nun seinen Spionen zuhörte. Sie wisperten ihm Meldungen über seine Feinde zu. An der Spitze der oberitalienischen Adligen, die sich gegen ihn zusammenrotteten, vermutete Hugo mit gutem Grund einen Mann, den er versucht hatte, durch eine Heirat an sich zu binden: Berengar II, Markgraf von Ivrea, Ehemann seiner Nichte Willa. Sie war die Tochter von Hugos Bruder Boso und Adelheids Tante Willa. Die Eltern gehörten zu den Opfern Hugos. Willa die Jüngere hatte Anlaß, den König zu hassen. Berengar fürchtete ihn, hatte doch Hugo seinen Halbbruder Anskar beseitigen lassen. Dennoch erschien das Markgrafenpaar zunächst oft an König Hugos Hof. Man gehörte zu einer karolingischen Großfamilie. Ivrea lag nicht weit entfernt. Bei den engen verwandtschaftlichen Banden wäre es unhöflich gewesen, fernzubleiben. Im Jahr der Verschwörung befand sich der Markgraf mit 37 Jahren nach gängiger Meinung im besten Mannesalter.

Adelheid bemerkte, wie Berengar und Willa sie beobachteten. Das Auftauchen der jungen Verwandten in Oberitalien störte den Markgrafen und seine Frau. Ihr Verlöbnis mit König Hugos Sohn Lothar lag nicht auf der Linie, die sie verfolgten. Wem gehörte denn Italien? Doch nicht diesen aus Hoch- oder Niederburgund anreisenden Nicht-Italienern. Zwar war man selbst auch fränkischer Abstammung, weilte aber immerhin schon seit Generationen im Land und lebte verschwistert und verschwägert mit den alteingesessenen Adelsfamilien.

Stolz blickte Berengar II. auf den ersten dieses Namens zurück, auf seinen Großvater. Neun Jahre hatte er die ihm in Rom aufs Haupt gesetzte Kaiserkrone getragen. Willa konnte auf ihren Ururgroßvater, den Kaiser Lothar I. verweisen. Wieviel Recht auf Italien hatten sie! Die kleine Adelheid brachte alle Berechnungen durcheinander. Nachwuchs besaß man selber, und zwar reichlich. Da gab es vor allem Adalbert, den ältesten Sohn. Der feurige Mensch, ein Hüne und etwas älter als Adelheids Verlobter Lothar, berechtigte zu den kühnsten Hoffnungen und spornte den ohnehin sehr entwickelten Ehrgeiz der Eltern an.

In Pavia griff Unruhe um sich. Sie kündigte Ereignisse von Gewicht an. Boten gingen im Palast ein und aus. Viele kamen durch die Hinterpforte und wurden eilig zu König Hugo geführt. Der Markgraf von Ivrea erschien nur noch selten und wenn, dann mit großem Gefolge. Das wurde bemerkt und gedeutet. Der König sprach honigsüß mit seinem Gast. Die Herren wechselten Komplimente und taxierten die Stärke des Gegners und die eigenen Chancen. Auf einer Beratung im kleinen Kreis, anwesend waren nur die Familie und engste Vertraute, verlor König Hugo die Nerven. Er werde, zischte er, mit diesem Berengar demnächst so verfahren wie mit seinem Halbbruder Lambert. Jeder wußte, daß er ihn hatte blenden lassen.

Lothar erschrak. Er war seit einem Jahrzehnt Mitkönig und mündig. Die Untat, die sein Vater plante, würde auch ihn belasten. Dabei stand es offensichtlich nicht gut um die gemeinsame Macht. Die Gegner durch gewaltsames Vorgehen zu reizen, hielt Lothar für unsinnig. Doch fiel es ihm schwer, sich gegen den Vater zu stellen. Er suchte Rat und wandte sich heimlich an Königin Berta. Sie erwog die Zukunft ihrer Tochter. Der zukünftigen Königin Italiens konnte es nützen, Markgraf Berengar zu Dankbarkeit zu verpflichten. Die Königin verhehlte nicht, daß sie auch die Gelegenheit reizte, Rache an König Hugo für viele Erniedrigungen zu nehmen. Sie riet Lothar, Berengar zu warnen. Vielleicht brachte seine Flucht den König zur Vernunft! Bei den konspirativen Gesprächen hörte eine Zehnjährige mit angehaltenem Atem zu. Abermals lernte sie die Notwendigkeit kennen, schnell gefährliche Entscheidungen zu treffen. Sie legten fest, zogen glückliche Entwicklungen nach sich oder bedeuteten den Untergang. Die Mutter hatte allen Anlaß, ihr Kind mit dieser für das Überleben unerläßlichen Erfahrung auszustatten. Adelheid spitzte die Ohren, als über Leben und Tod nahestehender Personen verhandelt wurde.

Dem Boten, den Lothar losschickte, gab Königin Berta Instruktionen, Ratschläge und Empfehlungen mit. Markgraf Berengars Fluchtweg zeigte, daß er sie zu nutzen wußte. Er benachrichtigte seine Frau, die sich nicht bei ihm befand, von der drohenden Gefahr und warf sich aufs Pferd. Im tiefen Winter floh er über den Mons Jovis nach Hochburgund. Obschon Willa hochschwanger war, schaffte sie es, über den Vogelberg zu entkommen. Die Flüchtlinge trafen sich am Rhein, am Hof des Herzogs von Schwaben und der Herzogin Reginlindis, Königin Bertas Mutter.

Hugo schäumte. Er ahnte, wer seinen Anschlag auf Berengar vereitelt hatte. Gewiß verfügte der Markgraf in Schwaben über alten Besitz der Unruochinger, aber das erklärte noch nicht ausreichend, warum er sich an den schwäbischen Hof gewandt hatte. Die gute Aufnahme, die er dort fand, verriet, wer hinter der Flucht des Markgrafen stand. Berta war die Intrigantin, die Verräterin. Der König stieß Drohungen aus, ihr Leben war gefährdet. In der unerträglichen Spannung, die am Hof von Pavia herrschte, kamen sich Lothar und Adelheid näher. Der junge König wuchs in die Rolle des Beschützers hinein.

König Hugo erfuhr bald, Markgraf Berengar habe sich von Schwaben aus nach Norden in den Schutz des ostfränkischen Königs Otto begeben. Obwohl König Hugos Vasall, sei er in den Dienst des fremden Herrschers getreten.

»Felonie!« empörte sich König Hugo. »Er bricht die Treue gegen seinen Lehnsherrn, und das bin ich.«

Hugo schickte Boten. Zwar forderte er nicht geradezu die Auslieferung des Flüchtlings, aber er bat doch, den Mann nicht aufzunehmen und ihm nicht zu helfen. Reiche Geschenke stellte er in Aussicht. Die Antwort König Ottos überbrachten die zurückkehrenden Kuriere. Sie standen im Audienzzimmer vor König Hugo. Der Hof hörte atemlos zu. Adelheid merkte sich jedes Wort.

»Berengar hat sich an meine Gnade gewandt«, wiederholten die Boten die Worte des Königs im ostfränkischen Reich, »nicht um euren Herrn zu stürzen, sondern sich, wenn möglich, mit ihm auszusöhnen.« König Otto bot seine Vermittlung an. Er wies Hugos Schätze zurück und stellte Kostbarkeiten aus eigenem Fundus zur Verfügung. Im übrigen, ließ er ausrichten, solle man nicht von ihm verlangen, einem Hilfe Suchenden nicht zu helfen. Das sei töricht.

Es trieb König Hugo in diesem Jahr um. In seinem Palast in Pavia residierte er 941 selten. Listenreich suchte er sich zu behaupten. Während er gegen seine italienischen Gegner vorging, brachen von West und Ost gefährlichere Feinde herein, erst die Sarazenen, dann die Ungarn. Mit der Unterstützung einer byzantinischen Flotte griff König Hugo Fraxinetum, den Stützpunkt der Sarazenen an der französischen Mittelmeerküste an. Von ihrem befestigten Felsennest westlich von Toulon aus verheerten die Sarazenen in Raubzügen den Süden und Westen Europas.

Hugos Land- und Seefeldzug versprach Erfolg. Von allen Seiten in die Zange genommen, schien die letzte Stunde des Räubernestes gekommen. Statt aber das Zeichen zum Sturm auf die Eingeschlossenen zu geben, begann der König mit ihnen zu verhandeln. Das Ergebnis entsprach seinen Wünschen: Die Griechen kehrten heim; die Sarazenen kontrollierten in seinem Auftrag die Pässe zwischen Schwaben und Italien. Mehr als die kriegerischen Anhänger Mohammeds fürchtete Hugo seinen Widersacher Berengar. Von ihm wurde berichtet, er sammle Truppen jenseits der Alpen. Im Mai kehrte der König aus der Provence nach Italien zurück. Er überprüfte die Lage in Venetien. Im August saß er abermals in seinem Palast. Wenn er nicht gerade seinem Gefolge wortreich die Wendungen seiner Politik erläuterte, lauschte er gespannt dem Geflüster der Spione. Sie brachten Neuigkeiten.

Auch der Gegner ließ spionieren. Ein Ritter Berengars war über die Alpen gekommen. Der tollkühne Mann suchte die hohen Herren Italiens auf und erkundigte sich nach ihren Plänen. Er wollte wissen, wie sie zu seinem Auftraggeber stünden und was sie von den Aussichten König Hugos hielten. Der König hörte bald von dem Agenten und seinem Auftrag. Er jagte seine Spürhunde hinter ihm her. Amadeus hieß er. Seine Abenteuer sprachen sich in Pavia herum. Viele kannten ihn von früher. Er hatte den Markgrafen bei der Flucht über die Alpen begleitet und sich dann selbst für die geheime Mission in Italien angeboten. Als Pilger verkleidet war er unbehelligt ins

Land gekommen. Danach veränderte er ständig sein Aussehen, färbte die blonden Locken und den Bart mit Pech und spielte den Krüppel. In Pavia und selbst am Hof amüsierte man sich, daß es dem König und seinen Häschern nicht gelang, den Ritter dingfest zu machen. Dabei traute er sich sogar in die Stadt. Der König ahnte nicht, wie oft der Gesuchte dicht neben ihm stand. Die Leute erzählten, er habe verkleidet unter den Armen gehockt, die der König gerade speisen ließ, klagend auf seine Blößen gewiesen und vom König einen Rock erhalten. Er hörte, was Hugo über den Gegner Berengar redete und sogar über ihn, Amadeus. Schließlich kehrte der waghalsige Ritter auf geheimen Bergpfaden zu dem jenseits der Pässe wartenden Markgrafen zurück.

Mitten hinein in die nervöse Erwartung neuer Berichte über die nächsten Schachzüge Berengars, platzte die Meldung vom Ansturm eines ungarischen Reiterheers. Hugo kämpfte nicht, er verhandelte. Er wollte die Hände frei gegen Berengar haben. Die Furcht vor dem Markgrafen beherrschte ihn. Mit zehn Scheffeln Gold kaufte er sich von den Ungarn los und brachte sie dazu, nach Spanien abzuziehen. Durch Geld oder Gold suchte er dann auch die Gefahr, die von Berengar ausging, zu bannen. Abermals sandte er reiche Geschenke zu König Otto nach Norden.

Um diese Zeit traf in Pavia eine für Adelheid und ihre Mutter Berta folgenschwere Nachricht ein. Adelheids Bruder Konrad, der sich fünf Jahre in der Obhut des ostfränkischen Königs befunden hatte, wurde 942 mündig gesprochen und kehrte in sein Königreich zurück. König Hugos Versuch, sich durch die Vormundschaft über Konrad Hochburgund anzueignen, war gescheitert. Seine Wut über den Fehlschlag richtete sich abermals gegen Königin Berta. Sie wollte, sie mußte jetzt fort und zögerte doch, die Tochter allein zu lassen. Der König zwang sie zur Abreise. Eben noch geachtete Braut, wurde Adelheid unversehens zur Geisel. Sie fühlte sich in Pavia wie verloren. Das skandalöse Leben im Palast ging weiter. König Hugo suchte wie immer das Leben zu genießen. Adelheid gegenüber gab er

2   *Zwischen dem byzantinischen Mitkaiser Romanos II.
und Eudokia, einer unehelichen Tochter König Hugos von
Italien, wurde 944 eine Kinderehe geschlossen. Eudokia starb
mit acht Jahren. Als sie noch im Palast von Pavia lebte und
Berta hieß, hat Adelheid das Kind gekannt.*

sich liebenswürdig. Zu liebenswürdig, fanden manche am Hof. Adelheid hörte von dem Gerede. Die Schmeicheleien des Königs, die Blicke, mit denen er sie musterte, gewannen eine neue Bedeutung. Ihre Gestalt hatte sich in den letzten Monaten verändert. Sie erschrak, wenn er sie berührte. Sie wich ihm aus und suchte die Nähe Lothars.

Von dem Kind, das sie gerne hätschelte, von der kleinen Berta, mußte sie sich trennen. Nach vier Jahren kamen die Verhandlungen über eine Heirat mit Romanos, dem zweiten byzantinischen Kaiser dieses Namens, zum Abschluß. Im Sommer 944 füllten sich die an der befestigten Ufermauer des Tessins vertäuten Barken. Gefolge stieg ein. Kaufleute aus Amalfi und Gaeta reisten mit. Ein Mädchen wurde aus dem Nest der Kindheit gerissen, fort von Mutter und Gespielinnen und den vertrauten Plätzen und Gassen. Siegfried, der ehrwürdige Bischof von Parma, tröstete. Die Segel wölbten sich. Eine Sommerbrise und die Strömung des Flusses trieben die Schiffe von der Anlegestelle fort, zum Po, nach Venedig. Mitte September erreichte die Reisegesellschaft Konstantinopel. Berta hieß von nun an Eudokia und war Teil einer fremden Welt. Am 6. April 945 krönte sie der Patriarch von Konstantinopel an der Seite ihres Gemahls Romanos.

Im selben Jahr kehrte Markgraf Berengar in das Königreich Italien zurück.

5. Kapitel

Thronfolgen

*B*erengar kam über die Alpen. Die Route, die der Gegner wählte, überraschte am Hof König Hugos, nicht sein Kommen. Vorsichtig und verschlagen wählte Berengar mit dem Weg des geringsten Widerstandes zugleich den des größten und schnellsten Zulaufs. Er stieg vom Reschenpaß ins Etschtal und verhandelte und versprach. Er wußte zu gewinnen. Die Burg Formigar bei Bozen fiel ihm zu. Graf Milo von Verona schloß sich ihm an. Modena folgte.

In Pavia flüsterte man, das Ende von König Hugos Herrschaft stehe bevor. Der Wunsch der italienischen Großen, bei der Neuverteilung der Güter und Ämter auf der richtigen Seite zu stehen, ließ sein Königreich von März bis April rasch schrumpfen. Fast zwanzig Jahre lang hatte er seine Krone zu bewahren gewußt. Jetzt scharten sich im Palast nur noch wenige Getreue um ihn, darunter die Grafen Ingelberto, Aleramo und Elisardo von Parma, der Ehemann einer der illegitimen Töchter Hugos. Da bewährte sich seine Heiratspolitik. Verläßlich schien auch Elisardos Schwager Lanfranco zu sein, ein Sohn Gisleberts, der die Lanze überbracht hatte. Zu König Hugo hielten ferner die Bischöfe von Bergamo, Lodi und Piacenza.

Aus Schwaben käme Berengar, erfuhr Adelheid, aus Herzog Hermanns und Herzogin Reginlindis' Herrschaftsbereich. Mit Erlaubnis König Ottos hatte er dort ein kleines Heer anwerben dürfen. Adelheid nahm an, daß ihre Großmutter Reginlindis Berengar ermahnt hatte, die Interessen der Enkelin und die ihres Verlobten zu achten. Lothar stand die Krone Oberitaliens zu. Das setzte dem Ehrgeiz des Markgrafen Grenzen.

Wenn Boten im Palast von Pavia eintrafen, brachten sie fast

immer eine neue Nachricht über den Abfall eines alten Vasallen. König Hugo gab sich keinen Illusionen über seine Lage hin. An den hastigen Beratungen mit Sohn Lothar und einigen Anhängern nahm Adelheid teil. Es ging jeweils auch um ihre Zukunft. Die Sitzungen verliefen stürmisch. Hugo neigte dazu, alles verloren zu geben. Lothar widersprach. Er blickte Adelheid an und faßte Mut. Die Versammlung wußte Rat. Nur mit seiner Abdankung könne König Hugo seinem Haus die Krone Italiens erhalten. Er solle sich zurückziehen und Lothar vorschicken.

Kaum war der Plan beschlossen, brach hektische Aktivität im Palast aus. Hugo befahl, alle Wertsachen einzupacken und heimlich auf Maultiere zu verladen. Er gedachte, sich unbemerkt und mitsamt dem Reichsschatz davonzumachen. Ende April trabte eine umfangreiche Reiterschar aus dem Palasttor. An der Spitze ritten die Könige Hugo und Lothar. Adelheid beobachtete vom Dach des Gebäudes, wie die Kolonne zum nahen Stadttor zog und Pavia verließ. Draußen teilte sich der Haufen. Der junge Lothar sprengte mit seinem Gefolge nach Mailand. Dort hatten sich die Großen des Reichs versammelt. König Hugo wandte sich nach Westen.

Tage verstrichen, ohne daß in Pavia und bei Hof Nachrichten eintrafen. Dann kamen Boten und berichteten, Lothar habe in Mailand einen überraschenden Erfolg errungen. In der Basilika S. Ambrogio hatte er mit Mut und Geschick seine Ansprüche vertreten. Lothar fand eine Kirche voller Menschen vor. Als er durch die weit geöffneten Flügel des Portals trat, starrten ihm die Parteigänger Berengars, die am Mittelgang ein Spalier bildeten, feindselig entgegen. Der Klerus beim Altar und das Volk, das in den Seitenschiffen stand, schienen ihm freundlicher gesonnen. Lothar schritt durch den festlichen und ernsten Raum, seine Schritte hallten. Er kam an der antiken Säule vorbei, um die sich eine Schlange aus Bronze ringelte. Vor dem Altar warf er sich nieder. Sein Blick richtete sich auf den Paliotto, die Goldreliefs mit den Szenen aus dem Leben des Erlösers. Er hörte Zurufe, die ihm Wohlwollen ausdrückten. Der

Lärm steigerte sich. Erzbischof Arderico half dem jungen Mann aufzustehen. Das Volk applaudierte.

Berengar stellte sich sofort auf die neue Situation ein. An König Hugo gingen Boten. Er hatte auf halbem Weg in die Provence haltgemacht, um abzuwarten, ob Lothar Erfolg haben würde. Nun vernahm er, sein Sohn und er dürften Könige von Italien bleiben. Adelheid begriff, warum Berengar sich zum Kompromiß bereit fand. Er gab dem Wunsch der Großen Italiens nach, die Macht auf mehrere zu verteilen. Und dann lag Berengar auch daran, den Reichsschatz in die Hand zu bekommen. Gold und Geld sollten Hugo auf keinen Fall in die Lage versetzen, Verbündete anzuwerben.

König Hugo kehrte nach Pavia zurück, brachte aber nur einen Teil des Schatzes mit. Am 29. März saß er, als sei nichts geschehen, abermals im Audienzsaal. Er beriet mit seinem Notar den Text einiger Urkunden. Adelheid, die ihn beobachtete, spürte, wie unsicher der König sich trotz seiner demonstrativen Gelassenheit fühlte. Gemeinsam mit seinem Sohn beschenkte er die Konkubine Roza-Rotruda, ihre Tochter Rotlinda und deren Mann, den Grafen Elisardo. Rotlindas Halbbruder Lanfranc unterzeichnete das Dokument. Ein auf verzwickte Weise versippter Klüngel nutzte seine vielleicht letzte Gelegenheit, sich noch vor Ankunft Berengars zu bereichern.

Der Markgraf traf am 8. April in Pavia ein. Er genoß seinen Triumph. Lächelnd und winkend ritt er durch die Gassen der Stadt, Gepanzerte hinter sich, eine polternde Schar grimmiger Männer. Hier zeigte sich der neue Herr Italiens. Zu Adelheid hielt er Distanz, als wolle er die Rolle vertuschen, die der Hof ihrer Großmutter bei seiner Flucht und siegreichen Rückkehr gespielt hatte. In Pavia arrangierte man sich rasch mit dem neuen Machthaber. Als Berengar fünf Tage nach seiner Ankunft Gerichtstag hielt, erlebte Adelheid, wie gewichtige Herren aus dem Gefolge Hugos mit dem Markgrafen zu paktieren verstanden. Es lohnte sich für die meisten. Graf Lanfranc zum Beispiel erhielt das Amt des Pfalzgrafen von Pavia, das schon sein Vater Gislebert innegehabt hatte. Ohne Berengars Zustimmung wären Pfründe und Würde der Familie verlorengegangen. Jeder Tag brachte unvergeßliche Erfahrungen, neue Kenntnisse über das Wesen der Menschen, Lektionen in Politik.

Schon im August ließ sich Berengar auf einer Versammlung in Pavia zum Minister mit allen Vollmachten erheben. Der Akt kam einer fast vollständigen Kaltstellung König Hugos und seines Sohnes gleich. Im Palast residierten jetzt zwei Könige ohne Macht und ein mächtiger Markgraf ohne Krone. Zwischen den Parteien, die sich beäugten, mißtrauten und aushorchten, lebte Adelheid. Zur Seite hatte sie nur eine Amme und einen Geistlichen. Ihren eigentlichen Rückhalt fand die Vierzehnjährige in Lothar. Alle sahen, wie aufrichtig er Adelheid zugetan war. Gerade diese Zuneigung versetzte Willa, die eigentliche Herrin des Palastes, in Wut. Sie sah die Pläne gefährdet, die sie seit langem hegte.

Willa besaß die Energie ihrer Großmutter Berta, der vormaligen Markgräfin von Tuszien, und die Lebenskraft ihrer Urgroßmutter Waldrada, der illegitimen Frau König Lothars II. Mit Berengar hatte Willa fünf Kinder, drei Söhne und zwei Töchter. Über ihre Leidenschaftlichkeit und ihr Liebesleben zerriß man sich in Pavia die Mäuler. Hofleute, Kammerdiener, Vogelsteller und Naschwerkhändler, kurz fast alle, denen Adelheid zwanglos begegnete, tuschelten, Willa habe ein Verhältnis mit dem Kaplan Dominikus. Der Pater, ein robuster Mann vom Lande, unterrichtete Willas Töchter. Die als geizig verschriene Markgräfin versorgte Dominikus mit feinem Essen und kostbarer Kleidung. Die ungewohnte Freigebigkeit gab dem Klatsch Auftrieb.

Eines Nachts wachte der Palast von gewaltigem Geschrei auf. Aus allen Räumen taumelten schlaftrunkene Leute. Niemand wußte, was vor sich ging. Ein Mädchen, das Adelheid aufwartete, lief los, um sich zu erkundigen. Lachend kam die Magd zurück.

»Ein Hund hat den Kaplan Dominikus gebissen«, berichtete

sie prustend. »Er wollte das Zimmer der Markgräfin Willa betreten.«

Der Kaplan wurde gepackt und verhört. Willa zog sich kaltblütig aus der Affäre. Dominikus sei auf dem Weg in die Kammer ihrer Dienerinnen gewesen, behauptete sie. Der Kaplan fürchtete, es werde ihn das Leben kosten, wenn man ihm eine Beziehung zur Markgräfin nachwiese. Er griff Willas Erklärung seiner nächtlichen Wanderung begierig auf. So glimpflich kam er jedoch nicht davon, wie er gehofft hatte. Schaudernd erzählte Adelheids Magd, Dominikus sei kastriert und dann fortgejagt worden. Sie fügte, schon wieder kichernd, hinzu:

»Die ihn entmannt haben, behaupten, die Herrin habe Grund gehabt, ihn zu lieben.«

Ein Jahr hielt es König Hugo in Pavia aus. Dann ertrug er es nicht länger, König nur zum Schein zu sein. Der einst stattliche Mann sank in sich zusammen. Gebrochen, melancholisch schlich er durch die Gänge und Säle des Palastes. Plötzlich war er aus Pavia verschwunden. Bald hieß es, er sei nun doch samt Schatz in die Provence gelangt. Sofort trat ein, was Berengar befürchtet hatte. Spione berichteten, Hugo werbe mit seinem Geld Bundesgenossen an. Mit tausend Minen verpflichtete er den mächtigen Grafen von Toulouse, Raimund III. Pontius. Gemeinsam bereiteten sie einen Feldzug gegen den Markgrafen vor. Die Nachrichten verschlechterten die Lage Lothars. Bislang hatte ihn Berengar als Scheinkönig geduldet, jetzt sah er in Lothar eine Geisel gegen die Umtriebe des Vaters.

Ein Jahr der Ungewißheit, der wachsenden Bedrängnis auch für Adelheid verstrich. Dann kam neue Kunde aus der Provence. In Arles, wo er hergekommen war, verstarb König Hugo am 10. April 947. Er hatte sich, als er sein Ende nahe fühlte, in ein von ihm errichtetes Kloster zurückgezogen und war Mönch geworden. Seine letztwilligen Verfügungen aber offenbarten allen, wie sehr er der Welt und ihrem Getriebe noch über das Grab hinaus verhaftet blieb. Sein beträchtliches Vermögen erbte eine Nichte namens Berta, eine Tochter von Hugos Bruder Boso und Adelheids Tante Willa die Ältere.

Berta verfügte über Einfluß. Ihr erster Mann war der Bruder eines Königs von Frankreich gewesen, ihr zweiter hieß Raimund von Rouergue. Seine Sippe besaß Macht und Ansehen in der Provence.

Berta setzte unverzüglich die bereits begonnenen Vorbereitungen zu einem Feldzug gegen Berengar fort, obschon dessen Frau Willa ihre Schwester war. Überraschend schnell half sie damit Lothar und Adelheid. Markgraf Berengar fühlte sich seiner Stellung in Italien noch nicht sicher. Einen Krieg wollte er zu diesem Zeitpunkt vermeiden. Um Berta zu beschwichtigen, erhob er keine Einwände, als ihr Vetter Lothar bekanntgab, er wolle nun das Adelheid vor zehn Jahren gegebene Heiratsversprechen einlösen. Am 27. Juni 947 dröhnten in Pavia die Glocken von S. Michele. Lothar und Adelheid feierten Hochzeit.

Im Kirchenschiff drängten sich die Einwohner. Unzählige Augen verfolgten jeden Schritt, jede Bewegung der sechzehnjährigen Prinzessin während der langen Zeremonie, in der sie zur Königin Italiens wurde. Eine Robe nach fränkisch-byzantinischem Geschmack umhüllte sie. Über dem Untergewand aus violetter Seide trug sie ein etwas kürzeres rotes Obergewand aus dem gleichen Stoff. An den Säumen glitzerte eingewebtes Gold. Wenn sie ausschwangen, kamen Stiefelchen aus weichem Leder zum Vorschein. Lothar führte eine schöne Braut zum Altar, darüber waren die in der Kirche versammelten Männer und Frauen sich einig. Adelheid und der König knieten an der seit altersher für die Krönung ausersehenen Stelle in der Mitte des Kirchenschiffs nieder. Ein dunkler Stein, den vier kleinere kreisförmige umgaben, markierte sie. Auf ihr Haar senkte sich ein dicht mit blauen, weißen und roten Steinen besetzter Goldreif. Von dem unteren Rand der Krone hingen kleine Ketten herab, an deren Enden Kreuze und Buchstaben schaukelten. In einer Urkunde, die zur Hochzeit ausgefertigt wurde und Adelheid Landbesitz sicherte, nannte König Lothar seine Frau ›amabilis‹, liebenswert. Zuneigung war sie gewöhnt, Zärtlichkeit kannte sie, doch das Kosen bekam nun einen anderen Sinn. In den Nächten nach der Hochzeit entdeckte sie die

Freuden der körperlichen Liebe. Sie genoß Hingabe und Leidenschaft. Das Glück war aber kurz.

Abermals fielen unter ihrem Heerführer Taxis die Ungarn in Italien ein. Berengar zahlte wie sein Vorgänger zehn Scheffel Geld. Die Goldmünzen füllten ein brusthohes Weinfaß. Der Loskauf trug dem Markgrafen wenig Sympathie bei der Bevölkerung ein. Er hatte das Geld keineswegs aus dem Staatschatz oder dem eigenen Vermögen genommen, sondern als Steuer bei der Kirche und den Einwohnern eingetrieben. Die Geschröpften murrten, Berengar habe unter den Betrag für die Ungarn schlechtes Geld gemischt und auf die Weise eine beträchtliche Summe für sich selbst abgezweigt.

Als nächste Heimsuchung kam die Pest. Um sie von Pavia abzuwenden, beschlossen die Kirchenoberen, die Gebeine der Heiligen Theopompos und Synesius von der Abtei Nonantula, östlich von Padua, nach Pavia zu übertragen. Adelheid, die Königin von Italien, Adelegida regina gloriosissima, wie sie jetzt genannt wurde, zog in feierlicher Prozession den Reliquien entgegen und geleitete sie in die Stadt.

Ihre Ehe mit Lothar bedeutete eine Stärkung der Partei der Burgunder in Italien. Berengar mußte befürchten, daß sich an den einen Erfolg zu große Hoffnungen knüpften. Er gab sich alle Mühe, den Einfluß des Paars zu verringern, ja, ihn aufzuheben. Ohnehin praktisch Herr im Lande, strebte er jetzt auch unverhohlen die Königswürde an. Wenn irgend möglich, ließ er das Königspaar nicht aus den Augen. So begleitete er Lothar und Adelheid 948 auf dem Umritt durch Teile des Reichs.

Zur Reisegesellschaft, die Anfang Juni aufbrach, gehörten Atto, Bischof von Vercelli, und Graf Aleramo. Der Graf war ein alter Freund des verblichenen Hugo und ein williger Förderer der Macht Berengars. Der Bischof hielt gewissermaßen die Mitte zwischen den widerstreitenden Parteien. Er war noch unter Adelheids Vater, König Rudolf, Bischof von Vercelli geworden und befand sich nicht unter den ersten, die von dessen Nachfolger Hugo abfielen. Er sprach sich deutlich gegen Tyrannen aus, die durch Verschwörung zur Herrschaft gelangen. Dem legitimen König, den er in die Emilia und nach Tuszien begleitete, zeigte er keinen besonderen Respekt, ließ aber durchblicken, er sei ein Freund des Friedens und der bestehenden Ordnung. Adelheid besichtigte ihren Besitz und den ihrer Mutter. Die Reise führte über Reggio Emilia, Modena, Bologna, Pistoia, Lucca, Pisa, Populonia, hinauf zum Monte Amiata, dann nach Chiusi und Siena. Am 8. August kehrte das Paar und seine Gefolge nach Pavia zurück.

Im Jahr darauf brachte Adelheid eine Tochter zur Welt. Sie erhielt den Namen Emma. Er rief Adelheids Vorfahrin Hemma in Erinnerung, eine Tochter des Stammvaters Welf und Frau König Ludwig des Deutschen. Nachwuchs des italienischen Schattenkönigspaars paßte nicht zu den Absichten Berengars und Willas. Die Stimmung im Palast von Pavia wurde mit jedem Tag gereizter. Lothar wandte sich insgeheim an den Schwiegervater seiner Halbschwester Berta, an Konstantin VII. Porphyrogennetos. Der byzantinische Kaiser reagierte. Er schickte den Chef der Prätorianergarde Andreas. Der Offizier übergab Berengar das kaiserliche Schreiben im Audienzsaal vor versammeltem Hof. Der Markgraf brach das Siegel und ließ sich den Text der Rolle übersetzen. Konstantin ermahnte Berengar, die Rechte Lothars nicht zu verletzen. Er forderte ihn auf, ihm sofort einen Gesandten zu schicken, der ihn über die Verhältnisse in Pavia aufklären könne.

Dem Markgrafen fiel es schwer, die Fassung zu bewahren. Berengar und Willa verabschiedeten den Offizier korrekt und kalt und zogen sich zurück, um sich zu beraten. Mit Genugtuung stellten Lothar und Adelheid fest, daß sich die Widersacher ganz offensichtlich nicht trauten, den byzantinischen Hof zu brüskieren. Berengar hielt Ausschau nach einem geeigneten Gesandten für die Reise nach Konstantinopel. Er wollte zwar höflich bleiben, aber durch eine gezielte Nachlässigkeit dem byzantinischen Hof doch zu verstehen geben, wie wenig er von einer Einmischung in italienische Angelegenheiten hielt. Deswegen kam für den Auftrag keiner der Diplomaten in Frage, die das Königreich bereits offiziell in Konstantinopel vertreten hatten. Berengars Wahl fiel originell aus. Er winkte beim abendlichen Plaudern einen wohlhabenden, im Palast seit langem bekannten und tätigen Herrn heran. Vor sieben Jahren hatte er für den damaligen König Hugo in Byzanz wegen der Heirat zwischen Berta und Romanos verhandelt.

»Was gäbe ich darum«, meinte Berengar, »wenn dein Stiefsohn griechisch gelernt hätte.«

»Hätte ich doch die Hälfte meines Reichtums für diesen Zweck hingegeben«, rief der Mann. Berengar meinte, die Sache würde ihn viel billiger kommen. Er lobte den Charakter und die Beredsamkeit des Stiefsohns.

»Was soll ich dir erst sagen, mit welcher Leichtigkeit er die Lehren der Griechen einsaugen wird, da er sich das Latein doch schon in seinen Knabenjahren angeeignet hat.«

Adelheid kannte den jungen Mann, um den es ging. Er hieß Liudprand, war jetzt fast dreißig Jahre alt und stammte aus einer ehrgeizigen langobardischen Familie. Begonnen hatte er als Sängerknabe und war von König Hugo gefördert worden. Auf Grund seiner Ausbildung bei den Gelehrten am Hof des Königs und wegen seiner angestrebten Karriere wurde Liudprand Diakon. Seine Familie riet ihm, rechtzeitig von Hugo zu Berengar zu wechseln. Sein Stiefvater kaufte ihm einen Posten in der Kanzlei. Nun übernahm er willig auch die Reisekosten Liudprands und stattete ihn mit allem Notwendigen aus. Berengar hingegen ließ seinen Gesandten ohne die bei solchen Gelegenheiten unerläßlichen Kostbarkeiten für den fremden Herrscher abreisen.

Nach seiner Heimkehr erzählte Liudprand, unterwegs habe er aus eigener Tasche Geschenke für den byzantinischen Hof kaufen müssen, um einen Affront zu vermeiden. Seinen Zuhörern, unter denen Adelheid saß, schilderte er beredt die Größe und Schönheit der Empfangshalle im kaiserlichen Palast am Marmarameer.

»Vor dem Thron des Kaisers stand ein vergoldeter Baum. Auf seinen Zweigen hockten Vögel unterschiedlichster Art aus

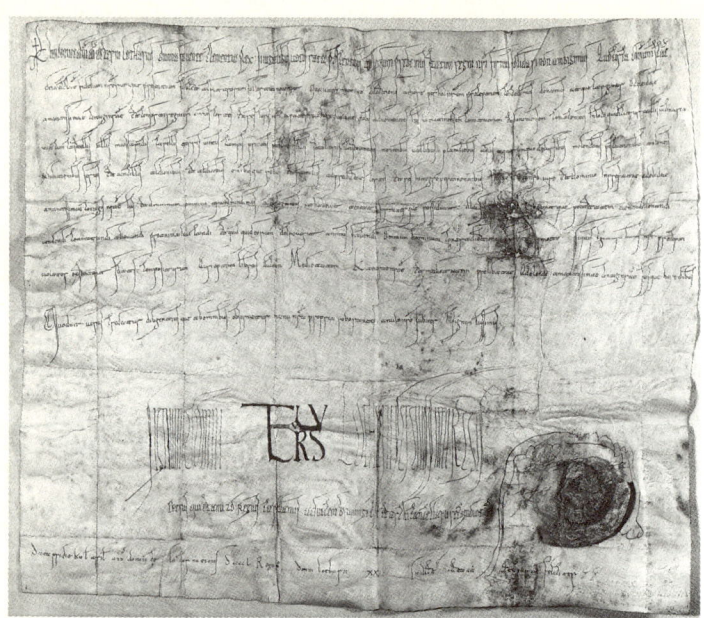

3 Mit der Urkunde vom 31. 3. 950 erhielt Adelheid weitere
Güter von König Lothar von Italien, ihrem ersten Mann. Sie
wird sehr geliebte Ehefrau (amantissimae) genannt und zum
erstenmal auch ›consorti regni nostri‹, Gefährtin unserer
Königsmacht. Die Urkunde muß Adelheid viel bedeutet haben.
Sie hat das Dokument immer bei sich geführt und schließlich
ihrem Kloster Selz überlassen, von wo es in das General-
landesarchiv Karlsruhe gelangte.

vergoldetem Metall. Neben dem Thron kauerten zwei ungeheuer große Löwen.«

Als der junge Diplomat dem Kaiser drei tiefe Verbeugungen machte, begannen die Vögel des Goldbaums zu zwitschern, die Löwen sperrten die Rachen auf, brüllten heftig und peitschten den Boden mit ihren Schweifen. Der Kaiser entschwebte gleichzeitig zur Decke und trug nun andere Kleider als zuvor. Adelheid staunte. Der Palast von Pavia, bislang in ihren Augen der glanzvollste der Welt, wirkte unversehens etwas provinziell.

Nach den märchenhaften Schilderungen kam aus Byzanz auch eine traurige Kunde. Berta-Eudokia, die byzantinische Kaiserin und Spielgefährtin von einst, war gestorben. Jenseits der Alpen ereilte den Herzog Hermann von Schwaben der Tod. Adelheids Großmutter wurde zum zweitenmal Witwe. Das Herzogtum erhielt Liudolf, der Sohn König Ottos. Der Herrscher im Norden baute seine Position planmäßig aus und rückte Italien näher. In Pavia machte man sich Sorgen.

Am 31. März 950 übertrug König Lothar seiner jungen Frau weitere Höfe aus väterlichem Erbe in den Grafschaften Modena und Bologna. Adelheid las in der Urkunde ›amantissimae coniugi nostrae et consorti regni nostri‹, unserer liebenswertesten Gemahlin und Gefährtin unserer königlichen Macht. Altehrwürdige Formeln waren das, wie sie wußte, und fühlte doch Rührung. Der König brauchte sie. So gut sie konnte, stand sie ihm bei. Nur mit ihr wagte er, offen über Pläne und Befürchtungen zu reden. Beide suchten mit sorgfältig plazierten Zuwendungen einen festeren Stand in Oberitalien zu gewinnen.

Mitte Oktober begab sich das Paar nach Turin. König Lothar vergab am 13. 11. die Abtei Breme in der Lomellina an den Markgrafen Arduin. Der Mann hatte einen Preis für seine Unterstützung genannt. Auf Vermittlung des Pfalzgrafen Lanfranc von Pavia erhielt der Richter Nazarius in Como einen Teil der Stadtmauer, dazu sechs Fuß Land davor und dahinter. Ein anderes Stück Mauer ging an einen Herrn Melizzone. Adelheid zeichnete die Urkunden ab. Sorgenvoll grübelte sie, ob Lothar noch lange die Macht haben würde, durch Schenkungen Menschen an sich zu binden. Berengar, da war sie sicher, beobachtete jeden ihrer Schritte.

Seit einem Monat hielten sie sich in Turin auf. Plötzlich erkrankte König Lothar. Ein starkes Fieber packte ihn, Schüttelfrost folgte. Die Anfälle kamen rasch. Er begann zu phantasieren, redete irr, erkannte niemanden. Entsetzt starrte Adelheid in das entstellte Gesicht ihres Mannes. Der König litt schwer, aber nicht lange. Er bäumte sich auf, sank zurück und war tot. Betäubt kauerte Adelheid am Fußende der Bettstatt. Sie versuchte, sich aufzuraffen. Sie mußte Entscheidungen treffen, konnte aber keinen Gedanken fassen. Was war geschehen? Woher kam dieses Unheil? Das Gefolge suchte sie aus der Kammer zu ziehen. Die Magd flüsterte ihr zu, sie solle den Leichnam des Königs nicht berühren. Die Leute in der Stadt behaupteten, er sei vergiftet worden.

»Wer sollte das getan haben?«

»Berengar!«

»Habt ihr Beweise?« Die Umstehenden warfen sich Blicke zu und blieben stumm. Dann traf ein abgehetzter Reiter in Turin ein. Er brachte eine Nachricht von Anhängern Adelheids in Pavia. Berengar und Willa nutzten die Situation. Der Markgraf berief die Versammlung des Adels und der Kirche nach Pavia.

Während seine Boten in alle Himmelsrichtungen eilten, gewann Adelheid ihre Selbstbeherrschung zurück. Sie beschloß, den Leichnam ihres Mannes von Turin nach Mailand zu bringen. Hugo und Lothar hatten mit einer Schenkung vom 15. August 942 die Kirche S. Ambrogio zu ihrer Grablege bestimmt. Dort ruhten drei karolingische Herren Italiens, Pippin, Bernhard und Ludwig II., König und Kaiser. Der Überführung gingen Verhandlungen mit der Mailänder Geistlichkeit voraus. Sie versprachen schwierig zu werden, weil das Bistum zur Zeit zwei Hirten hatte, Manasses und Adelmann, der eine noch von Lothar eingesetzt, der andere von den selbstbewußten Klerikern des Bistums gewählt. Adelheids Trauer, die Krise des

Reichs und Rücksicht auf das Ansehen des Klosters überwanden den Konflikt. Für Lothars Grab wählte Adelheid eine der heiligen Jungfrau, dem Apostel Jakobus und dem heiligen Georg geweihte Kapelle. Mit der Bestattung in der Kirche des heiligen Ambrosius stellte Adelheid den Verstorbenen in die Reihe der Könige Italiens und verwies zugleich auf die ihr selbst zukommenden Würden und Rechte. Ort und Begräbnis enthielten eine Botschaft. Der Adressat war Berengar.

Er verstand sie. Mit einiger Hast griff er nach der Krone der Langobarden. Die Großen Italiens, teils willfährig, teils eingeschüchtert, wählten ihn und gleich auch seinen Sohn Adalbert in Pavia zu Königen des italienischen Reichs. Das Ereignis wurde in die Chroniken unter dem Datum des 15. 12. 950 eingetragen.

6. Kapitel

Die lästige Witwe

Adelheid hielt sich vorerst von Pavia fern, blieb aber nicht untätig. Da sie hinlänglich von der Skrupellosigkeit ihrer Gegner überzeugt war, fürchtete sie um die Sicherheit ihrer Tochter Emma. Das ein Jahr alte Kind hatte sie bei Antritt ihrer Reise nach Turin in der Obhut einer Amme zurückgelassen. Sie besaß Freunde in Pavia und im Land, auf deren Hilfe sie rechnen konnte, doch ließ Berengar sie vermutlich bespitzeln. An wen sollte sie sich wenden? Adelheid fand seltsame Helfer. Zu ihnen gehörte Graf Aledram, von den Einheimischen Aleramo genannt. Er hatte sie und Lothar auf der Reise zum Monte Amiato begleitet. Der Graf war fränkischer Herkunft wie Adelheid selbst, ein gewandter Mann und sehr auf Mehrung seines Besitzes zwischen den Flüssen Tanaro und Orba bedacht. In diesem Gebiet lagen auch Adelheids Königshof Malinco und andere ihrer Güter.

Aledram hatte von den Königen Hugo und Lothar Schenkungen empfangen. Er unterhielt aber enge Verbindung auch zu Berengar, als dessen Macht wuchs. Der Graf wußte sich zu behaupten und verstand sich auf die Kunst, gut Freund sogar mit den Feinden der Freunde zu sein. Wie er verhielten sich viele, nur mit viel weniger Geschick. Adelheid hoffte, man werde die Gelegenheit nutzen, sich ihrer Dankbarkeit zu versichern. Sie schickte Boten, erinnerte an das gute Einvernehmen in glücklichen Tagen und bat um kleine Gefälligkeiten, was Verbleib und Verbringung ihrer Tochter anging. Eine Schar zuverlässiger Leute erklärte sich bereit, das Kind unverzüglich nach Norden und über die Alpen zu geleiten. Lange blieb sie ohne Nachricht. Dann trat ein Mann zu ihr und meinte, sie solle sich keine Sorgen mehr um die kleine Emma machen. Sie sei in Sicherheit.

Jetzt konnte sie handeln. Mit nur wenigen Begleitern brach sie in Richtung Pavia auf. Sie wollte herausfinden, wie es um ihre Parteigänger stand und welchen Rückhalt sie noch an ihnen besaß. Ansprüche aufzugeben, die ihr nach alter Tradition zustanden, weigerte sie sich. Die Erzählung von der Königin Theodelinde, die ihren neuen Gatten und damit den nächsten König Italiens selbst wählte, hatte sie nicht vergessen. Im übrigen verteidigte sie mit den Rechten der Königinwitwe zugleich ihren persönlichen Landbesitz in Italien. Das durch den Heiratsvertrag von 937 ihr übertragene alte Königsgut war gefährdet, wenn nicht gar verloren, sobald ihre Stellung als Königin des Landes nicht mehr respektiert wurde. Bei Nacht traf sie auf ihrem Hof Olonna, südöstlich von Pavia, ein.

Von ihrer Reise hatte sie nur Liutfrid, den Bischof von Pavia, verständigen lassen. Auf ihn, der sie und Lothar getraut und in mancher Krise klug beraten hatte, war Verlaß. Er zählte zu Berengars Gegnern. Adelheit rechnete fest mit seiner Unterstützung. In der Tat erwartete sie ein Kaplan des Bischofs in Olonna, aber die Nachricht, die der Geistliche überbrachte, bestürzte sie. Der Bischof raubte ihr jede Hoffnung, ihre Forderungen unmittelbar durchzusetzen. Dringend riet er ihr, sich an einen sicheren Ort zurückzuziehen und die Entwicklung abzuwarten. Die Macht Berengars sei groß. Ihre Freunde könnten vorerst nichts für sie tun. Zu viele der früheren Anhänger des verstorbenen Königs hätten sich dem neuen Herrn Italiens unterstellt, entweder um Ämter und Geschenke zu ergattern oder aus Furcht vor Verfolgung. Sie selbst sei gefährdet. Der Bischof ließ sie durch seinen Abgesandten beschwören, sofort, noch in dieser Nacht, den Umkreis Pavias zu verlassen. Binnen kurzem werde Berengar über ihren Aufenthalt unterrichtet sein.

Adelheid begriff. Sie mußte sich an einem Platz festsetzen, von dem aus sie Widerstand leisten, notfalls aber auch fliehen konnte. Como! Hier sammelten sich ihre Freunde oder zumindest solche, die bereits von Berengar enttäuscht waren. Zu

ihnen zählte Waldo, den Berengar als Bischof von Como eingesetzt hatte. Es hieß, er intrigiere jetzt gegen den neuen König
Italiens. Adelheid beschloß, unverzüglich aufzubrechen. Der
Vogt von Olonna befürchtete, der Hof sei von Bewaffneten
umstellt:

»Wir laufen ihnen direkt in die Arme!«

»Wir reisen ab.«

In der Dunkelheit lauerten Leute. Viele schienen es nicht zu
sein. Pferde schnaubten, manchmal blinkten Waffen. Adelheid
und ihr Gefolge ritten schnell. Einheimische wiesen ihnen geheime Pfade. Als sie nach geraumer Zeit anhielten und lauschten, blieb die Nacht still. Sie glaubten, die Verfolger abgeschüt-
telt zu haben. Erschöpft trafen sie im Kloster S. Ambrogio bei
Mailand ein. Adelheid hatte dort ein großes Gefolge und um-
fangreiches Gepäck zurückgelassen. Zwar war ihre Habe nicht
angetastet worden, aber viele ihrer Dienstleute hatten sich unter irgendwelchen Vorwänden entfernt und blieben verschwunden. In der folgenden Nacht ritt Adelheid nach Como
weiter.

Als die Stadt in Sicht kam, ließ sie sich bei Bischof Waldo
ankündigen. Er empfing sie, sorgte aufmerksam für ihre Erfri-
schung, bewirtete sie üppig und spann um sie ein Gewebe arti-
ger Redensarten. Sie unterbrach ihn und fragte unverblümt,
auf wessen Seite er stünde. Der Bischof lächelte und ließ sich
einen Brief reichen.

»Bischof Atto von Vercelli schrieb mir kürzlich, Atto, der
Langobarde, der behauptet, er stamme von König Desiderius
ab.« Der Bischof warf einen Blick auf das Schreiben. »Bruder
Atto ermahnt mich zur Treue gegenüber dem König. Leider
teilt er nicht mit, welchen König er meint. Es läßt sich aber
vermuten. Atto argumentiert nämlich, ein Untertan schulde
auch dem schlechten Herrscher Treue. Wie ich ihn kenne, ist
Atto andererseits strikt gegen Herrschaft, die auf Gewalt be-
ruht, denn in ihr sieht er die Ursache der Verderbtheit aller
Stände Italiens.« Bischof Waldo lächelte. Adelheids Ungeduld
entging ihm nicht. Er gab seinen Kaplänen Anweisungen. Ein

Haus in der Nähe des Bischofsitzes wurde für sie und ihr Gefolge geräumt und eingerichtet.

Als Adelheid beobachtete, wie ihre Dienstleute einige mit Eisen beschlagene Truhen von den Maultieren hoben und in den Keller des Hauses trugen, begriff sie plötzlich, warum Berengar sie in Olonna hatte abziehen lassen. Er wollte den Reichsschatz. Sie und Lothar hatten ihn auf die Reise nach Turin mitgenommen. Wo er danach geblieben war, konnte Berengar nur vermuten. Sie hatte den Gegner auf die Spur geführt. Der Fehler war nicht wiedergutzumachen. In der ihr verbleibenden Zeit suchte sie ihre Reichtümer sinnvoll zu nutzen. Ihre Beauftragten stoben mit Nachrichten und Geschenken in alle Himmelsrichtungen davon.

Es fiel ihr leicht, sich Berengars Überlegungen vorzustellen. Er witterte die Gefahr und erkannte ihre beiden Seiten. Widerstand war zu brechen, sobald er sich offen zeigte. Was aber konnte er ausrichten, wenn die ihm lästige Witwe mit samt ihren reichen Mitteln floh und vom sicheren Hort aus gegen ihn Unfrieden stiftete? Willa, die Frau an seiner Seite, jetzt endlich Königin von Italien, warnte ihn gewiß. Sie selbst war vor acht Jahren vom Comer See aus über den Paß am Vogelsberg nach Schwaben geflohen. Eine am Hof des schwäbischen Herzogs Liudolf lebhaft klagende Adelheid entsprach ganz und gar nicht den Wünschen des neuen italienischen Königspaars. Liudolfs Frau Ida war, obschon noch jung, eine Tante Adelheids. Sie würde sich vermutlich für ihre Nichte einsetzen. Und der Mann, der Adelheid am ehesten helfen konnte, König Otto, war Herzog Liudolfs Vater. Außerdem war dieser König seit vier Jahren Witwer und noch keine vierzig. Adelheid hörte Willa raunen:

»Sie darf uns nicht entkommen!«

Am 20. April in der Frühe hallten Schläge durch das Haus, in dem Adelheid und ihr kleines Gefolge Zuflucht gefunden hatten. Eine Tür splitterte, dann standen Berengars Handlanger in der Kammer. Hinter ihnen tauchte die Gestalt des jetzigen Herrn von Italien auf. Adelheid war verhaftet. Die Bewaffneten schnüffelten durch die Räume. Adelheid wußte, wonach sie suchten. Sie protestierte laut, als Berengars Männer begannen, Truhen und Kisten auf die Gasse zu tragen. Kühl erwiderte Berengar, als gewählter und gekrönter König von Italien habe er ein Recht auf den Schatz des Landes.

»Widerrechtlich gewählt und zu Unrecht gekrönt!«

»Die Versammlung der Großen des Reichs hat sich für mich entschieden.«

»Die Versammlung einzuberufen, stand dir nicht zu. Seit Kaiserin Angibergas Zeiten ist es im italienischen Reich das Recht der Witwe des verstorbenen Herrschers, die Beratung über die Nachfolge anzuberaumen.«

»Du redest von alten Zeiten, ich spreche von heute.«

Sie forderte Respekt, er beharrte auf seiner Macht. Der Wortstreit wiederholte sich. Von Mal zu Mal nahm auf beiden Seiten die Erbitterung zu. Adelheid verfocht ihren Standpunkt selbstbewußt und unnachgiebig. Wer gegen sie vorgehe, verstoße gegen langobardische und karolingische Überlieferung. Er rüttle an der althergebrachten Ordnung. Warum dann nicht gleich Gott lästern?

»Große Worte!« Die schrille Stimme Willas mischte sich ein. »Dabei willst du nur geküßt werden wie damals Theodelinde.« Erst spottete sie über Adelheids veraltete Ansichten, schon bald stieß sie wüste Drohungen aus. Man werde ihr den Hochmut austreiben. Sie sei eine Gefangene, Blutsbande zählten nicht mehr. Adelheids Verachtung trieb die königliche Kusine zur Raserei. Sie holte aus, sie schlug zu. Ihr Geschrei füllte den Raum. Sie zerrte ihr zu Boden gestürztes Opfer an den Haaren und riß der jungen Frau den Schmuck vom Kopf, vom Hals und von den Armen. Jetzt versetzte auch der König von Italien der Witwe seines Vorgängers Fußtritte. Ein Alptraum brach über Adelheid herein. Sie wurde in einen Kerker geworfen. Enge, Dunkelheit, eine widerliche feuchte Kälte setzten ihr zu. Hunger folgte.

Eines Nachts holten Bewaffnete sie aus dem Verlies. Man zwang sie auf ein Pferd. Ein Trupp Reiter umringte sie. Im Galopp wurde sie aus Como gebracht. Von nur kurzen Aufenthalten unterbrochen, ging der Ritt nach Osten. Bei Tage sah Adelheid, daß aus ihrem Gefolge nur ihre Magd und der Kaplan Martin mitgeführt wurden. Als die Gruppe schließlich Brescia hinter sich ließ, ahnte sie das Ziel der Reise. Die weite Wasserfläche des Gardasees blinkte. Der Weg wurde steil und stieg zu einem Felsvorsprung hinauf. Wie eine Kanzel schwebte er über dem See. Der Blick in die Tiefe erregte Schwindel. Auf einer abgeholzten, leicht ansteigenden Fläche hockte das Kastell, ein gedrungenes, steingraues Untier. Sein aufgesperrter Rachen, das niedrige Tor, verschlang den Trupp, der sich hereinzwängte. Im Hof hieß man die Gefangenen absteigen. Ein hagerer Mann mit grauem Haar betrachtete sie stumm. Er winkte. Bewaffnete drängten Adelheid, ihre Magd und den Kaplan in ein Gelaß zu ebener Erde. Hinter ihnen fiel eine Tür ins Schloß. Der Schlüssel knirschte.

Nach dem Wirbel der letzten Wochen wirkten die Tage, die folgten, öde und leer. Adelheid hauste mit ihren beiden Leidensgenossen in zwei düsteren Räumen. Sie fühlte sich wie in einer Gruft und lebendig begraben. Durch ein vergittertes Fenster drang etwas Licht. Sie sah die Dämmerungen kommen und zählte die Tage. Der Befehlshaber des Kastells, ein Graf, dessen Namen sie nicht erfuhr, blieb stumm und unnahbar. Er war ein Mann Berengars und gehorchte dessen Befehlen. Sie verhungern zu lassen gehörte offenbar nicht zu seinen Anweisungen. Die Mahlzeiten waren karg, aber ausreichend und wurden regelmäßig gereicht. Sie durfte unter scharfer Bewachung zur Andacht in die Kapelle des Kastells. Wenn sie sonst Wünsche äußerte, schüttelte der Graf den Kopf.

Die Empörung über die Behandlung, die ihr widerfuhr, hielt sie zunächst aufrecht. Hatte es Vergleichbares gegeben, seitdem Gundeperga eingekerkert worden war? Berengar sollte wissen, daß man einer Königin Italiens nicht ungestraft die Freiheit raubt. Bald würde er die Folgen zu tragen haben. Was er ihr antat, mußte bei allen Großen des Landes Furcht vor seiner Willkür wecken. Erinnerte er sich denn nicht, daß schon

König Hugo sich auf diese Weise überall im Land Feinde gemacht hatte? Überlegungen traten an die Stelle des Zorns und weckten Hoffnungen. Als jedoch über Wochen hinweg nichts geschah und kein Zeichen der Anteilnahme von außen zu ihr drang, kam Verzweiflung auf.

Kaplan Martin tat sein Bestes, ihr zu helfen. Redlich in seiner Treue zu ihr und unerschütterlich in seinem Glauben, stützte er sie in ihrem Gottvertrauen. Manchmal freilich geriet die Seelenstärkung, die der Kaplan ihr zukommen ließ, etwas unverdaulich. Er deutete die ihr auferlegte Drangsal als Prüfung. Er sprach von dem Versuch des Himmels, sie vor den Lockungen und sittlichen Gefahren der Witwenschaft zu bewahren. Er warnte vor der Fleischeslust, die ein junges Weib durchglühe, dessen Leidenschaft nicht mehr von den Banden der Ehe gezügelt sei. Ihre Verwunderung entging ihm nicht. Hastig griff er zur Bibel.

»Der Apostel Paulus schreibt an Timotheus«, rief er, »Die wirkliche Witwe aber, die allein steht, hat ihre Hoffnung auf Gott gesetzt. Sie verharrt Tag und Nacht in Gebet und Flehen. Die sich aber der Ausschweifung hingibt, ist als Lebende tot.‹«

Der Kaplan hob den Blick, um zu sehen, welche Wirkung das Zitat auf seine Zuhörerin habe. Er konnte leichten Spott in ihren Augen entdecken und fuhr mit erhöhtem, fast zornigem Eifer fort, aus dem Brief des Apostels vorzulesen: »Jüngere Witwen dagegen weise zurück; denn verfallen sie, in Abkehr von Christus, der Sinnenlust, wollen sie heiraten, und sie laden sträfliche Schuld auf sich, weil sie die erste Treue gebrochen haben. Zugleich lernen sie nichtstuend in den Häusern herumzugehen, und nicht nur nichtstuend, sondern auch plaudersüchtig und geschwätzig, wobei sie Ungehöriges reden.« Der Kaplan kam außer Atem und rang nach Luft.

»Ich werde mich bemühen«, sagte Adelheid scharf, »so wenig zu plaudern wie möglich. Und für mein Nichtstun hier kann ich nichts.« Sie schwieg, der Kaplan breitete die Arme aus und blickte zur Decke. Er war mißverstanden worden. Adelheid dachte nach. Das Mißtrauen gegenüber Witwen kannte sie. Im königlichen Palast von Pavia hatte sie an Verhandlungen teilgenommen, in denen die Verhältnisse verwitweter Frauen geregelt wurden. Sie meinte, die harte Stimme eines der Richter zu hören, der aus der Gesetzsammlung des langobardischen Fürsten Arichis von Benevent zitierte: »Manche Weiberchen machen nach ihres Mannes Tod, wenn sie nicht mehr unter der ehemännlichen Autorität leben, hemmungslos Gebrauch von der Freiheit, über sich selbst zu bestimmen.« Wortreich wetterte Herzog Arichis gegen die Liederlichkeit der Witwen und verfügte, sie müßten sich erneut der Herrschaft eines Ehemanns unterwerfen oder binnen Jahresfrist in ein Kloster eintreten.

Nun dämmerte Adelheid, was Berengar und Willa von ihr wollten. Sie fürchteten, sie werde wieder heiraten und damit alle Ansprüche einer Königin von Italien dem neuen Ehemann übertragen. Gegen eine Vermählung mit einem der unverheirateten Söhne ihrer Kusine Willa stand das Kirchenrecht, das nahen Verwandten die Heirat untersagte. Wenn sie, Adelheid, von der Sippe aber nicht eingebunden werden konnte, brachte sie der Sippe Gefahr. Nur als Nonne in einem Kloster war sie unschädlich.

Der Tod König Lothars, ihres Gemahls, lag ein gutes halbes Jahr zurück. Die rasche Folge der Ereignisse hatte Adelheid gehindert, an eine neue Ehe zu denken. Auch jetzt bot ihre Situation wenig Anlaß, Heiratspläne auszuspinnen. Sie wußte aber, daß sie nicht aus dem weltlichen Leben scheiden wollte. Sie liebte die Stille der Klöster, die konzentrierte Ruhe der Andacht. Sie bewunderte die Disziplin der wahren Geistlichen. Der Gedanke jedoch, den auch Bruder Martin ihr nahezulegen versuchte, es sei ihr aufgegeben, der Welt zu entsagen, befremdete sie. So war sie nicht erzogen worden, kein Wort hatte sie zu diesem Ziel geführt. Sie fühlte sich für die irdischen Angelegenheiten, für ein tätiges Dasein geschaffen. Heftig wünschte sie, dem Herrn des Himmels und der Erde auf die Weise dienen zu können, die durch ihre Herkunft und Begabung festgelegt war: als Fürstin.

Das Wetter wurde milder. Immer seltener prasselten die Regenschauer an dem vergitterten Fenster ihres Verlieses vorbei in den Hof des Kastells. Der Wind trug den Duft der ersten Blüten aus der Ebene und von den Rändern des Sees in die Höhe. Eines Tages hörten sie im Hof mehr Stimmen und andere als gewohnt. Maurer trugen Steine heran und mischten Mörtel. Bald fiel Adelheid auf, daß einer der Arbeiter, sobald die Wache abgelenkt war, beharrlich zu dem Fenster ihres Gefängnisses starrte. Sie winkte ihm zu. Er reagierte sofort. Er tippte auf seine Brust und fuhr sich dann mit Daumen, Zeige- und Mittelfinger über den Unterkiefer. Adelheid kannte das Zeichen. Sie hatte es bei den Mönchen in der Abtei von Saint Maurice gesehen. Wenn Schweigepflicht herrschte, verständigten sie sich mit Gesten. Der Maurer hatte ihr gesagt, er stünde auf der Seite des Guten. Seine Finger und Hände bewegten sich wieder. Adelheid las von ihnen ab, sie solle graben, um zu entkommen. Und zwar in den Räumen, in denen sie lebe! Dann kehrte die Wache zurück. Die Arbeit im Hof ging weiter. Jemand hatte ihr eine Nachricht zukommen lassen. In wessen Auftrag handelte der als Maurer verkleidete Bote? Als habe der Mann ihre Frage geahnt, gab er ihr, bevor der Tag zu Ende ging, nochmals Fingerzeichen. EP, buchstabierte Adelheid, dann kam ein A und ein R. Da hatte sie ein Rätsel zu lösen. EP bedeutete gewiß Episcopus, aber welcher Bischof riet ihr, sich einen Fluchtweg aus ihrem Gefängnis zu schaffen?

Adelheid beriet sich mit dem Kaplan. Er meinte, es käme nur Adalhard von Reggio in Frage. Er unterhielt gute Beziehungen zu Berengar, so viel wußte Adelheid. Sie erinnerte sich freilich auch, daß ihr verstorbener Mann, König Lothar, im Mai vor vier Jahren dem Bischof ein Grundstück in Pavia geschenkt hatte. Wollte der Herr sich jetzt bedanken und leitete er eine Abkehr von Berengar ein? Wie ernst es ihm damit war, ließ sich am ehesten feststellen, indem sie seinem Rat folgte.

Verblüfft betrachteten Adelheid, der Kaplan und die Magd den mit klobigen Steinen gepflasterten Fußboden der Zelle. Als die Dunkelheit kam, hoben sie eine der Platten. Sie stießen auf Geröll und räumten es beiseite. Die Spuren verwischten sie bei Tagesanbruch sorgfältig. In der folgenden Nacht öffnete sich eine Höhlung vor ihnen. Sie fanden heraus, daß der Fels, auf dem das Kastell stand, von Kavernen durchzogen war. Schmale Durchlässe führten von einem Hohlraum zum anderen. Manchmal versperrte Bauschutt den Weg.

Nacht für Nacht drangen sie zu dritt tiefer in den Fels. Sobald der Morgen dämmerte, beseitigten sie, was ihre Absicht verraten konnte. Die Müdigkeit, die sie am Tag überfiel, hielten die Bewacher für Teilnahmslosigkeit oder Ergebenheit ins Schicksal. Langsam entstand unter der Zelle ein Tunnel. Die Furcht, er könne entdeckt werden, plagte die Gefangenen unaufhörlich. Der Kaplan und die Magd zeigten sich robust, und auch Adelheid entdeckte mit Erstaunen, daß sie zu körperlicher Arbeit fähig war. Dennoch forderte die unausgesetzte Anstrengung in dem feuchten, engen, nur notdürftig durch ein Talglicht aufgehellten Fluchtgang von allen dreien die letzte Kraft. Hinzu kam die Ungewißheit, ob der unter Qualen entstandene Gang sie tatsächlich aus dem Bereich der Burg führe. Eines Nachts bemerkten sie einen kühleren Luftzug. Sie faßten Mut, sie stießen letzte Brocken beiseite und krochen ins Freie. Um sie war Nacht und Wald und ein milder Wind.

Obschon es nicht mehr lange bis Tagesanbruch sein konnte, beschloß Adelheid, die Flucht fortzusetzen. Sie stolperte mit ihren Gefährten einen steilen Abhang hinunter, der landeinwärts führte. Sobald das Gelände abflachte, wandten sie sich nach Süden. Sie blieben in den Weinbergen und Feldern und mieden Behausungen. Als es hell wurde, befanden sie sich noch immer in Sichtweite des Kastells. Sie hörten Hundegebell, Stimmen und das Gepolter von Pferdehufen. Man hatte ihre Flucht entdeckt. Der Graf verfolgte sie mit seinen Leuten. Offenbar vermutete er, die Flüchtlinge seien schon die ganze Nacht unterwegs, denn er hielt sich nicht damit auf, die nähere Umgebung abzusuchen. Adelheid und ihre Begleiter verbrachten den Tag in einem dichten Gestrüpp. In der folgenden Nacht flohen sie abermals in Richtung Süden. Sie ließen den an ihrer rechten Seite im Mondlicht glänzenden Gardasee hinter sich und kamen in die üppige Ebene. Das Korn stand hoch. Wenn eine Begegnung drohte, boten die Getreidefelder ihnen Schutz. Während einiger Etappen ihres Fußmarsches blieben sie unbehelligt. Dann befanden sich eines Morgens Reiter in der Nähe. Mit Entsetzen erkannte Adelheid die herrische Stimme Berengars. Er brüllte Befehle. Der Graf hatte ihn offenbar durch Boten vom Ausbruch der Gefangenen unterrichtet. Nun wollte Berengar ihnen den Weg abschneiden. Er hatte ein Aufgebot um sich, als gälte es, ein Heer zu bekämpfen. Mehrere Reiter durchkämmten das Feld, in dem die Fliehenden sich verbargen. Berengar kommandierte sie. Die Berittenen stachen mit ihren Lanzen in das sacht wogende Korn. Vor Furcht zitternd, preßte sich Adelheid an die warme Erde. Sie wagte nicht zu atmen. Langsam entfernten sich die Rufe der Männer und das Stampfen der Pferde.

Der Lauf des Mincio führte die Flüchtlinge sicher zur Seenplatte von Mantua. Bisher hatten sie sich von den Früchten ernährt, die sie unterwegs fanden. Unverhofft kam Abwechslung in den Speisezettel. Vor ihnen tauchte im Schilf ein Fischer auf. Als er die Flüchtlinge bemerkte, stakte er seinen Kahn näher. Der Kaplan rief ihn an, ob er sie ein Stück in seinem Boot mitnehmen könne. Der Fischer erkundigte sich, was man ihm zahlen wolle.

»Wenn du wüßtest, wer wir sind«, rief der Geistliche erbost, »würdest du uns, ohne nach Geld zu fragen, übersetzen.«

»Und wer seid ihr?« erkundigte sich der Fischer ungerührt. Erst nachdem er auf ein Kreuz Verschwiegenheit geschworen hatte, gab der Kaplan Adelheids Name und Stellung preis. Der Fischer führte Feuer in seinem Nachen mit. Er briet einen Stör, der ihm zuvor ins Netz gegangen war. Als Adelheid sich nach der Mahlzeit bedankte, meinte der Mann:

»Erinnere dich an mich, wenn dich der mächtige Herrgott wieder in Würden und Ehren einsetzen sollte.«

Das vertrauliche Du und die Mischung aus Gottvertrauen und Skepsis gaben Adelheid zu denken. Nach der Stärkung

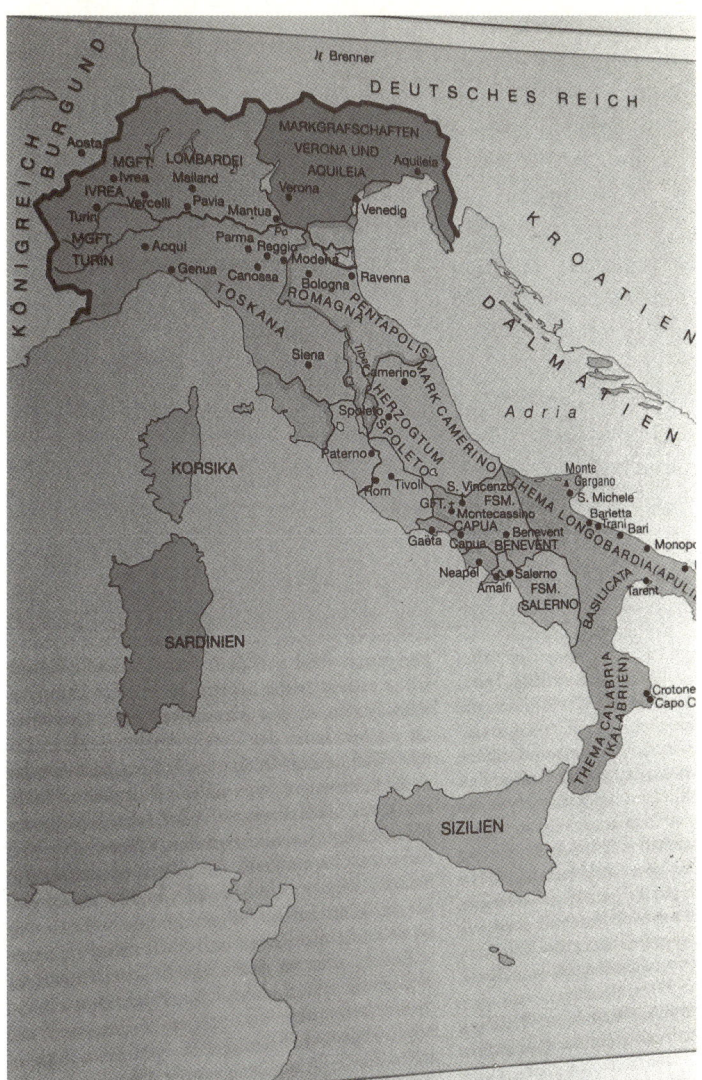

*4 Italien um 1000. Das Königreich Italien (Regnum Italicum)
reicht von der Lombardei bis zum Herzogtum Spoleto. Die
ottonische Reichspolitik dehnte den Herrschaftsbereich nach
Süden aus. Otto II. erlitt am 13. 7. 982 bei Capo Colonna in
Kalabrien eine schwere Niederlage gegen die Sarazenen.*

schickte sie den Kaplan los, Verbindung mit dem Bischof von Reggio zu suchen und von ihrer Flucht zu berichten. Noch fühlte sie sich nicht in Sicherheit. Sie und die Magd verbargen sich, während der Geistliche unterwegs war. Er kehrte nach kurzer Zeit zurück, da er schon bald auf einen Trupp Reiter gestoßen war, den Bischof Adalhard ausgesandt hatte.

»Der Herr sei gepriesen«, rief Kaplan Martin, »unsere Flucht ist geglückt.« Adelheid erinnerte sich an einen alten Spruch aus dem Norden: ›Uuaregot selfiu uvaregit‹. Die Weisheit, daß Gott gerne dem hilft, der sich selbst zu helfen versteht, hatte sich vielleicht bestätigt. Als sich die Reiterschar Reggio näherte, eilte ihr Bischof Adalhard aus der Stadt entgegen. In allen Ehren geleitete er sie zum Dom. Eben noch eine übel behandelte Gefangene, trat sie nun wieder als Königin Italiens auf. Dafür dankte sie vor dem Altar. Ihre Gefangenschaft hatte vom 20. April bis zum 20. August gedauert. Sie schwor sich, diese vier Monate mit ihren vielfältigen Erfahrungen nie zu vergessen.

An der abendlichen Tafel des Bischofs erfuhr Adelheid, was sich während ihrer Einkerkerung zugetragen hatte. König Berengar war nicht mehr unangefochtener Herr in seinem Reich. Der Herzog Schwabens, der Ehemann von Adelheids Tante Ida, hatte an der Spitze eines kleinen Aufgebots einen Vorstoß nach Oberitalien unternommen. Sein Versuch, Ansprüche der Familie seiner Frau auf Italien geltend zu machen, scheiterte an dem Widerstand der Städte und Bürger. Sie verschlossen sich ihm freilich nicht Berengar zuliebe. Hinter ihrer Weigerung, Herzog Liudolf einzulassen, stand angeblich sein Onkel, Herzog Heinrich von Bayern. Auch er hatte sich von Kärnten aus nach Italien vorgewagt, um Interessen nun wiederum seiner Frau, der Herzogin Judith, zu vertreten. Judiths Bruder Eberhard war immerhin für kurze Zeit einmal König Italiens gewesen. Herzog Heinrich wurde gelobt, weil er die Mark Friaul erfolgreich gegen die Ungarn verteidigte, aber Adelheid hörte auch, er habe sich abscheulich an dem Patriarchen von Aquileia vergangen, den er entmannen ließ.

Beide Angriffe brachten Berengars Macht noch nicht in Gefahr, und doch waren sie folgenreich. Denn Heinrichs und Liudolfs Angriffslust rief jetzt einen dritten Mann auf den Kampfplatz: König Otto, den älteren Bruder Heinrichs und Vater Liudolfs. Bischof Adalhard meinte, er habe zuverlässige Nachricht, daß König Otto ein großes Heer versammle. Sein Kriegszug nach Italien sei beschlossene Sache. Ein großes Gefolge weltlicher und geistlicher Fürsten werde ihn begleiten. Die Unternehmungen seiner Verwandten habe er scharf mißbilligt. König Otto wolle sich Italiens bemächtigen. Viele der oberitalienischen Großen hätten ihn um sein Eingreifen gebeten. Adelheid fragte nicht, ob der Bischof dazugehöre. Immerhin wußte sie jetzt, daß Adalhard ihr nicht nur aus christlicher Barmherzigkeit und alter Anhänglichkeit beigestanden hatte. Mit seiner Hilfsaktion stellte er sich auf eine neue politische Lage ein.

»Die Italiener«, sagte der Bischof melancholisch, »sind Opfer bald der einen, bald der anderen. Sie warten voller Ungeduld darauf, daß man sich darüber einigt, wem das Land gehören soll.« Er erwähnte noch, und sprach dabei betont beiläufig, König Otto sei seit fünf Jahren Witwer. Dann wechselte er etwas abrupt das Thema und bat Adelheid, sich auf die Burg Canossa zu begeben. Hier in Reggio sei sie vor Berengar nicht sicher. Canossa hingegen habe sein Vasall Atto zu einer uneinnehmbaren Festung ausgebaut. Auf Atto könne sie sich verlassen. Er erwarte sie.

Am nächsten Morgen ritt Adelheid, von einem Schwarm bewaffneter Reiter geschützt und mit einem ansehnlichen Troß ausgestattet, das Tal der Enza hinauf. Am Ende des zweiten Tages kam die Burg in Sicht. Sie lag hoch oben auf einem zerklüfteten Berg. Atto und seine Frau Ildegarda, eine Tochter des Markgrafen Arduin, empfingen Adelheid am Burgtor. Sie wiesen ihr die stattlichsten Räume zu. Vom Fenster schaute Adelheid über das Gewoge der Bergkuppen bis zur Ebene. Unruhig fragte sie sich, was ihr bevorstehe. Zwanzig Jahre war sie jetzt alt. Ein neuer Abschnitt ihres Lebens begann. Sie würde Entscheidungen treffen müssen.

7. Kapitel

Der Befreier als Freier

Die Kinder der Dienstleute schrien. Ein Mann im Bärenfell sprang in den Hof der Burg. Er sperrte den Rachen seiner Tiermaske auf und stieß ein fürchterliches Gebrüll aus. Dann gab er sich tapsig, lief auf allen vieren herum und suchte die Kinder wieder für sich zu gewinnen, die er gerade verschreckt hatte. Sie trauten ihm aber nicht, preßten sich an ihre Mütter, steckten den Finger in den Mund und hielten Abstand von ihm. Er hängte sich eine Trommel um, ein an den schmalen Seiten mit Häuten bespanntes Fäßchen. Unter den Hieben seiner Tatzen begann es zu dröhnen. Weitere Gaukler hüpften herein. Sie schlugen Purzelbäume oder tänzelten zu den Tönen der Musikanten, die ihnen folgten. Einer kratzte auf der Fiedel, zwei bliesen ins Horn und dazwischen schrillte eine Flöte.

Der Trubel legte sich, und ein Mann trat vor, hager und grauhaarig. Er bat um Ruhe und verneigte sich vor Adelheid und Atto, dem Burgherrn. Dann begann er einen langen Singsang. Seine rauhe Stimme hallte durch den Hof. Er erzählte ihr, den Hofleuten und dem Gesinde ihre eigene Geschichte, den Tod König Lothars, Gefangenschaft und Flucht. Dieses Stück Leben gehörte ihr nicht mehr. Das Volk hatte sich ihrer Erlebnisse bemächtigt und machte sich eigene Reime darauf. Berengar, der Böse, Adelheid, die gute Königin! Sie lächelte.

Nach der Darbietung beschenkte sie die Gaukler großzügig. Es war leidlich abgegangen. Wenigstens hatte sich der Sänger gehütet, ihr Abenteuer über Gebühr auszuschmücken. Die meisten ließen es sich nicht entgehen, Lothar an Gift sterben zu lassen, wofür es doch keinen Beweis gab. Die einfachen Leute wollten ihr wohl, auch wenn sie gerne flunkerten.

Schlimmer schien Adelheid das Geschwätz, das ihr zugetragen wurde und oft auch aus den neugierigen Fragen der Gäste lugte, die nach Canossa kamen. Besonders üppig regte sich die Phantasie der Frauen. Ob es denn wahr sei, daß ihr unterwegs ein Mann, ein Geistlicher, ein Vogelfänger, ein Fischer, oder wer auch immer, zu nahe getreten sei, ihr habe Gewalt antun wollen, und daß nur ihre Magd sie habe vor der Entehrung retten können? Da wurde sie wütend und verbat sich das Gerede.

Die Gaukler zogen ab. Die Kinder rannten ihnen noch eine Weile nach. Der Blick reichte weit ins Land hinaus. Es glich dem Brett mit den vielen Feldern, an dem die Spieler in der Fensternische nebenan saßen. In dem großen Spiel draußen, in dem die Geschicke des Königreichs Italien entschieden wurden, gehörte sie zu den Hauptfiguren, doch hatte sie das Gefühl, daß die Entscheidungen längst getroffen und die Züge festgelegt seien. Sie, Adelheid, Königin von Italien, und Otto, der König des ostfränkischen Reichs, bewegten sich, von unsichtbarer Hand gelenkt, aufeinander zu. Bald würden sie auf dem Spielbrett nebeneinander stehen.

Täglich kamen Nachrichten über Ottos Feldzug. Er überquerte in den ersten Septembertagen den Brenner und rückte geschwind vor. König Berengar II. tat, was schon sein Großvater getan hatte: Er tat nichts. Er mied die offene Feldschlacht und verschanzte sich in Pavia. König Otto in Trient, König Otto in Verona. Überall wurden ihm die Tore geöffnet. Gegen Ende des Monats näherte sich das stattliche Heer aus dem Norden Pavia. Am 22. 9. floh Berengar aus dem Palast. Noch am selben Tag, hieß es, sei König Otto dort eingezogen.

Die Großen Italiens fanden sich ein. Er hatte sie nicht gerufen. Ohne Krönung, ohne Wahl stand er vor ihnen als der neue Herr Italiens. Und was kam auf sie, die Königin des Landes, zu? Gerade die Verfolgung, der sie ausgesetzt gewesen war, hatte ihr gezeigt, daß sie im Ringen um die Herrschaft in Italien Bedeutung besaß. Sie allein konnte militärische Macht mit Tradition und Gesetz vereinen. Berengar wäre längt vor der Burg

Canossa erschienen, um sie zu belagern und zu erobern, hätte er nicht vor König Otto zurückweichen müssen.

Erobern wollte auch der neue Herrscher Italiens. Er sandte Adelheid Geschenke in verschwenderischer Fülle. Es verlange ihn, sie zu sehen, ließ er ausrichten. Sie möge in ihre Residenz zurückkehren. Man werde sie in höchsten Ehren empfangen. Sie nahm die Kostbarkeiten und dankte. Jetzt stand sie schon halbwegs an der Seite des fremden Königs. Ganz fremd war er ihr freilich seit geraumer Zeit nicht mehr. Sie hatte eine Menge über ihn gehört.

Er war groß, trug einen langen Bart, der ihm bis auf die Brust reichte, kam mit wenig Schlaf aus, und im Schlafen redete er oft. Er schritt jetzt gemessener aus als früher. Am Kopf wurde er etwas grau. Die Jagd liebte er und auch das Brettspiel. Lesen hatte er erst nach dem Tod seiner Frau Edgitha gelernt. Seine Augen funkelten, das erwähnten alle. Vor vier Jahren hatte Hadamar, der Abt von Fulda, Pavia besucht, und vor einem Jahr Ottos alter Kampfgefährte und Vertrauter, der Markgraf Gero. Sie konnte sich denken, daß die Gäste ihrem König auch über sie, Adelheid, berichtet hatten. Sie wußten beide viel voneinander. In den nächsten Wochen wurde er neununddreißig Jahre alt, war also fast zwei Jahrzehnte älter als sie. Es würde eine andere Verbindung sein als die mit Lothar, dem fast Gleichaltrigen.

Der König schickte ihr seinen Bruder Heinrich, den Herzog von Bayern, um sie nach Pavia zu geleiten. Ein schöner Mann, fanden alle auf der Burg, und Adelheid stimmte ihnen zu. Sie war erstaunt über die Größe dieser Leute aus dem Norden. Sie selbst überragte die meisten der Italiener um etliches, aber zu Herzog Heinrich und seinen Kriegsleuten mußte auch sie in die Höhe schauen. Der Herzog war hart, aber ihr lächelte er zu. Er schien zu leiden. Vage sprach er von einer alten Wunde, die ihm Schmerzen bereite. Erst als sie sich bereits auf dem Weg nach Pavia befanden, erklärte er sich näher. Die Verletzung, die nicht mehr zu heilen sei, stamme aus einer Schlacht, in der er gegen den eigenen Bruder gekämpft habe. Zwölf Jahre sei das her und der Streit damit noch nicht beendet gewesen. Längst aber habe er sich ausgesöhnt mit dem König.

Er sprach weiter von seinen Geschwistern, als wolle er sie mit seiner Familie vertraut machen. Der Vater Heinrich hatte mit seinen zwei Frauen, Hatheburg und dann Mathilde, vier Söhne und zwei Töchter. Adelheid wußte, daß Hadwig mit Herzog Hugo, einem der westfränkischen Großen verheiratet war, dem Rivalen und Schwager des Königs im westlichen Frankenreich. Ludwig IV. hatte Hadwigs Schwester Gerberga zur Frau. Vorher war sie mit Herzog Giselbert von Lothringen verheiratet gewesen. In der Schlacht, von der man eben gesprochen hatte, stand Giselbert als einer der gefährlichsten Widersacher König Ottos im Bund mit Heinrich. Der Herzog von Lothringen überlebte den Kampf nur um ein halbes Jahr.

»Wir hatten das Treffen bei Birten schon fast gewonnen«, hörte Adelheid. »Otto stand mit einem Teil seiner Streitkräfte auf der östlichen Seite des Stroms und konnte nicht übersetzen. Seine Sache schien verloren! Den Sieg, den er dann doch errang, hat ihm die Heilige Lanze gebracht, die unser Vater von deinem Vater erhielt. Er führte sie bei sich und flehte sie um Hilfe an. Danach verließ uns das Glück.«

Ihre Geschicke waren miteinander verknüpft. Das Geschenk hatte vor dreißig Jahren den Vater, König Rudolf, nach Italien geführt. Davon war später auch ihr eigenes Leben beeinflußt worden. Jetzt schien die Heilige Lanze auch dem Mann den Weg zu weisen, zu dem sie sich begab. Er wollte seine Herrschaft nach Süden ausdehnen. Das Zeichen der Macht im italienischen Königreich hielt er bereits in der Hand. Dieses schöne und auch schreckliche Land! Adelheid konnte aus den Worten des neben ihr mal reitenden, mal kampierenden Herzogs Zustimmung zu der Unternehmung des Bruders und auch so etwas wie Groll heraushören. Er hatte sich ja vor kurzem selbst hier zum Herrn aufschwingen wollen, ebenso wie sein Neffe Liudolf, König Ottos Sohn. Italien lockte alle.

Die Königin des Landes wurde in der alten Hauptstadt mit Jubel empfangen. Gewiß, es winkten und schrien da manche, die sie unter anderen Umständen vielleicht mit Unrat beworfen hätten, aber Adelheid meinte doch viel echte Freude in den Gesichtern zu sehen, als sie durch die Gassen hinauf zum ausgedehnten Palast ritt. Freude erfüllte vor allem sie selbst. Hier fühlte sie sich zu Hause. Das nahm ihr ein wenig die Befangenheit bei der ersten Begegnung mit dem König.

Sie blickte dem Mann, der sie unter dem Portal erwartete, offen ins Gesicht und erkannte, daß sie ihm gefiel. Eben war seine Miene noch gespannt gewesen, jetzt lächelte er vergnügt. Das Glück war ihm hold und hatte ihm eine schöne Braut beschert. Seine unverhohlene Bewunderung ging ihr zu Herzen. Sie betrachtete ihn, als er zur anderen Seite der Tafel im Thronsaal schritt. Er gehörte zu den seltenen Menschen, die alle Blicke spontan auf sich ziehen, wenn sie einen Raum betreten. Stattlich schauten auch die anderen Mitglieder der Familie aus, die sich da um ihn scharte. Heinrich etwa war schöner, der jüngere Bruder Brun, ein eindrucksvoller Hüne, größer, Ottos Sohn Liudolf leidenschaftlicher. Es lag nicht am Aussehen, daß Adelheid wußte, für wen von den Männern hier sie sich entscheiden würde, wäre die Entscheidung nicht schon gefallen. Was sie anzog, war die Kraft des Königs. Sie gab ihm Gelassenheit. Entspannt beherrschte er die Tafel und das Gespräch, eine mächtige Gestalt, neben der auch die Größeren kleiner wirkten.

Freundlich zu allen, war er liebenswürdig zu ihr. Mit unauffälligen Gesten und Worten rückte er sie in den Mittelpunkt und sicherte ihr die Aufmerksamkeit der Tafelnden. Seine Höflichkeit warb um ihre Zuneigung. Er wollte sie gewinnen. Werbung war es auch, als er sie am nächsten Tag verschwenderisch mit Ländereien im Norden, jenseits der Alpen ausstattete. Der Notar Wigfrid diktierte, die Schreiber kritzelten Namen, von denen sie noch nie gehört hatte. Sie bezeichneten Gebiete und Menschen im Elsaß, in Franken, Thüringen, Sachsen, im Land der Slawen. Siuseli hieß, was ihr dort übereignet wurde. Das Wort gefiel ihr.

»Du bist jetzt die reichste Frau in Europa.«

5 *Die beiden Trauungen Adelheids, 947 mit König Lothar und 951 mit König Otto I., fanden mutmaßlich in der Basilica San Michele von Pavia statt.*

Er wollte sie heimisch machen in den genannten Gebieten nördlich der Alpen, während sie ihm behilflich war, hier im Süden Fuß zu fassen. In ihr Namensmonogramm unter dem Text des Heiratsvertrags zeichnete sie einen Verbindungsstrich. Am Tag des heiligen Dionysius, am 9. Oktober, läuteten ihr die Glocken von S. Michele abermals zur Hochzeit. Wieder kniete sie auf dem dunklen Stein im Mittelgang der Kirche. Mehr denn je fühlte sie, daß sie einen Auftrag zu erfüllen und Verantwortung zu übernehmen hatte. Der Herrgott würde Rechenschaft von ihr fordern.

Das Unglück hatte sie nicht zu Boden gedrückt, das Glück ließ sie nicht den Boden unter den Füßen verlieren, aber sie genoß es. Die Umarmungen des Mannes, dem sie sich verbunden hatte, gefielen ihr. Sie wollte und konnte ihm viele Kinder schenken. Um die erste Liebe, die sie erlebt hatte, war noch etwas von der Ausgelassenheit herumtollender Kinder gewesen. Nun steigerte sich das sinnliche Vergnügen zu einer unbezähmbaren Lust. Der kräftige Mann an ihrer Seite empfand wie sie.

Sie lachten, als eines Abends beim Feuer ein Witzbold die Frage stellte, wer eigentlich mehr von der Liebe habe, der Mann oder das Weib. Der König meinte, darüber sei doch sicherlich schon oft nachgedacht worden. Was denn die Gelehrten dazu sagten? Es war aber ein junger Kleriker, der das Wort ergriff, Liudprand, der seinerzeit eine Gesandtschaft nach Konstantinopel angeführt hatte. Schon Juno und Jupiter, meinte er, hätten das klären wollen. Da sie sich nicht einigen konnten, erkundigten sie sich bei Tiresias. Er besaß beide Geschlechter, seit er auf eine Schlange getreten war. Tiresias erwiderte, mehr Wollust fühlten die Männer. Voller Zorn blendete ihn Juno. Zeus schenkte ihm erfreut ein langes Leben und die Gabe der Weissagung.

Am 10. Oktober benutzte König Otto bei der Unterzeichnung einer Urkunde den Titel ›rex Francorum et Langobardorum‹. Da stützte er sich auf das durch Adelheid in die Ehe eingebrachte alte Recht. Wie er auf dem eingeschlagenen Weg weitergehen wolle, zeigte er mit dem Titel, den er fünf Tage später wählte ›rex Francorum et Italicorum‹. Mit ›Italiener‹ sprach er alle Bewohner des Landes an. Die neue Bezeichnung reagierte auf Gegebenheiten der Zeit. Es dauerte nochmals einige Tage, bis Adelheid die ganze Wahrheit über die Absichten ihres Mannes in Italien erfuhr.

Aus Rom kehrten zwei vom König dorthin gesandte Kirchenmänner zurück. Sofort entstand eine gespannte Stimmung im Palast von Pavia. Erzbischof Friedrich von Mainz und Bischof Hartbert von Chur brachten schlechte Nachrichten. Der König hatte sie beauftragt, mit Papst Agapet II. über seine Krönung zum Kaiser zu verhandeln. Darüber war schon vor Jahren mit einem päpstlichen Legaten gesprochen worden. Otto war sich einer zustimmenden Antwort sicher gewesen. Nun erfuhr er, daß ihm Papst Agapet den Einzug in Rom und die Krönung verweigerte. Der König wurde ungehalten. Er schalt die Bischöfe, sie hätten seine Sache nicht mit genügend Nachdruck vertreten. Die Herren verteidigten sich. Erzbischof Friedrich meinte, die Ablehnung gehe nicht vom Papst aus. Er sei nur der geistliche Herr der Stadt. Die Macht in Rom habe der Patricius Alberich. Und dem liege nichts daran, ein großes Heer und einen starken Herrn in die Stadt einziehen zu lassen.

»Die Italiener haben gerne zwei Herren, damit sie den einen durch die Furcht vor dem anderen in Schranken halten können«, warf König Ottos Bruder Brun ein. Ein solches Spiel dürfe man aber nicht mitmachen. Die Diskussion wurde hitzig. Liudolf, der Sohn, rief, man sei mit großer Streitmacht gekommen. Warum setze man sie nicht ein? Wenn sie hinnähmen, daß ihnen ein Papst die Tür vor der Nase zuschlüge, und sie dann abzögen wie geprügelte Hunde, machten sie sich lächerlich. Nach einem solchen Fehlschlag könne sich keiner von ihnen je wieder in Italien blicken lassen. Die Gelegenheit ließ sich Heinrich, der Herzog von Bayern, nicht entgehen. Er hänselte den Neffen, lächerlich in Italien habe sich bisher nur Liudolf selbst mit seinem eigenwilligen Vorstoß am Anfang des Jahres gemacht. Seitdem wisse er ja, wie es sei, wenn man vor verschlossenen Türen stehe. Es fehlte nicht viel und der Neffe wäre auf den Onkel losgegangen, aber Brun, der ernste Kirchenmann und Kanzler, bat die Streithähne, Ruhe zu bewahren, und lenkte zum Ausgang der Auseinandersetzung zurück.

Der Erwerb der Kaiserkrone, erfuhr Adelheid aus Bruns mit sonorer Stimme vorgetragener Erläuterung, sei König Ottos Bestimmung. Er strebe nicht aus Eitelkeit nach der höchsten Würde, sondern weil seine Siege und Erfolge ihn als stärksten Fürsten Europas ausgewiesen hätten. Niemand könne bezweifeln, daß er die Nachfolge Kaiser Karls als Stütze der Kirche und Herr der westlichen Welt antreten müsse. Noch dauere das römische Imperium und sein Kaisertum an. Darüber zu wachen, sei nun die Aufgabe des ostfränkischen Königs aus dem sächsischen Haus der Liudolfinger.

Adelheid erinnerte sich an die Erzählung König Hugos über

seine Versuche, sich in Rom zum Kaiser krönen zu lassen. So große Worte, wie sie Brun eben verwandte, waren da nicht gefallen. Fast beruhigte es Adelheid, als Herzog Heinrich einwarf, die Kaiserkrone würde König Otto auch die Macht im eigenen Reich sichern helfen. Nüchterne Erwägungen entsprachen ihren bisherigen Erfahrungen in und mit der Welt. Die Ansichten Bruns hatten ihr Eindruck gemacht, und es war ihr aufgefallen, wie beifällig der König neben ihr dem Bruder zugenickt hatte. Doch wurde ihr etwas bange bei dem Gedanken, ob so hoch angesetzte Pläne und Vorhaben sich unter den Bedingungen Italiens und gegen, wie sie wußte, hartgesottene Gegner durchsetzen ließen.

Um die gereizte Stimmung zu entspannen, aber auch mit der Absicht, in aller Behutsamkeit einen Rat zu erteilen, erzählte sie von König Hugos Vorstoß nach Rom und vom Widerstand Alberichs II. Vor zwanzig Jahren hatte König Hugo die Römerin Marozia geheiratet. Sie war erst mit Alberich I. und dann mit dem Markgrafen Wido von Tuszien verheiratet gewesen, übrigens ein Halbbruder Hugos. In ihrer Ehe hatte Marozia die von ihren Eltern ererbte Macht in Rom eingebracht. Schon die Mutter, die Senatrix Theodora, und ihr Mann Theophylaktus, waren mächtiger gewesen als die Päpste ihrer Zeit. Adelheid wußte aus dem Klatsch am Hof von Pavia über Theodora und ihre Tochter viel, ging aber rasch über die Gerüchte hinweg, die beiden Frauen Beziehungen zu Päpsten nachsagten. Daß Marozia sogar der Mord an einem Papst, dem angeblichen Liebhaber ihrer Mutter, zur Last gelegt wurde, erwähnte einer der anwesenden Bischöfe. Adelheid kam es darauf an, in dieser Runde zu betonen, was für ein Mann Alberich sei, Marozias Sohn aus erster Ehe.

Hugo residierte mit Marozia auf der Engelsburg. Das aus der Antike stammende Gebäude galt als stärkste Festung der Stadt. Bei einem Gastmahl versuchte Hugo den Sohn Marozias zu provozieren. Er fürchtete, der damals etwa achtzehn Jahre alte Alberich könne sich an die Spitze einer römischen Adelsopposition stellen. Der König wollte sich die Stadt ganz und gar unterwerfen. Einer Ungeschicklichkeit wegen ohrfeigte er den Stiefsohn. Der junge Alberich nahm die Beleidigung hin, um Hugo keinen Vorwand zu geben, ihn einzusperren. Er entkam in die Stadt. Mit einer flammenden Rede wiegelte er die Römer auf. Die Versammelten ergriffen die Waffen, stürmten zur Engelsburg und sperrten sie ab. König Hugo und Marozia saßen in der Falle. Hugo hatte zu wenig Truppen bei sich, um einer langen Belagerung widerstehen zu können. Wo die Festung an die Stadtmauer stößt, ließ er einen Strick in die Tiefe und seilte sich eilig ab. Zu Fuß floh er zu seinem vor der Stadt lagernden Heer. Auch seine späteren Versuche, sich Roms zu bemächtigen, scheiterten an Alberich. Sogar daß er seine Tochter Alda dem verhaßten Patricius zur Frau gab, half Hugo nicht. Alberich zeigte sich allen Schlichen seines Schwiegervaters gewachsen.

König Otto berücksichtigte die ungünstige Jahreszeit und verzichtete vorerst auf einen Feldzug gegen Rom. Um ein Zeichen zu setzen, daß er die Kaiserwürde nach wie vor anstrebe, wandte er sich brüsk gegen den Mann, der sie ihm nicht gebracht hatte. Er nahm Erzbischof Friedrich von Mainz das Amt des Erzkapellans oder Erzkanzlers und übergab es seinem Bruder Brun. Adelheid beobachtete, wie der gekränkte Kirchenfürst sich danach häufig mit Ottos Sohn Liudolf abgab. Dessen Unzufriedenheit mit der Politik des Vaters in Italien war offensichtlich. Ihr selbst gegenüber wahrte er die Form und blieb höflich. Manchmal scherzten sie, daß er, obwohl fast gleichaltrig, ihr Onkel sei. Er hatte ihre Tante Ida geheiratet, die junge Halbschwester ihrer Mutter Berta. Adelheid besaß genügend Phantasie, um Liudolfs Sorgen zu begreifen. In der zweiten Ehe seines Vaters sah er eine Gefahr für sich. Söhne, die sie mit König Otto bekam, konnten Einfluß auf die Aussichten des erstgeborenen Liudolf haben.

Beim Tod seiner Mutter Edgitha hatte König Otto ihn zum Nachfolger bestimmt. Das Verhältnis zwischen Vater und Sohn kühlte sich später ab. Die Mißstimmung, die der eigenmächtige und mißglückte Zug Liudolfs nach Italien verursachte, klang nach. Hinzu kam die ungeklärte Frage, wer in Italien herrschen solle. Es mußte vor allem entschieden werden, was mit Berengar zu geschehen hatte. Er lag in der Festung San Marino an der Adria auf der Lauer. König Otto betraute den im Krieg erfahrenen Herzog Konrad von Lothringen mit der Überwachung und Bekämpfung Berengars.

Eines Morgens meldete die Palastwache, Liudolf, der Herzog von Schwaben, sei mit seinen Leuten abgerückt. Am Erstaunen König Ottos sah Adelheid, daß der Sohn ohne sein Wissen aufgebrochen war. Mit Liudolf hatte Erzbischof Friedrich von Mainz die Stadt verlassen. Niemand sprach das Wort aus, das in der Luft hing: Verschwörung. Adelheid fragte sich, ob sie an der Entwicklung Schuld trage. Der König blieb gelassen. Bei einigen seiner Vorhaben benötigte er ihre Hilfe.

Er bat sie, zwei italienische Gelehrte zu bewegen, nach Norden überzusiedeln. Vor allem der Grammatiker und Kirchenrechtler Gunzo von Novara zierte sich sehr. Er war ein freier Mann und in finanziell günstiger Lage. Beide Herren willigten schließlich ein. Gunzo fand sich sogar bereit, seine Bibliothek mitzuführen. Er besaß an die hundert Bücher, darunter die wichtigsten Klassiker. König Otto lag viel daran, seinem Land die Werte und den Glanz der antiken Kultur näherzubringen. Es war nicht nur Prachtliebe, wenn der König auch nach Marmorsäulen Ausschau hielt, die für den Dom von Magdeburg bestimmt waren. Daß er diese Stadt ganz besonders ins Herz geschlossen hatte, konnte niemand übersehen.

Über diesen Geschäftigkeiten kam Weihnachten. Kaum hatte der Hof das Fest in Pavia begangen, trafen Nachrichten ein, Herzog Liudolf habe sein Weihnachtsfest in Gesellschaft des Erzbischofs von Mainz und anderer Würdenträger des Reichs mit königlichem Pomp im thüringischen Ort Saalfeld gefeiert. Als der Name fiel, bemerkte Adelheid, daß sich der König und seine Brüder rasche Blicke zuwarfen. Beklemmung, Verlegenheit, Besorgnis zeichnete sich auf den Gesichtern der Hofleute ab. Was hatte es mit dem Ort auf sich? Sie erhielt Auskunft. In Saalfeld war schon einmal ein Aufstand gegen

König Otto vorbereitet worden. An seiner Spitze stand damals Heinrich. Die Wahl der Pfalz in Thüringen enthielt eine deutliche Nachricht für den König. Liudolf drohte.

König Otto nahm die Botschaft nicht auf die leichte Schulter. Adelheid lernte einen umsichtigen Mann kennen, der zwar zäh an einmal gefaßten Zielen festhielt, aber doch auch dem ständigen Wechsel der Gegebenheiten Rechnung trug. Der Hof bekam den Befehl, sich auf die Rückkehr nach Norden vorzubereiten. Im Palast begann das Packen. Truhen, Kisten, Säcke füllten sich. Adelheid staunte, mit welcher Geschicklichkeit die Dienstleute und das Hofpersonal den Aufbruch bewältigten. Jeder Handgriff saß, alle kannten bis in die Einzelheiten ihre Aufgaben. Reisevorbereitungen in diesem Ausmaß erlebte Adelheid zum erstenmal. Am 11. Februar 952 unterzeichnete der König eine letzte Urkunde in der Kanzlei von Pavia. Schon rumpelten die Karren aus dem Tor der Stadt. Die Hofgesellschaft schwang sich auf die Pferde. Eine Kavalkade stob davon. Draußen vor der Stadt wandte sich Adelheid zurück. Vor vierzehn Jahren war sie hierhergekommen, hier war sie ins Leben hineingewachsen. Sie wußte nicht, wann sie Pavia wiedersehen würde. Sie blickte nach vorn und hoffte, bald ihre Tochter Emma zu umarmen. In Como ruhten sie aus, bevor sie sich an die Überquerung der Alpen mitten im Winter wagten. König Otto und Adelheid vereinigten sich in einer vom Erzkanzler Brun unterstützten Geste. Sie ließen eine Urkunde aufsetzen, die dem Kloster S. Ambrogio sechs Baustellen auf dem Mailänder Markt sicherten. Die Schenkung sorgte für das Seelenheil König Lothars, Adelheids in S. Ambrogio begrabenen ersten Mannes.

Das Ziel der Reise war zunächst Zürich. Im dortigen Frauenkloster St. Felix und Regula warteten die Tochter Emma, die Mutter Berta, die Großmutter Reginlindis und gewiß auch einer der Brüder auf sie. Dann sollte es den Rhein hinabgehen. Nach Elsaß und Franken wollte der König Sachsen aufsuchen. Ostern wünschte er in Magdeburg zu feiern.

8. Kapitel

Einleben oder ein Leben im Reich

Die Osterkerze auf dem Altar brannte noch. Weiß leuchteten die Gewänder der in der Osternacht Getauften im Halbdunkel der Magdeburger Klosterkirche. Im Raum hing der Duft des reichlich bei der Messe verströmten Weihrauchs. In den Gemütern klang der zweistimmige Gesang der Mönche nach, das immer wieder eingeflochtene Halleluja, die feierlich hallende Erzählung von Hinübergang und Erscheinen des Heilands, der Ruf: ›Christus ist wahrhaftig auferstanden.‹ Es berührte Adelheid eigentümlich, daß sie sich wieder in einer Stadt befand und in einer Kirche stand, deren Patron der heilige Mauritius war. Der Anführer der Thebäischen Legion und Märtyrer, unter dessen Obhut sie schon ihre Kindertage verbracht hatte, begleitete ihren Lebensweg.

Als sie die Kirche verließ und bevor sie in die Pfalz zurückkehrte, trat sie an das Steilufer und blickte auf die Elbe hinab. Sie war neugierig, sie fragte ständig. Ihre Begleitung mußte Auskunft geben. Wer waren diese Leute, die dort übersetzten, aus welchen Weiten des Ostens kamen sie? Sie hatte Mühe, sich die Namen all der Stämme zu merken, die jenseits des breiten Stroms lebten, die Abodriten, Lutizen und Heveller, die Wagrier, Redarier und Sorben. Und das waren nur die unmittelbaren Nachbarn und nicht einmal alle. Dahinter lebten weitere Völker, zahlreich, fruchtbar, mächtig, eine unübersehbare Menge in einem endlos weiten Land. Die Welt war viel größer und vielgestaltiger, als sie es sich noch vor kurzem vorgestellt hatte.

Schon auf dem Herweg zu diesem östlichsten Bollwerk des Reichs war sie aus dem Staunen nicht herausgekommen. In den Landschaften und Städten am Rhein kam ihr noch manches

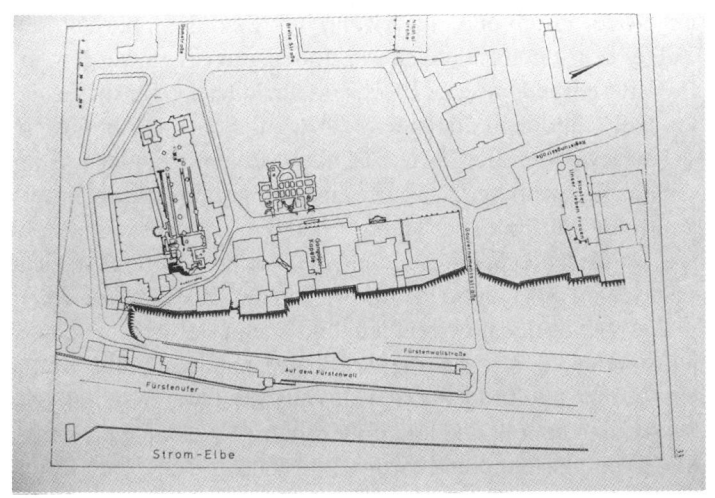

6 Ein Ausschnitt des Lageplans von Magdeburg mit Einzeichnung des ottonischen Doms (Domstraße) und der ottonischen Pfalz (Breite Straße).

vertraut vor, aber als sich der königliche Hof dann nach Osten wandte und das Gebiet der Sachsen betrat, meinte Adelheid durch einen riesigen, nur hie und da von Äckern und Wiesen unterbrochenen Wald zu reiten. Sie hütete sich, von ihrem Eindruck zu sprechen, und wußte, wie wenig gerecht er den gewaltigen Rodungen wurde, die hier stattgefunden hatten. Sie nahm ja die vielen Dörfer, Königshöfe, Klöster und Burgen in Westfalen, Engern und Ostfalen wahr, während der Hof auf dem Hellweg nach Magdeburg ritt.

Um jede Niederlassung lag ein breiter Saum bestellter Felder, auf denen Bauern arbeiteten. Sie liefen herbei, um den Zug der vornehmen Herrschaften anzustaunen. Oft standen schon Gruppen bereit, die den König aufforderten, Recht zu sprechen. Er entzog sich der Aufgabe nie und schlichtete die Streitfälle oder vertagte die Entscheidung auf einen größeren Gerichtstag. Stolz und eigenwillig waren diese Edelinge, Fri-

91

linge oder Laten alle, auch wenn ihre Stellung innerhalb des Volkes sehr unterschiedlich war. Ihnen gerecht zu werden, erforderte große Umsicht. Es fiel Adelheid leicht, für die in vielen Generationen entstandene Ordnung von Land und Menschen bewundernde Worte zu finden. Eigentlich aber war ihr unbehaglich zumute. Sie spürte etwas Ungezähmtes hinter dem gesitteten Auftreten der Menschen und sah jenseits des bestellten Landes die Wildnis drängen. Obschon sie sich töricht schalt, kam ihr Italien plötzlich wie ein lieblicher Garten vor.

Was sie vor allem befremdete und womit sie sich nur schwer anfreunden konnte, war die Art, in der man hier baute. Kaum eine Kirche und fast gar kein Haus aus Stein war zu sehen. Dabei wurden überall und mit großer Energie Gebäude errichtet. Magdeburg schien eine einzige Baustelle zu sein. Der König trieb die Einwohner an, versprach, belohnte und ermunterte. Vor allem auf die Kaufleute hatte er es abgesehen. Sie sollten innerhalb der Befestigung seßhaft werden und den Handel in die Stadt ziehen und verstärken. Am Marktplatz besaßen sie eine eigene Kirche. Näher an der Pfalz richteten sich die Adligen des Landes in festen Häusern mit Höfen und Stallungen ein. Markgraf Gero bewohnte in diesem Kern der lebhaften Stadt ein stattliches Anwesen.

Die Pfalz des Königs wuchs noch in die Höhe und Breite, aber wichtige Teile standen bereits. Adelheid schritt mit ihrem Gefolge auf das Portal zu, das in der Mitte der Hauptfassade in einer halbkreisförmigen Nische lag. Davor werde bald ein Reiterstandbild stehen, hatte der König versichert. Wie in Aachen, meinte er; wie in Pavia, dachte Adelheid. Der Türsteher öffnete ihr den Eingang zu einem von zehn Säulen getragenen, großen Gewölbe. Über eine breite Wendeltreppe gelangte sie in das Obergeschoß und betrat den Thronsaal, einen nicht sehr tiefen, aber langgestreckten Raum. In einer runden Ausbuchtung der westlichen Wand stand der Thron des Königs und der Sessel der Königin.

Adelheid erfuhr, daß es Neues gab, neue Nachrichten über Berengar. In den letzten Tagen waren ständig Boten eingetroffen und hatten Widersprüchliches berichtet. Berengar kommt. Er kommt, aber nicht allein. Bei ihm ist sein Sohn Adalbert. Die beiden ehemaligen Könige begleiten Herzog Konrad. Nein, Herzog Konrad begleitet die beiden Könige. Wie sie auftreten, meinten die Boten, haben sie auf ihre Kronen keineswegs verzichtet. König Otto zeigte Ärger. Warum brachte Herzog Konrad, genannt der Rote, den italienischen Gegner hierher? Er hatte den Auftrag, Berengar zu bekriegen, wenn möglich unterzukriegen. Statt dessen schien er mit ihm ein Bündnis geschlossen zu haben. Was nahm er sich heraus? Und nun trat auch noch zu Tage, daß der Herzog offensichtlich im Einvernehmen mit einem Teil der sächsischen, schwäbischen, fränkischen und bayerischen Großen handelte.

Der König besprach die Lage mit seinem Bruder, Herzog Heinrich. Sie standen am Fenster und spähten in die Landschaft hinaus. Eine Gruppe hoher Herren, Herzöge und Grafen, war den Ankömmlingen entgegengeritten und wartete eine Meile vor der Stadt, um Berengar und seinen Sohn in allen Ehren in die Stadt zu geleiten. Der Empfang war mit dem König nicht abgesprochen. Er sollte ihm wohl zeigen, daß viele der Großen Vorgehen und Vorhaben Konrads billigten. Im Hin und Her der Boten, im Wortwechsel wurden Herzog Konrads Absichten deutlich. Er hatte sich dafür verbürgt, daß Berengar das Königreich Italien behalten dürfe, wenn er sich nur zuvor König Otto der Form halber unterwerfe.

Das schien eine vernünftige Lösung der italienischen Frage zu sein. Ohne Blutvergießen und kostspielige Feldzüge war Italien dem Reich in lockerer Weise angegliedert. Alle Kräfte konnten der Sicherung oder gar Ausdehnung der Herrschaft im Osten dienen. Die Haltung eines guten Teils des Adels näherte sich der Aufsässigkeit. Man wollte den König zwingen, sich über etwaige Empfindlichkeiten seiner Frau hinwegzusetzen. Denn daß es Adelheid zuwider sein mußte, den Mann wie einen König zu empfangen, der sie mit Fußtritten traktiert und in einen Kerker gesperrt hatte, begriff jeder.

König Otto setzte den Eigenmächtigkeiten ein Ende. Er befahl, den beiden Herren aus Italien eine Herberge zuzuweisen, und ließ sie warten. Ein Tag verstrich und noch einer. Die Halle der Pfalz füllte sich. Die Stimmen wurden laut. Es schälte sich im Streit heraus, wieviel Interessen gegeneinander standen. Konrad, der Herzog von Lothringen, verwies darauf, er habe Berengar sein Wort gegeben. Man werde ihn in seiner Ehre kränken, wenn Berengar nicht erhielte, was er ihm zugesagt habe. Mit schneidenden Worten legte Herzog Heinrich bloß, daß es Konrad weniger um die Ehre, als um seine Macht ging. Verheiratet mit Liudgard, einer Tochter König Ottos, stand er Thron und Krone nahe. Sein Sohn trug den Namen des Schwiegervaters. Auch die Zukunft dieses Kindes mußte er bedenken. Herzog Konrads Stellung im Reich war der des Königssohnes Liudolf und des Königsbruders Heinrich nicht unähnlich. Fiel an einen der beiden das alte Königreich Italien mit seinem üppigen Handel, der Verbindung zu Rom und Papst, dem tatkräftigen Adel, würde der Zugewinn die Konkurrenten stärken und Konrads Aussichten schmälern. Da war es bei weitem besser, König Otto überließ Italien Berengar.

Leidenschaftlich wandten sich Liudolf und Heinrich gegen eine solche Entscheidung. Beide machten das Recht ihrer Frauen auf das Land geltend und überschütteten einander wegen der erhobenen Ansprüche mit Hohn. Hinter dem Wortschwall entdeckte Adelheid freilich, daß Italien für die Widersacher nur ein Mittel war, die eigene Macht auszubauen und sie den Nachkommen zu sichern. Keiner von beiden bedachte, wie sich ihre Herrschaft auf Italien auswirken würde und wie sie dort durchzusetzen wäre. Was das anging, hatte sie selbst viel Erfahrung in die Diskussion einzubringen, aber sie zog es vor, davon nur zu sprechen, wenn sie mit dem König allein war. Da konnte sie ihm auch sagen, sie trage ein Kind unter dem Herzen. Auch dessen Zukunft stand auf dem Spiel, wenn in Magdeburg über Italien entschieden wurde.

Am dritten Tag ließ König Otto Berengar und seinen Sohn vor. Er saß in der Nische des Thronsaals, an seiner Seite die Königin. Berengar war nicht anzumerken, ob und wie sehr ihn die lange Wartezeit entrüstet hatte. Die Begegnung mit dem Opfer von einst brachte ihn nicht aus der Fassung. Er bat um Verzeihung für das Vorgefallene und sprach sein lebhaftes Bedauern aus. Von Verwirrung und schlechtem Rat war die Rede und daß niemand davor gefeit sei, schwere Fehler zu begehen. Adelheid ließ ihn ausreden und deutete danach an, es liege ihr nicht nachzutragen. Sie blieb kalt. Das war sie ihrer Würde schuldig und dem Ansehen ihrer Familie.

Was Italien anging, erklärte König Otto, werde er auf der nächsten Reichsversammlung entscheiden. Er setzte Ort und Datum fest. In Augsburg auf dem Lechfeld solle das Treffen stattfinden und zwar in dreieinhalb Monaten, in der Mitte des Monats August. Lauter Unzufriedene verließen Magdeburg. Herzog Konrad machte aus seiner Wut über den Beschluß des Königs keinen Hehl. Die Herzöge Liudolf und Heinrich, der Neffe und der Onkel, verbargen einander nicht, wie sehr sie sich haßten. König Otto vertraute darauf, daß sich die Gemüter beruhigen würden. Besorgt fragte sich Adelheid, ob es richtig gewesen war, den König in seinem Mißtrauen gegen Berengar zu bestärken. Sie ahnte, man werde ihr die Schuld geben, wenn die königliche Familie sich verfeindete.

In Augsburg sah die Welt wieder freundlich aus. König und Königin übernachteten in der bischöflichen Pfalz beim Dom. Als sie morgens aus der Stadt ritten, strahlte ein heiterer blauer Himmel über dem Lechfeld. Auf die zum Reichstag anreisenden Gäste wartete ein großes Zeltlager. Der Fluß und ein Gürtel aus abgestellten Fuhrwerken, Magazinen, Küchengebäuden und Pferdekoppeln begrenzte und schützte es. Die hohen Herren des Reichs zeigten einander mit prächtiger Kleidung, zahlreichem Gefolge und üppigem Tafelgeschirr Vermögen und Macht. Es fiel allen auf, daß sich noch nie so viele geistliche und weltliche Würdenträger aus Italien eingefunden hatten wie diesmal. Adelheid entdeckte unter ihnen zahlreiche Bekannte, nicht alle gute, die meisten aber alte. Sie bemerkte Giseprand, den Bischof von Tortona, einst Kanzler König Hugos. Sie begrüßte Liutfrid, den Bischof von Pavia. Er mußte ihr Fragen

7 *Die Zeichnung aus der Chronik Ottos von Freising bezieht sich auf eine Reichsversammlung bei Augsburg. Am 7. 8. 952 belehnte König Otto I. seinen bisherigen Gegner mit dem Königreich Italien.*

nach den Vertrauten in der italienischen Residenz beantworten. Freundliche Worte wechselte sie auch mit Waldo und Adalhard, den Bischöfen von Como und Reggio, die ihr während der Verfolgung durch Berengar beigestanden hatten. Berengar selbst erschien zusammen mit seinem Sohn Adalbert. Entmachtet, aber nicht entmutigt, übersah er die spöttischen Blicke, die sich an ihn hefteten, und ignorierte das Geflüster um ihn herum.

Eine Synode eröffnete den Reichstag. Friedrich, der Erzbischof von Mainz, leitete sie. Nachdem die anstehenden kirchlichen Probleme behandelt waren, begann die Beratung der Großen. Italiens Los entschied sich. Berengar und Adalbert traten vor und legten ihre Hände in die des Königs. Sie schworen Treue und versprachen, König Otto zu Diensten zu sein. Berengar erhielt aus der Hand des Königs ein Goldzepter. Er durfte sich abermals als Herr Italiens fühlen. Doch wußten alle, daß seinem Reich ein Drittel fehlte. Die Marken Verona und Aquileja hatte König Otto seinem Bruder Heinrich übertragen. Das bayerische Herzogtum ragte damit weit nach Süden und bildete in Istrien ein Bollwerk zum Schutz Italiens gegen die Ungarn.

Die meisten hielten die Regelung für weise. Auch Adelheid hatte sie gutgeheißen, weil sie dem Land, an dem sie hing, eine dauerhafte Ordnung zu sichern schien. Ihr fiel aber auf, daß nur Herzog Heinrich und seine Frau Judith strahlten. Sie beobachtete Berengar. Da sie ihn gut kannte und sich mittlerweile auch darauf verstand, in Gesichtern zu lesen, ahnte sie, was in ihm vorging. Jetzt biß er die Zähne zusammen und beherrschte sich. Heimgekehrt nach Italien und wieder unter dem Einfluß seiner Frau Willa, würde er versuchen, dort die alte, uneingeschränkte Macht auszuüben. Fürs erste beschränkte er sich darauf, nun seinerseits die Anwesenden mit spöttischen Blicken zu messen. Man sollte ihn noch kennenlernen. Das Geflüster um ihn herum verstummte.

Sorgen machte Adelheid vor allem, ob Ottos Sohn Liudolf die Augsburger Regelung dulde. Er stand mit leeren Händen da. Seine Ansprüche waren übergangen worden. Der König förderte den Bruder und stieß den Sohn zurück. Jedermann im Reich wußte, wie das zu deuten war. König Otto sah in ihm, Liudolf, nicht mehr den Nachfolger. Schon trat Herzog Heinrich auf, als sei ihm die Regentschaft für das Reich übertragen worden. Stieße dem König jetzt etwas zu, würde Heinrich regieren, bis vielleicht ein Sohn Adelheids mündig wurde.

Liudolf wollte und konnte die Zurücksetzung nicht hinnehmen. Adelheid beobachtete, wie er mit vielen Fürsten verhandelte. Halblaute Bemerkungen verrieten, daß sie seinen Ingrimm verstanden. Sie selbst befürchteten eine Schmälerung ihrer Rechte. Die Markgrafen und Grafen mißbilligten, daß König Otto und Herzog Heinrich das Reich alleine und ohne ihre Mitwirkung zu regieren suchten. Wie rigoros der König seine Macht auf Kosten eines einzelnen Großen durchsetzte, zeigte sich ihnen gerade jetzt. Ein Graf Guntram hatte sich wiederholt geweigert, ehemalige Königsgüter zurückzugeben, die in seine Hand gekommen waren. Es handelte sich um ausgedehnten Besitz beiderseits des oberen Rheins. Der König wollte die Kontrolle über die wichtige Verbindungsstraße zwischen Nord und Süd zurückgewinnen. Er ließ Graf Guntram wegen Hochverrats anklagen. Der Graf wurde verurteilt und enteignet. Die Versammlung nahm den Spruch mit betretenem Schweigen auf. Viele Mienen verfinsterten sich. Adelheid entging nicht, daß Friedrich, der Erzbischof von Mainz, Herzog Liudolf und Konrad, der Herzog von Lothringen, abseits standen und heftig miteinander sprachen.

Noch einmal fanden die Großen in einem gemeinsamen Gelächter zusammen. Auf der Reichsversammlung erschienen Abgesandte des byzantinischen Hofs. Manche erinnerten sich, daß die Herren vor drei Jahren Kaiser Konstantins Wunsch übermittelt hatten, abermals seinen Sohn und Mitkaiser Romanos zu verheiraten, den Witwer der jung verstorbenen Berta-Eudokia. Der Name ließ Adelheid aufhorchen. Sie gedachte mit Anteilnahme der illegitimen Tochter König Hugos, ihrer kleinen Gespielin im Palast von Pavia.

Als neue Frau für Romanos war Hadwig ausersehen worden, die Tochter Herzog Heinrichs und der Herzogin Judith. König Otto hatte das Heiratsprojekt, das seine Nichte betraf, von Anfang an lebhaft unterstützt. Eine Verbindung mit der kaiserlichen Familie in Konstantinopel paßte vorzüglich zu seinen Plänen, sich eine herausragende Stellung in Europa zu sichern. Mit einer gewissen Schadenfreude beobachteten dann die Großen, die Ottos Pläne mißtrauisch verfolgten, wie Hadwig, eine entschlossene junge Dame, dem König einen Strich durch seine Rechnung machte. Sie willigte ein, Griechisch zu lernen. Sie widmete sich dem Unterricht sogar mit Leidenschaft. Aber in die Fremde wollte sie nicht. Die byzantinischen Gesandten hatten einen Maler mitgebracht. Er sollte ein Porträt von Hadwig anfertigen, damit sich der zukünftige Gemahl ein Bild von der Braut machen könne. Schön mußte eine byzantinische Kaiserin sein. Die Sitzungen für das Porträt begannen. Hadwig schnitt greuliche Grimassen. Die Herren aus Konstantinopel waren schockiert. Skandal! Der Vorfall wiederholte sich. Affront! Die Diplomaten fühlten sich brüskiert und reisten entrüstet ab. Auf dem Lechfeld wurde gelacht.

Als sich die weltlichen und geistlichen Würdenträger zum Abschluß des Reichstags versammelten, zog ein Unwetter auf. Ein Sturm fegte über das Lechfeld. Blitze zerrissen die zusammengeballten und aufgetürmten Wolken. Furcht und Staunen erfaßte die Anwesenden. Am Himmel erschienen mehrere Wunderzeichen. Aus westlicher Richtung näherte sich eine Schlange. Sie verwandelte sich und fiel unter mächtigen Donnerschlägen als Hagelstein von ungeheurer Größe herab. Die Versammlung stob auseinander.

Der Hof reiste durch das Elsaß und begab sich dann nach Sachsen. Weihnachten verbrachte die königliche Familie in der Pfalz von Frankfurt. Gegen Ende des Jahres kam Adelheid mit einem Sohn nieder. Er erhielt den Namen seines Großvaters Heinrich. Diesmal las und hörte Adelheid mit besonderer Ergriffenheit die Geschichte des Jesuskinds, des ›luttil man‹, wie es in einem sächsischen, aus dem vorangegangenen Jahrhundert stammenden Gedicht über das Leben des Heilands genannt wurde. Sie dachte an den sich anbahnenden Konflikt und wünschte, die Streitenden würden aufmerksam die Worte des Gedichts anhören, mit denen Christus den Kampf verbietet: ›huuand sie alle gebrodar sint, salic folc godes, sibbeon bitengea, man mid magskepi‹. Sie waren doch wirklich alle Brüder und ein seliges Gottesvolk, obendrein durch die Sippe verbunden und die Männer durch Magschaft, was immer das genau heißen mochte. Adelheid fand sich leidlich zurecht in der Sprache des Königs, seiner Verwandten und des Hofs, auch wenn viele Worte fremd klangen und manche ihr unverständlich blieben. Die Angehörigen der großen Adelsfamilien in allen Teilen des Reichs begegneten einander oft. Sie hatten Übung darin, sich in andere Dialekte einzuhören. Es lag nicht an den Wörtern, wenn sie sich nicht verstanden.

9. Kapitel

Kriegsgreuel

Noch bevor der Aufstand ausbrach, war er schon zu sehen, zu hören und zu riechen. Er stank nach dem Mist der Pferde, auf denen seit Wochen Reiter unterwegs waren, um irgendwo kurz zusammenzukommen und wieder davonzugaloppieren. Er kündigte sich in den besorgten Gesichtern der Fernkaufleute an. Sie fürchteten für die Waren auf ihren Karren, hörten sich um und trachteten danach, das von dem bevorstehenden Kampf bedrohte Gebiet zu verlassen. In den befestigten Plätzen horteten die Verantwortlichen Proviant. Die Mönche tuschelten in den Kreuzgängen. Die Bauern steckten am Wegrand die Köpfe zusammen und blickten scheel.

Schläge hallten, wenn Holzpfähle in den Boden getrieben wurden, um die Palisaden der Burgen zu verstärken. Immer häufiger zerriß ein schlimmes Kreischen die Stille des Landes. Es schwoll an, brach ab und legte erneut los. Adelheid wußte, woher es kam. Zwei waren da am Werk. Einer im kurzen Rock schwang die Kurbel und drehte die in der Gabel hängende Stange. Auf ihr saß das Rad und drehte sich. Gebückt, eifrig, den Kopf vorgebeugt, drückte der andere die Schneide des Schwertes gegen den kreisenden Stein. Rote Funken sprühten. Wenn wieder Stille eintrat, prüfte der Schwertschleifer die Schärfe der Schneide mit dem Daumen.

Vorbei, fast schon vergessen war der weihnachtliche Friede in Frankfurt und die Freude über das Wiedersehen mit der Mutter in Erstein. Mitte Februar 953 hatten sie die Stadt am Main verlassen und elf Tage später die im Elsaß gelegene Pfalz und Abtei erreicht. Adelheid staunte, wie rasch sie sich von der Geburt des Sohnes erholte und wie leicht ihr wieder das Reiten fiel. Vielleicht lag es an dem sächsischen Sattel, den sie jetzt bevorzugte. Als sie seine Qualität lobte, freuten sich alle um sie herum. Das vergoldete Zaumzeug und die silbernen Kettengehänge blinkten in der Wintersonne, Dampf stieg aus den Nüstern der Pferde, der Schnee knirschte unter ihren Hufen. Sie genoß die Reise. Das Elsaß gefiel ihr. König Otto schenkte Adelheids Mutter Berta, der ehemaligen Königin von Italien, die alte karolingische Abtei Erstein. Er bewies vor allem die Eintracht mit der Familie seiner Frau und sprach davon, er wolle mit der Hilfe der neuen Verwandten sein Gewicht im Südwesten des Reichs verstärken.

Selbstsicher und guter Laune waren der König und die Königin an der Spitze eines kleinen Gefolges Mitte März nach Ingelheim aufgebrochen. Er schwärmte von der Stattlichkeit der Pfalz Kaiser Karls. Sie sah ruhigen Tagen mit ihren Kindern entgegen. Dann stießen Boten zu ihnen. Ihre Pferde glänzten vor Schweiß. Hastig sprudelten sie ihren Bericht hervor. Hinterhalt und Gefahr! Die Herzöge Liudolf und Konrad hatten viel Kriegsvolk zusammengezogen. Vor allem junge Leute voller Abenteuerlust liefen den beiden in Scharen zu. Ein Gerücht verbreitete sich: Die aufsässigen Herzöge planten, den König während der Ostertage in Ingelheim zu überfallen und gefangenzusetzen.

Wie in einem wirren Traum, der nicht enden will, aus dem man unter Schreien hochfährt, um gleich darauf in noch schwärzere Abgründe zu fallen, verschwanden Ansehen, Macht und Glanz, die das königliche Paar eben noch umgeben hatten. Von einem Augenblick zum anderen befanden sie sich auf der Flucht. Der König mied Ingelheim und wandte sich nach Mainz. Vor dem Tor der Stadt ließen die Bürger den König und die Königin warten. Der Erzbischof sei nicht da. Ohne sein Wort dürften sie niemanden einlassen. Der König ein Niemand! Auf dem Lechfeld noch der stärkste Mann in Europa, stand er jetzt wie ein Landfremder vor verschlossener Tür. Friedrich, der Erzbischof, kehrte in seine Stadt zurück. Als er den König in Mainz empfing, rief er auch Liudolf und Konrad.

Friedrich vermittelte, doch gab es keinen Zweifel, daß er auf der Seite der Aufständischen stand.

»Wenn irgendwo sich ein Feind gegen mich erhebt«, sagte der König ingrimmig zu Adelheid, »kannst du sicher sein, daß sich Friedrich als zweiter zu ihm gesellen wird.«

Nein, man kämpfe nicht gegen den König, versicherten die Rebellen, während vor der Stadtmauer ihre Scharen lärmten und sich im Kampf übten. Ottos Bruder Heinrich, den Bayernherzog, hätten sie verhaften wollen. Er verändere die Gestalt des Reichs, zöge alle Gewalt an sich, untergrabe die Stellung der Herzöge und Markgrafen, er verstieße gegen altes, geltendes Recht. Noch nie habe ein Mann allein alle Entscheidungen im Reich getroffen. Der Waffenlärm vor der Stadtmauer setzte aus, als die Herzöge die Verhandlung unterbrachen und zu ihren Leuten zurückkehrten. Bald erhob sich bedrohliches Geschrei. Das junge Volk dort draußen drängte auf Taten.

Adelheid sah, wie der König einen Vertrag unterschrieb. Sie kannte den Inhalt nicht, auch verlor er darüber kein Wort. Sein finsteres Gesicht verriet ihr, daß er sich gedemütigt fühlte. Hatte er Rücksicht auf sie genommen und nachgegeben, um sie nicht zu gefährden? Oder, und schlimmer, war es um sie und ihren Sohn gegangen? Wenn Liudolf von Reich und Recht sprach, meinte er dann nicht immer sein Recht auf die Nachfolge im Reich? Stellte der Vertrag den Frieden zwischen König Otto und seinem ältesten ehelichen Sohn auf Kosten seines jüngsten her? Adelheid dachte an ihre Ahnin Judith, die Gemahlin Ludwigs des Frommen. Erbarmungswürdige Schwierigkeiten bis hin zu Verleumdung und Einkerkerung waren daraus erwachsen, daß Judith ihrem Sohn Karl einen angemessenen Anteil am Reich sichern wollte. Erst nach vielen Leiden hatte sie sich durchgesetzt.

Der König schwieg und brütete. Es ging den Rhein hinunter nach Köln, dann weiter nach Dortmund. Aus Quedlinburg kam Mathilde, die Mutter König Ottos und Herzog Heinrichs. Die Familie und der Hof berieten. Erzbischof Friedrich trat vor die Versammlung und warb für die Einhaltung des Vertrags.

Wie noch jedesmal nahm Königin Mathilde auch jetzt die Partei Heinrichs. Adelheid kannte ihre Vorliebe für den zweiten Sohn. Sie wußte, daß Mathilde vor siebzehn Jahren gewünscht hatte, die Großen des Reichs würden Heinrich und nicht Otto zum König erheben. In einem scharlachroten Kleid stand sie vor den Angehörigen und setzte sich leidenschaftlich für ihren Liebling ein. Während sie sprach, funkelten an ihren Handgelenken die goldenen Spangen, von denen es hieß, nur ein Goldschmied könne sie ihr abnehmen.

Adelheid waren viele Geschichten über ihre Schwiegermutter zugetragen worden. Sie durfte sich rühmen, eine Nachfahrin des Sachsenherzogs Widukind zu sein, der über Jahrzehnte Widerstand gegen die Heere Kaiser Karls geleistet hatte. Nach dem Tod ihres Mannes verschenkte sie großzügig Gold an Klöster und Kirchen und geriet darüber in Streit mit ihrem Sohn Otto. Auch ihre besondere Bindung an den jüngeren Heinrich wußte das Volk zu deuten. Da hatte der Teufel seine Hand im Spiel. Mathilde empfing Heinrich gegen ihren Willen in der Fastenzeit vor Ostern. Obwohl der Säugling sofort nach der Geburt in Taufwasser gebadet wurde, behielt der Böse Macht über ihn. Geschwätz, gewiß, aber so erklärten sich die Leute, warum von Herzog Heinrich immer wieder Unfrieden ausging.

Es fröstelte Adelheid, als König Otto den Vertrag von Mainz zerriß. Reich ging ihm vor Recht. Jetzt wirkte er wie befreit und gewann Kraft und Lebensfreude zurück. Seine Umarmungen waren erneut stürmisch. Voller Energie widmete er sich den Geschäften des Tages. Er gab Anordnungen und verhandelte, um die Gegner zu schwächen. Er sammelte ein Heer, hielt Reichstag in Fritzlar und verbannte Parteigänger der Rebellen, aber die ließen sich nicht einschüchtern. Der Unfrieden im Land nahm weiter zu.

Sogar in Sachsen rumorte es. Selbst der getreue Markgraf Gero ließ Verständnis für die Rebellion durchblicken. Seine verwandtschaftlichen Verbindungen zu den Empörern banden ihm zudem die Hände. Der König unterstellte das ganze Gebiet einem anderen Kampfgefährten, dem Markgrafen Billung. Er selbst zog vor Mainz. Adelheid folgte ihm, denn dem König schien für sie kein Ort mehr sicher genug zu sein. Auch Herzog Heinrich und Brun, nunmehr Erzbischof von Köln, fanden sich ein. Die Belagerung der Stadt scheiterte an ihren starken Mauern, obwohl der König Rammböcke und Holztürme einsetzte, um Mainz zu stürmen. Die Verluste nahmen zu. Die Verdrossenheit im Lager des Königs wuchs. Seine Gefolgsleute murrten. Alle wünschten ein Ende des inneren Kriegs. Der König bot seinem Sohn Liudolf und Herzog Konrad Verhandlungen an. Brun redete dem Neffen ins Gewissen. Der Krieg gegen den Vater nutze nicht ihm, sondern ihren gemeinsamen Feinden. Herzog Heinrich hielt wenig von solchen Appellen. Wütend sprang er vor.

»Immer wieder behauptest du, nicht gegen den König zu kämpfen«, schrie er, »aber das ganze Heer hier weiß, daß du dir die Königsherrschaft widerrechtlich aneignen willst.« Er bückte sich und hob einen Halm vom Boden auf. »Nicht einmal so viel wert ist das, was du mir und meiner Macht wirst entreißen können.«

Der Herzog nahm den Mund reichlich voll. In der folgenden Nacht wachte Adelheid von Pferdegetrappel und Waffengeklirr auf. Sie erfuhr, daß die bayerischen Truppen ihren Herzog verließen und zu Liudolf übergingen. Bald kamen Nachrichten, Liudolf sei mit seiner Streitmacht zur Residenz seines Gegners Heinrich gezogen. Er drang in Regensburg ein und vertrieb Herzogin Judith, Heinrichs Frau, mit ihren Kindern aus der Stadt. Sie hielt zu König Otto, während ihr Bruder, Pfalzgraf Arnulf, sich auf die Seite der Aufständischen schlug. Ihm folgte ein guter Teil des einheimischen Adels. Als sich die Nachrichten aus Bayern im Lager vor Mainz herumsprachen, verlangte das Heer, heimgeschickt zu werden. König Otto kam der Forderung nach. Nur wenige gaben seine Sache noch nicht verloren. Mit dem ihm verbliebenen kleinen Haufen Getreuer verfolgte er seinen Sohn Liudolf. Regensburg berannte er so vergeblich wie zuvor Mainz.

Sie standen unter den zum Himmel ragenden Mauern und

wuchtigen Türmen. Solche massiven Befestigungen kannte Adelheid aus den Städten Italiens. Hatten nicht selbst die Ungarn vergeblich Pavia zu erobern gesucht? Von oben höhnten die Verteidiger. Sie kämpften weniger für Herzog Liudolf, als für den Pfalzgrafen Arnulf. Wie Judith, seine Schwester, stammte er aus dem alten bajuwarischen Geschlecht der Luitpoldinger. Adelheid dachte an ein Gespräch mit Judith. Jahrhunderte lang hatte ihre Sippe über Bayern geherrscht. Sie waren mit den Menschen des Landes durch die Erinnerung an gemeinsam bestandene Gefahren und zusammen erlebte Freuden verbunden. Auch was sie manchmal getrennt hatte, vereinte jetzt die Herrscherfamilie, den Adel und die freien Bauern. Zumindest wenn ihnen von auswärts einer aufgedrängt wurde, der über sie bestimmen sollte, fühlten sie deutlich ihre Zugehörigkeit zu einem Stamm und daß sie anders waren als andere. Vor sieben Jahren hatte König Otto seinen Bruder Heinrich zum Herzog über Bayern eingesetzt. Trotz seiner Heirat mit der Luitpoldingerin Judith und ungeachtet seiner Erfolge gegen die eindringenden Ungarn blieb er ein Fremder im Land. Was Herzogin Judith an ihren Landsleuten lobte, das zähe Festhalten am Althergebrachten, die Liebe zur Landschaft, den urwüchsigen Hang zur Eigenständigkeit, waren Eigenschaften, die Adelheid ansprachen.

Nahrungsmittel wurden knapp. Voller Wut über die vergebliche Belagerung der Stadt fielen die Kriegsleute über das Umland her. Nachts brannten die ausgeraubten Bauernhäuser. Der Feuerschein färbte den Himmel rot. Das Vieh blökte, wenn es weggetrieben oder abgestochen wurde. Herbststürme peitschten über die Äcker. Der König und sein Gefolge hatten sich in Königshöfen in der Nähe von Regensburg eingenistet. Es wurde empfindlich kalt. König Otto brach die Belagerung ab und zog sich für den Winter nach Sachsen zurück. Schwer lastete der Fehlschlag auf allen. Jeder am Hof wußte, daß der Kampf im nächsten Jahr fortgesetzt würde. Adelheid brachte einen zweiten Sohn zur Welt. Er erhielt den Namen Brun, der weit zurück in die Geschichte der Familie ihres Mannes reichte.

Als das Frühjahr kam, starb ihr Sohn Heinrich. Er war knapp anderthalb Jahre geworden. Die Mönche trugen den Tod in die Klosterchroniken unter dem 7. April 954 ein.

Trost fand sie bei niemandem. Der König stand längst wieder im Feld. Der Alptraum ging weiter und gebar neue Schrecknisse. Die Ungarn brachen ins Reich ein. Es hieß, Herzog Liudolf habe sie als Bundesgenossen gegen den König geholt. Sie verheerten trotzdem sein Land und zogen weiter nach Westen zu Herzog Konrad. Schauderhaft fanden fast alle, daß Konrad die Anführer der Ungarn in Worms öffentlich bewirtete und mit Gold und Silber beschenkte. Adelheid entrüstete sich über diesen Auftritt weniger als die meisten. Sie erinnerte sich, wie ungeniert man in Italien mit den Ungarn zu paktieren pflegte. Ihr Heerhaufen durchzog plündernd und mordend Lothringen, das der König seinem Schwiegersohn, Herzog Konrad, genommen und seinem Bruder Brun übertragen hatte. Das Land und die Menschen litten unter dem Zwist der Großen.

König Otto kämpfte in Bayern. Er rief Markgraf Gero zu sich, den erfahrensten Kriegsmann seines Reichs. Mit ihm reiste Adelheid in das königliche Lager. Jetzt war es bereits Sommer. Der König, ihr Gemahl, hatte eine robuste Art, ihr über den Tod ihres ersten Sohnes hinwegzuhelfen. Bald nach dem Wiedersehen wußte sie, daß sie wieder schwanger war. Ihren Einfluß auf den König benutzte sie, um ihn zu neuen Verhandlungen mit dem aufsässigen Ältesten zu bewegen. Sie wünschte dringend, den Frieden in der eigenen Familie wiederherzustellen. Auf welche Weise auch sie ihn gestört hatte, war ihr jetzt klarer als zuvor. Sogar die großen Schenkungen König Ottos bei ihrer Heirat hatten zu Liudolfs Ingrimm beigetragen. Sie minderten seine Besitzrechte im Reich. Und ob sie gut daran getan hatte, sich zur Fürsprecherin Herzog Heinrichs aufzuschwingen, bezweifelte sie mittlerweile. In Langenzenn trafen sich die Gegner. Leidenschaftlich wehrte sich Liudolf gegen den Vorwurf, die Ungarn ins Land gerufen zu haben. Sie hätten von ihm Geld und ortskundige Führer erhalten, damit sie seinen Bereich schonten und rasch verließen.

»Wenn ich hierin schuldig gesprochen werde«, rief er, »so soll jeder wissen, daß ich unter Zwang und in äußerster Not gehandelt habe.«

Die Ungarngefahr tat auch Gutes. Sie rückte jedem vor Augen, was alle verband: Das Land mußte vor neuem Unglück bewahrt werden. Dauerte der Bruderkrieg an, würden die Ungarn zurückkehren, um das geschwächte Reich zu brandschatzen. Erzbischof Friedrich und Herzog Konrad gingen zur Partei des Königs über. Liudolf blieb hart. Er warf sich erneut in die Stadt Regensburg. Die Belagerung begann, Wochen vergingen, Angriffe mißlangen. Die Verteidiger wehrten sich mit wütenden Ausfällen. Am 22.7.954 entbrannte ein wildes, sechs Stunden dauerndes Hauen und Stechen. Pfalzgraf Arnulf fiel. Man fand seine ausgeplünderte Leiche erst Tage später. Endlich gab Liudolf nach. Gegen das Versprechen, sich dem Urteil des Königs auf einer Reichsversammlung zu stellen, durfte er aus Regensburg abziehen. Gegen die Stadt, die bei ihrem Widerstand blieb, stürmte Heinrich erbittert an. Regensburg brannte, aber es ergab sich ihm nicht.

Gemeinsam mit König Otto, seinem Bruder, besiegte er im ganzen Land die Anhänger des gefallenen Pfalzgrafen, aber schon bald war von neuen Zusammenrottungen zu hören. Gelang es, die Kriegsfurie an einem Ort zu zähmen, tobte sie an anderer Stelle los. Den Herbst verbrachten Adelheid und ihr Gefolge in Sachsen. Der König ging zur Jagd nach Thüringen. Von dort traf eine glückliche Nachricht ein. Liudolf hatte den Vater aufgesucht, barfüßig wie ein Büßer, hieß es. Er habe sich bei Suveldun vor ihm zu Boden geworfen und um Verzeihung gebeten. Seine Worte rührten alle zu Tränen, sogar den König. Er gewährte Vergebung. Auch seinem Bruder Heinrich hatte er sie seinerzeit nicht versagt. Er zeigte die Großmut des Königs und bewies seine Treue zur Familie. Beides übertrieb er nicht. Im Dezember entschied er auf einem Reichstag in Arnstadt über die Aufrührer. Sie behielten ihren Landbesitz, ihre Herzogtümer büßten sie ein. Über den dritten Widersacher, den Erzbischof Friedrich, mußte kein Urteil ergehen. Er war gestorben. Zum Nachfolger in Mainz bestimmte Otto seinen illegitimen Sohn Wilhelm. Noch vor seiner ersten Ehe hatte er eine Beziehung zu einer Slawin gehabt.

Dankbar nahm Adelheid zur Kenntnis, wie der König die Nachfolge in Schwaben regelte. Dort kam ihre eigene Verwandtschaft zum Zuge. Burchard, ein Onkel, der Sohn ihrer Großmutter Reginlindis und Bruder ihrer Mutter Berta, wurde neuer Herzog von Schwaben. Sie verbürgte sich für ihn und behauptete, er werde dem König ein getreuer Gefolgsmann sein. Im Frühjahr brachte sie eine Tochter zur Welt. Sie wurde auf den Namen der Großmutter Mathilde getauft.

Der Krieg war zu Ende. Ein neuer Krieg begann. Adelheid erholte sich noch von der Geburt, als abermals Unruhen in Bayern ausbrachen. Anlaß war eine neue Grausamkeit Herzog Heinrichs. Er setzte Herold, den Erzbischof von Salzburg, gefangen, weil er den Einfall der Ungarn unterstützt habe. Heinrich befahl, den Erzbischof zu blenden.

»Nur ein geistliches Gericht hätte über ihn urteilen dürfen!« empörten sich Adelheids geistliche Berater. Noch schien dem Herzog aber der Himmel gewogen zu sein. Er besiegte seine Widersacher in Bayern und eroberte gemeinsam mit König Otto das widerspenstige Regensburg. Dann trat die Wendung zum Schlimmen ein, die ängstliche Gemüter befürchtet hatten: Aufruhr an der Elbe. Mit den Slawen gemeinsame Sache machten sächsische Rebellen. Markgraf Hermann Billung wurde des Ansturms nicht Herr. Ehe ihm der König zur Hilfe eilen konnte, erhielt er eine neue Hiobsbotschaft. Die Ungarn überfielen Bayern. Gerade hatten sie noch Gesandte an den königlichen Hof geschickt. Jetzt verheerten ungarische Reiterscharen den Süden des Reichs. Ein hunderttausendköpfiges Ungeheuer stürzte sich auf Bayern und Schwaben und verbiß sich am Lech in die Stadt der heiligen Afra.

Der König wagte nicht, sein Heer aus dem Osten abzuziehen. Mit nur wenigen Kriegern brach er auf, um Augsburg zu retten und die Entscheidung zu suchen. Bei seinem Gewaltritt konnte Adelheid nicht mithalten. Im unruhigen Sachsen zu bleiben, empfahl sich aber auch nicht. Sie folgte dem König in einigem Abstand mit den Kindern. Jede Tagesetappe brachte Gefahren. Niemand konnte sagen, was am Rand Thüringens, was in Franken vor sich ging. Sie sandte Kundschafter aus und besprach die Reisestrecke mit ihrem Gefolge und dem Anführer der zu ihrem Schutz abgestellten Schar.

Der König hatte alle Aufgebote des Reichs nach Ulm gerufen. Als Adelheid dort eintraf, war die Streitmacht bereits ostwärts und gegen die Ungarn abgerückt. Am Vortage hatten sie ein weiteres Mal vergeblich versucht, Augsburg zu stürmen. Ein, zwei Tagesritte entfernt konnten die Heere jeden Augenblick aufeinanderprallen. Adelheids Beschützer eilten mit ihrem Einverständnis weiter in das Lager des Königs. Die Zurückbleibenden wurden still und lauschten, als könnten sie über so große Entfernung hinweg den Lärm des Kampfes hören. Es hielt Adelheid nicht am Ort. Gerüchte über Abfall und Verräterei beunruhigten sie. Ein Sohn des vor Regensburg gefallenen Pfalzgrafen, ein gewisser Berthold, andere nannten ihn Werner, sei zu den Ungarn übergelaufen und versorge den Feind mit Nachrichten über die Bewegungen des Reichsaufgebots. Seine Burg lag in der Nähe. Der Mann konnte sie und die Kinder überfallen. Sie wären für die Ungarn willkommene Geiseln. Adelheid brach nach Augsburg auf.

Abgehetzte Boten, die der König sandte, erreichten sie unterwegs. Die Schlacht war im Gang. Am Tag des heiligen Laurentius hatten die Krieger einander im Morgengrauen Frieden gegeben und Hilfe im Gefecht gelobt. Dann zogen sie mit erhobenen Feldzeichen in acht Kolonnen gegen den Feind. Die ostfränkische Streitmacht geriet schon bald in Bedrängnis. Der ungarische Befehlshaber Horka Bulcsu umging den Heerhaufen und griff von rückwärts den Troß an.

Rauchsäulen stiegen gegen den Himmel. Wieder stießen Reiter auf Adelheids kleines Gefolge. Der König habe das Heer mit einer Rede angefeuert. Für sie, die Herren von fast ganz Europa, sei es besser zu sterben, als unterworfen zu werden. Der König habe seinen Schild gepackt und die Heilige

8 Am 10. August 955, dem Tag des heiligen Laurentius, begann die Schlacht, in der das Reichsheer (Franken, Schwaben, Bayern und ein böhmisches Aufgebot) die ungarische Streitmacht schlug und damit endgültig die Gefahr der Ungarn-Einfälle beseitigte. Noch auf dem Schlachtfeld rief das Heer Otto I. zum ›Vater des Vaterlandes und Kaiser‹ aus.

Lanze hochgereckt. Der Kampf sei neu entbrannt. Die nächsten Nachrichten ließen auf sich warten. Als sie kamen, klangen sie wirr. Die Anspannung wurde unerträglich. Konrad der Rote hatte die Umzinglung durch die Ungarn aufgebrochen. Von einem Pfeil durchbohrt, stürzte er wenig später tot vom Pferd. Der König? Zuletzt hatte ihn einer der Reiter gesehen, als er sich mit dem Schwert in der Faust in ein Getümmel warf.

Erlitt das Heer eine Niederlage? Mußte sie, Adelheid, sich und die Kinder retten? Wohin sollte sie sich wenden? Zum Bruder nach Hochburgund? Adelheid ritt weiter auf Augsburg zu. In Blickweite tauchten vereinzelte Trupps auf, geschwinde Reiter, Ungarn vielleicht, die flohen oder nach dem Sieg marodierten, wer konnte das wissen. Die Dämmerung begann. Eine beängstigende Stille lag plötzlich über den Feldern, als hielte die ganze Welt den Atem an. Dann griff Adelheid nach den Zügeln ihres Pferdes und richtete sich im Sattel auf. Sie hörte Glocken. Die Glocken des Doms und von St. Afra läuteten. Bischof Udalrich verkündete am 10. August 955 dem Land den Sieg über die Ungarn.

Es war tiefe Nacht, als sie die Stadt erreichten. Sie ritten unter der Mauer entlang und hielten vor dem nördlichen Tor. »Die Königin!«

Man öffnete nach geraumer Zeit und ließ sie und das Gefolge fast widerwillig ein. Es war, als störten sie. Was die Menschen in der Stadt und draußen auf dem Schlachtfeld erlebt hatten, trennte sie von allen, die nicht dabei gewesen waren. Die Angst vor dem drohenden Schlag, die Lust beim Töten des Gegners, das Geheul von Freund und Feind, das gräßliche Röcheln der Sterbenden, es saß allen noch im Blut. Die Blicke flatterten, die Stimmen schwankten. Vor Adelheid lief ein Mann mit einer rußenden Fackel und wies den Weg zur Kirche der Gottesmutter. Verwundete wurden vorbeigetragen. Aus den Häusern drang Stöhnen. Es roch nach verkohltem Holz.

Der König lebte. Am Abend war er vom Schlachtfeld zurückgekehrt. Als Adelheid ihn im Domkloster fand, sprach er mit Bischof Udalrich. Auf seinem bis zu den Knien reichenden

Kettenhemd glänzten dunkelrote Flecken. Beide Männer trösteten einen Knaben. Er hieß Riwin. Sein Vater, Graf Dietbald, ein Bruder des Bischofs, war in der Schlacht gefallen. Auf dem Lechfeld geblieben war noch ein anderer Verwandter Udalrichs, ein Sohn seiner Schwester. Die Leichen der Grafen hatte man noch nicht gefunden. Es empörte alle, daß Unbekannte dem toten Herzog Konrad, dem eigentlichen Helden der Schlacht, die Rüstung geraubt hatten. König Otto ordnete an, man solle seine Leiche sorgsam behandeln und nach Worms bringen. Auf Fragen antwortete der König wortkarg. Seine Stimme klang rauh. Er fand keine Zeit, seine eigenen Erlebnisse in der Schlacht zu schildern. Den jungen Riwin belehnte er auf der Stelle mit der Grafschaft des Vaters. Boten kamen und gingen. Alle Flußübergänge sollten bewacht werden, kein Ungar dürfe entkommen. »Drei ihrer Befehlshaber sind gefangengenommen worden«, erklärte er, »darunter Horka Bulcsu.« Er befahl, sie nach Regensburg zu schaffen. Nach Quedlinburg schickte er Boten. Sie sollten seiner Mutter Mathilde die Nachricht von seinem Sieg überbringen.

Der Feind war unter großen Verlusten geschlagen worden. Fast jede Familie hatte Angehörige verloren. Die Erbitterung wuchs mit jedem Namen, der in die Totenbücher eingetragen wurde. Die Trauer trübte die Freude über den Triumph. Das Land war befreit von einer entsetzlichen Heimsuchung, die sich in jeder Generation wiederholt hatte. Die Glocken läuteten bald auch in den anderen Teilen des Reichs. In allen Kirchen dankten die Priester und ihre Gemeinden dem Himmel für seine Hilfe in der Stunde der äußersten Gefahr. Gott hatte die Verteidiger ihres Landes ausgezeichnet. Und war ihnen damit nicht zugleich auch eine besondere Aufgabe zugewiesen, den Franken, Bayern, Schwaben und Sachsen, den Kampfgefährten, die gemeinsam gesiegt hatten? Adelheid hörte die Leute oft davon sprechen, das Heer habe König Otto noch auf dem Schlachtfeld zum Vater des Vaterlandes und zum Kaiser ausgerufen. Der Himmel schien ihm einen Weg zu weisen, auf dem er weiterzugehen hatte. Der König hörte zu und schwieg, aber Adelheid gewann den Eindruck, daß er wie die meisten dachte.

Ein neuer, wilder Stolz erfüllte ihn und seine Umgebung. Seine Urteile zeigten Unerbittlichkeit. Als Herzog Heinrich die Ungarnführer in Regensburg hängen ließ, erhob er keinen Widerspruch. Die sächsischen Adligen, die zuvor auf die Seite der Slawen übergetreten waren, erklärte er zu Landesfeinden. Gesandte der Völker jenseits der Elbe kamen und richteten aus, die Stämme wollten dem König Zins zahlen, aber die Herrschaft über ihre Gebiete selbst behalten. Der König wies sie zurück. Er verlangte Buße für begangene Untaten und Ehrenbezeigung für sich selbst. Beides verweigerten die Abgesandten. Sie gedachten der von den Sachsen an den Slawen begangenen Untaten. Der rastlose König brach mit seinem Heer nach Nordosten auf und drang verheerend und niederbrennend durch das Aufstandsgebiet bis zur Ostsee vor.

Seine Härte gegen die Heiden befremdete Adelheid. Sie hatte mit Priestern gesprochen, die meinten, nur wer den Wunsch der Slawen nach Freiheit berücksichtige, werde sie zum christlichen Glauben bekehren. Mit Schaudern erfuhr sie von einer Schlacht in den Sümpfen an der Küste. Fast schon besiegt, hatte der König mit der Hilfe des Markgrafen Gero die slawischen Truppen doch noch geschlagen. In dem, was sie von dem folgenden Strafgericht vernahm, konnte Adelheid den König und seine Gefährten nicht wiedererkennen. Ein erbarmungsloser Rachedurst, ein Blutrausch mußte das Heer und den König erfaßt haben. Sie entsetzte sich über die Berichte. Schreckensszenen prägten sich ihr ein: Auf einer Stange steckte der Kopf des Slawenführers Stoinef. Seinem Ratgeber wurden die Augen ausgestochen und die Zunge herausgerissen. Die Henker schlugen siebenhundert Gefangenen die Köpfe ab. In Stößen sprudelte Blut aus den Hälsen. Die grausamen Bilder lasteten schwer auf der Zuhörerin.

Herzog Heinrich starb in Regensburg. Der Jammer seiner Mutter Mathilde in Quedlinburg beherrschte das Kanonissenstift, in dem sie lebte. Das scharlachfarbene, das mit Goldfäden bestickte Gewand, den Schmuck legte sie ab, sie wollte keine weltlichen Lieder mehr hören, keine Schauspieler sehen, sie trug Trauer. Als das Jahr zu Ende ging, brachte Adelheid einen Sohn zur Welt. Otto wurde er genannt. Die Königinmutter Mathilde prophezeite ihm, er werde berühmter werden als alle anderen Mitglieder des Hauses. Adelheid fühlte sich schwach. Zwei Geburten im Verlauf nur eines Jahres hatten ihre Kräfte erschöpft.

Im Frühjahr hieß es, auf den Kleidern der Leute seien Kreuze erschienen. Eine Pest breitete sich im Reich aus. Die Seuche raffte große Herrschaften ebenso hin wie kleine Leute. König Otto erkrankte schwer. Aus Italien trafen Nachrichten von Herzog Liudolf ein. Der König hatte ihn dorthin beordert. Er sollte gegen Berengar und seinen Sohn Adalbert vorgehen, die sich schlimmer Übergriffe schuldig gemacht hatten. Es kam zu einer Schlacht, in der Liudolf siegte. Eine neue Ordnung in Italien, die auch Adelheid zusagte, kündigte sich an, aber wieder erfüllten sich begründete Hoffnungen nicht.

Dem Triumph auf dem Lechfeld bei Augsburg folgte nicht Segen und Glück, wie von allen erwartet. Es lastete Unheil auf dem Reich. Adelheid mußte an die bitteren Sätze denken, die Wilhelm, der neue Erzbischof von Mainz, in einem Brief an den Papst geschrieben hatte. Anlaß war ein Streit über die Pläne König Ottos, Magdeburg auf Kosten des Bistums Halberstadt zum Erzbistum zu erheben. Der Mainzer Metropolit, der für Halberstadt verantwortlich war, protestierte gegen das Vorhaben und äußerte allgemeine Besorgnis. Seine Kritik wurde bald am Hof bekannt und sorgte für Aufregung. Wilhelm bejammerte die Folgen des inneren Kriegs und daß jeder mit jedem in Streit liege. Er verwahrte sich dagegen, wie die Bischöfe behandelt würden, die er die Augäpfel Gottes nannte. Niemand begnüge sich mit den ihm zugefallenen Aufgaben. Jeder mische sich in die Angelegenheiten des anderen. ›Ich klage niemanden an‹, hatte Wilhelm geschrieben. ›aber ich klage über die Zustände in diesem Land.‹

Am 8. September 957 mußte Adelheid hilflos zusehen, wie

der Tod ihren Sohn Brun holte. Fünf Kindern hatte sie das Leben gegeben, drei waren ihr geblieben. Dafür dankte sie Gott, aber sie fragte sich voller Gram und Zweifel, was das Sterben der anderen bedeute. An einem Tag im späten September stieg ein müder Bote vom Pferd und richtete dem König aus, sein Sohn Liudolf sei auf dem Weg in die Heimat einer plötzlichen Krankheit erlegen. König Otto brach in Tränen aus. Die Trauer im ganzen Land war groß. Es verletzte Adelheid, wenn sie manchmal hörte, durch Liudolfs Tod sei ihrem Sohn Otto nun Thron und Krone sicher. Den Tod hielt sie für einen schlechten Helfer. Und ob er ihren Jüngsten schonen werde, blieb ungewiß. Vor allem hatte sie in den letzten Jahren erfahren, wie drückend die Last der Krone war.

10. Kapitel

Alltage und Festtage

Der König gesundete. Gründe für seine Genesung gab es viele. Die Mönche des Klosters Corvey schrieben sie der wohltätigen Wirkung einer bei ihnen gehüteten Reliquie des heiligen Vitus zu. Obwohl Adelheid die Verdienste des Heiligen nicht schmälern wollte, meinte sie, auch ihre gute Pflege des Königs habe zur Wiederkehr seiner Kräfte geführt. Der König selbst wußte, wem er dankbar zu sein hatte. Er schenkte dem Kloster eine Goldfibel und seinen Notaren trug er auf, die herzlichsten der Beiwörter zu wählen, wenn sie in den Urkunden die Königin als Vermittlerin einer Zuwendung erwähnten. Adelheid sah, daß bei ihrem Namen ›dilectissimae coniugis nostrae‹ stand, oder las dort ›amabilissimae‹. Sie lächelte, aber es mißfiel ihr nicht, ›Liebste‹ und ›Liebenswerteste‹ genannt zu werden, ob in einem Schriftstück oder im Gespräch.

Jedem solcher Schreiben gingen Unterredungen voraus. Sie war nicht weniger in der Kanzlei beschäftigt als der König, ihr Gemahl. Die Schenkungen wollten überlegt sein. Sie bildeten ein wichtiges Mittel, Kirchen und Klöster, Markgrafen und Grafen, Kleine und Große an den König und seine Sache zu binden, an das Reich. Behilflich bei diesem Vorgang war eine emsige Klerikerschar, die Kaplane, die Notare, die Schreiber, über die der Kanzler wachte, wenn sie die Pergamente mit Feder, Tinte und Schabmesser angingen.

Der Hof reiste ständig und blieb rastlos tätig. Die täglich zu erledigende Arbeit gab den Tagen Beständigkeit und glich die Unruhe des Ortswechsels aus. Der Kämmerer kam früh. Im endlosen Zug der Leute, mit denen Adelheid vom Morgengrauen bis zur Dämmerung verhandelte, war er der wichtigste.

Was brachten die königlichen Güter, die Bergwerke, die Zölle, Münz- und Marktrechte? Wieviel Pfennige warfen Friedensgelder und Bußen ab? Stimmte der Zins, den die Unterworfenen schickten? Die königliche Kasse leerte sich so schnell, wie sie sich füllte. Adelheid besprach mit den zuständigen Hofbeamten die Aufenthalte der nächsten Monate, ließ Briefe schreiben, die das Kommen des Hofs ankündigten, teilte dessen Umfang mit, die vermutliche Dauer des Aufenthalts und gab Hinweise auf die erforderliche Menge an Proviant. Sie wußte, daß auf ihre Anweisungen hin überall im Land Schweine, Schafe, Hühner und Rinder zusammengetrieben, Fische gefangen, Gemüse geerntet, Bier und Wein abgefüllt wurde. War der Hof eingetroffen, leerten sich Ställe, Scheunen und Speisekammern schnell. Er kam ihr oft wie ein gefräßiger Heuschreckenschwarm vor, der über die Abteien, Pfalzen und Königsgüter herfiel, immer anzuschwellen schien und nur selten abnahm.

Das Amt gab keine Ruhe, ein Vorgang zeugte den nächsten. Bischof Udalrich, ihr Verwandter in Augsburg, und sein Amtsbruder, der Bischof Heribert von Chur, baten sie, ein Gutachten über die Zugehörigkeit des Klosters Pfäfers am Kunkelpaß zu lesen. Auf ihre Fürsprache hin, wurde das Kloster unmittelbar dem König unterstellt. Bald darauf traf eine Abordnung des Klosters St. Gallen ein. Es schien, als wollten die Mönche sich nur einen neuen, von ihnen zuvor gewählten Abt bestätigen lassen. Er hieß Burchard und war ein Neffe des Königs. Da seine Mutter vor seiner Geburt gestorben und er aus dem Leib der Toten herausgeschnitten worden war, trug er den Beinamen ›der Ungeborene‹.

»Komm geschwind, kleiner Neffe«, rief der König, »und küsse mich.« Der König begriff zunächst nicht, daß der zarte, schöne junge Mann ihm als neuer Abt des Klosters St. Gallen präsentiert wurde. Dann reagierte er mißtrauisch.

»Ihr habt euch auf diesen Winzling nur geeinigt«, murrte er, »weil ihr glaubt, er werde euch nicht so streng behandeln wie seine Vorgänger.«

Als der König sich umstimmen ließ und Burchard den Abt-
stab in die Hand drückte, stellte sich heraus, daß die St. Galle-
ner noch ein anderes Anliegen hatten. Abt Burchard ersuchte
Adelheid um eine Unterredung. Es ging um das Kloster Pfäfers. Es sei schon 909 in die Abhängigkeit von St. Gallen gekommen. Ob sie nicht beim König erreichen könne, daß die
neue, gegen die Interessen seines Klosters verstoßende Regelung wieder aufgehoben würde? Das Kloster werde sich für die
Vermittlung mit einem kostbaren Kelch des heiligen Gallus zu
bedanken wissen.

»Kelch und Abtei«, meinte Adelheid trocken, »sind beide
ohnehin Eigentum des Königs. Die Abtei hast du gerade übertragen bekommen. Reise dorthin zurück und bringe deine
Klage ein anderes Mal vor.«

Sie wußte, daß König Otto viel daran lag, Äbte und Bischöfe
an sich zu binden. Er wollte ihnen mehr Gewicht bei der Verwaltung und Führung der Angelegenheiten des Reichs einräu-
men als früher. In dieser Hinwendung zu Kirche und Kloster
wirkten die Enttäuschungen nach, die ihm die eigene Familie
bereitet hatte. Deshalb berührte es Adelheid tief, daß er sein
Mißtrauen nicht auf ihre Verwandtschaft ausdehnte. Behutsam
wirkte sie für Ansehen und Einfluß der Welfen.

In der Burg Walbeck nicht weit von Magdeburg traf der König erste Bestimmungen, die ihrem Bruder Rudolf eine Art
Herzogtum im Elsaß zusammenfügten. Und auf dem Reichstag
in Kloppen bei Mainz befürwortete er einen umfangreichen
Ländertausch zwischen ihrem Bruder Konrad, König von
Hochburgund, und dem Bischof von Chur. Während das Bistum rechtsrheinische Ländereien erhielt, dehnte sich Burgund
ins Elsaß aus. Sie und ihre Mutter besaßen dort bereits Ländereien. Ihr Onkel Burchard herrschte im Herzogtum Schwaben.
Kürzlich hatte er Hadwig geheiratet, die Tochter der bayerischen Herzogin Judith. Der König vertraute den Verwandten
seiner Frau eine starke Stellung im Südwesten des Reichs an.
Vor den wichtigen Alpenpässen und zum ewig unruhigen Lothringen hin verteidigten sie seine Macht. Es dauerte Adelheid,

daß ihre Großmutter Reginlindis den Machtzuwachs der Welfen nicht mehr erlebte. Sie verstarb 958 und wurde in Kloster Einsiedeln begraben.

Die Ereignisse der letzten Jahre hatten ihre Spuren hinterlassen. Adelheid blieb wachsam, aber das Gefühl, ständig in Gefahr zu sein, nahm ab. Die Bedrückung wich ruhigem Zutrauen. Auf die Wechselfälle folgte Abwechslung. König Ottos Niederlagen schienen vergessen, die Welt huldigte dem Sieger. Zahlreiche Gesandtschaften fremder Völker trafen ein und überbrachten wundersame Geschenke. Auf den Tischen funkelten Gefäße aus Gold, Silber, Elfenbein und Glas. Es duftete nach Balsam, roch nach Spezereien. Prachtvolle Teppiche wurden ausgebreitet. Sie leuchteten in satten, dunklen Farben und erzählten rätselhafte Geschichten. Die meisten wirkten so sonderbar, wie die für das königliche Gehege bestimmten Tiere, die vor die erstaunte Königin und den verblüfften Hof geführt wurden: Löwen und Kamele, Affen und Strauße.

Die Mitbringsel und die Berichte ließen die Welt immer weiter und vielfältiger werden. Adelheid mußte Ansichten revidieren. Von den Sarazenen hatte sie bislang nur als wildes Raubgesindel gehört, das in Fraxinetum hauste und von dort plündernd sogar bis zur Stätte ihrer Kindheit, nach Saint Maurice vorgedrungen war. Der Hof hielt sich in Frankfurt auf, als ein Gesandter eintraf, der von den Ungläubigen ganz andere Dinge erzählte. An seinen Worten war nicht zu zweifeln. Es handelte sich um einen Mann der Kirche, den Bischof Recemund von Elvira. Er kam im Auftrag des Kalifen von Cordoba. Abd ar-Rahman III. hieß er. Was für ein Name! Und wo lag eigentlich Cordoba? Kaum zu glauben, was Bischof Recemund über diese Stadt im fernen Andalusien mitteilte. Eine halbe Million Einwohner habe die Residenz des Kalifen. Sie lebten in über hunderttausend Wohnungen, beteten in sechshundert Moscheen und erholten sich in dreihundert heißen Bädern. An die hundert Schulen und zwanzig Bibliotheken stünden ihnen zur Verfügung. Den Palast des maurischen Herrschers zierten ein Wald von Säulen, Wandmalereien, Schnitzereien, Teppiche und sprudelnde Springbrunnen. Die königliche Pfalz beim Dom in Frankfurt konnte da nicht mithalten.

Der Bischof bemühte sich, eine verfahrene Situation zu bereinigen, wechselseitige Beleidigungen aus dem Weg zu räumen und Ansätze für fruchtbare Verhandlungen zu schaffen. Diplomaten des Kalifen waren vor Jahr und Tag am Hof König Ottos lange hingehalten worden, worauf der Kalif die später bei ihm eintreffenden Diplomaten des Königs übel aufnahm. Beide Parteien hatten sich verächtlich über die Religion der jeweils anderen geäußert. Und zudem war der Vertreter des Königs mehr glaubensstarker Mönch denn gewiefter Unterhändler. So war aus der Hoffnung, auf diplomatische Weise die sarazenischen Raubzüge zu beenden, nichts geworden. Mit Bischof Recemund, einem umgänglichen und gelehrten Mann, eröffneten sich neue Aussichten.

Man hielt sich wiederum in der Frankfurter Residenz auf, als Reisende aus der entgegengesetzten Himmelsrichtung ankamen. Die russische Fürstin Olga hatte sich vor kurzem taufen lassen und schlug nun die Übersendung eines Missionars vor, der auch ihr Volk zum christlichen Glauben bekehren sollte. Bitten um Hilfe trafen vermehrt auch aus Italien ein. Vom Unglück seiner Gegner oft begünstigt, hatte Berengar auch Liudolfs plötzlichen Tod genutzt. Er riß die Macht über Italien wieder an sich und verfolgte rachsüchtig jeden, der sich je gegen ihn gestellt hatte. Dann suchte er seine Stellung auszubauen. Er und seine Söhne stießen nach Süden vor und drückten auf die Markgrafschaft Spoleto und den Kirchenstaat.

Adelheid sah sich da in besonderer Weise gefordert. Markgraf von Spoleto war ihr Vetter Theobald, der Sohn ihrer Tante Waldrada und des Grafen Bonifatius. Sie brauchte allerdings einige Zeit, um die Lage in der Mitte Italiens zu verstehen. Parteien und Personen bildeten ein kompliziertes Geflecht. Auf der Seite Berengars kämpfte ein Mann, der ebenfalls zu ihrer Verwandtschaft zählte, der Markgraf von Tuszien, Hubert mit Namen, ein Sohn des verblichenen Königs Hugo und seiner Geliebten Wandelmoda. Hubert hatte Theobalds Schwester Willa geheiratet, Adelheids Base. Der Konflikt in Italien spaltete den südlichen Teil ihrer Familie.

Berengars und Adalberts Feldzug war durch den Tod Alberichs II. ausgelöst worden. Der mächtige Patricius von Rom hatte das Zeitliche gesegnet. Es war ihm noch gelungen, seinem Sohn Octavian die Wahl zum Papst zu sichern, aber die Bemühungen des noch sehr jungen Mannes, sowohl der Oberhirte der Kirche als auch der Herr Roms zu sein, überzeugten niemand. Es erstaunte alle, daß er sich als erster Papst einen anderen Namen gab und nun Johannes der Zwölfte hieß. Damit hatte sich sein kirchlicher Eifer offenbar bereits erschöpft. Was von ihm zu hören war, klang nicht so, als habe er mit dem Geburtsnamen auch seine weltlichen Gewohnheiten abgelegt. Die Informanten behaupteten, er hielte Gelage, ginge zur Jagd und treibe sich mit Weibern herum.

Bald ein Jahrzehnt hatten die inneren Angelegenheiten des Reichs alle Aufmerksamkeit erfordert. Nun zog Italien erneut den königlichen Hof in seinen Bann. Adelheids Bindung an ihr ehemaliges Königreich war ohnehin stets eng geblieben. Wann immer sie konnte, unterrichtete sie sich über das Land, in dem sie Kindheit und Jugend verbracht hatte und mit dem sie eine Fülle von Erlebnissen und Erfahrungen verband. Die Erinnerung an ihre vierzehn Jahre südlich der Alpen erschwerten es ihr manchmal, sich im Norden einzuleben.

Besonders gern unterhielt sie sich mit Rather, dem ehemaligen Bischof von Verona. Für diese Stadt besaß er offenbar die gleiche Anhänglichkeit wie sie für Italien insgesamt. Sobald er Verona verlassen mußte, versuchte er zäh, dorthin zurückzukehren. Er besaß eine ausgeprägte Begabung, in Unannehmlichkeiten zu geraten. Mit König Hugo, mit Berengar und Lothar hatte er sich überworfen. Auch als Lehrer an König Ottos Palast-Schule hielt er sich nicht. Seine Zeit als Bischof in Lüttich endete mit seiner Vertreibung. Die Zuflucht, die er bei Erzbischof Wilhelm in Mainz fand, war gleichfalls nicht von Dauer. Mittlerweile über sechzig Jahre alt, erspähte er nun

9 Die Elfenbeinplatte aus dem Kunsthistorischen Museum in Wien mit Papst Gregor dem Großen und Klerikern gibt ein anschauliches Bild von der Schreibkunst des 10. Jahrhunderts.

abermals eine Chance, sein altes Bistum Verona doch noch wiederzugewinnen.

Obschon sie seinen schwierigen Charakter kannte, blieb sie dem ebenso gelehrten wie ruhelosen Herrn gewogen und setzte sich oft für ihn ein. Mindestens so interessant, aber irgendwie nicht ganz geheuer war ihr ein anderer Bekannter aus Italien. Der Diakon Liudprand hatte ihr einst in Pavia von den Wundern der byzantinischen Hauptstadt Konstantinopel erzählt. In Pavia hatte sie freilich auch erlebt, daß er sich auf die Seite Berengars stellte und nicht Lothar, ihren ersten Mann, unterstützte. Plötzlich tauchte er am Hof König Ottos auf und erging sich in giftigen Ausfällen gegen seinen bisherigen Dienstherrn. Was der Liudprand angetan hatte, war dem Redeschwall nicht zu entnehmen. Die wilden Schmähungen ließen aber erkennen, daß Berengar Italien als Despot regierte. Er bedrängte die Kirche, belagerte die Burgen des Adels und plünderte den einfachen Mann.

Es belustigte Adelheid, wie geschickt sich Liudprand in das Leben am Hof König Ottos fügte. Er stellte seine Sprachkenntnisse zur Verfügung und wurde sogar mit einer Mission in Richtung Konstantinopel betraut. Hatte er Muße, widmete er sich der Niederschrift einer Geschichte Europas. In diesem Vorhaben bestärkte ihn der Botschafter des Kalifen, Bischof Recemund von Elvira. Liudprands Erkundigungen und Fragen zeigten allen, daß er den Taten König Ottos in seinem Werk viel Raum geben würde. Über dasselbe Thema schrieben noch andere: Widukind, ein Mönch im Kloster Corvey, und Hrotsvitha, die Nonne, die sich ›die kräftige Stimme von Gandersheim‹ nannte. Sie hatte bereits Dramen verfaßt und stand der königlichen Familie nahe.

Der Hof hielt sich in Sachsen auf, als abermals Flüchtlinge eintrafen, die sich bitter über Berengars Willkür beschwerten. Unter ihnen befanden sich so alte Bekannte Adelheids wie Waldo, der Bischof von Como, oder Walpert, der Erzbischof von Mailand. Halbtot sei er den Nachstellungen Berengars und seines Sohnes entkommen, klagte er. Adelheid hatte allen

Grund, den Berichten zu glauben. Die Gewaltherrschaft betraf keineswegs nur Geistliche. Geflohen war auch Markgraf Otbert, Berengars ehemaliger Pfalzgraf, ein Angehöriger des ortsansässigen langobardischen Adels. Sie alle brachten Briefe voller Anklagen und Bitten um Schutz mit. Am nachdrücklichsten ersuchten zwei Gesandte des Apostolischen Stuhls um Beistand. Der Diakon Johannes und der Kanzleivorstand Azo richteten aus, der Papst wünsche das Eingreifen des Königs.

»Es geht um die Verteidigung Italiens und der römischen Republik gegen die Tyrannei Berengars!« riefen die Gesandten. Das Wort ›Republik‹ klang seltsam in den Ohren der sächsischen Hofleute. Überzeugender wirkte die Abscheu der päpstlichen Boten vor Berengar.

Der König handelte mit Bedacht. Er ließ sich von den Ereignissen nicht drängen, er suchte sie zu nutzen. Seine Vorbereitungen verrieten Adelheid, daß es ihm nicht um eine einfache Heerfahrt ging. Er beriet sich in Bayern, in Sachsen, in Franken mit den Großen des Reichs und holte sich ihre Zustimmung für den Feldzug gegen Berengar. Doch sicherte er sich nicht nur militärische Unterstützung. Er suchte geistlichen Rat. Welche tiefere Bedeutung hatte seine Unternehmung? Gewiß, es ging darum, ein Problem praktisch zu lösen und Ordnung im Königreich Italien zu schaffen, aber er wünschte, in Übereinstimmung mit dem Willen des Himmels zu handeln. Er strebte nach einer irdischen Ordnung, die sich an der göttlichen des Schöpfers ausrichtete. Die weltliche Macht sollte sie ebenso stützen wie die kirchliche. Bildeten denn nicht Königtum und Priesteramt, regnum und sacerdotium, eine Einheit?

Obschon Adelheid für den Glanz solcher Gedanken empfänglich war, mußte sie gleichzeitig doch auch an den achtzehnjährigen Papst denken, auf dessen Mitwirkung alle diese Pläne hinausliefen und von dem man hörte, er habe den lateranischen Palast der Päpste zu einem Freudenhaus und Harem gemacht. Otto stellte seine drängenden Fragen vor allem seinem Bruder Brun, der jetzt Erzbischof in Köln und zugleich Herzog von Lothringen war. Schon seit geraumer Zeit rangen sie gemein-

10 Die Reichskrone, originalgetreue Nachbildung in der Schatzkammer des Aachener Rathauses.

sam um eine Antwort auf die Frage nach dem Sinn des Kaisertums. Brun bestärkte den Bruder in seiner Überzeugung, der König, der in Rom zum Kaiser gekrönt werde, müsse als Stellvertreter des höchsten Lenkers auf Erden handeln.

Dieser hohen Auffassung von seiner Aufgabe sollte die Krone entsprechen, die er zu tragen gedachte. In langen Unterredungen klärten die Brüder ihre Form. Ihre Worte und Gedanken schufen aus Gold, Edelsteinen, Emaille und Perlen einen bilderreichen Kronreif. Er sollte den gegenwärtigen Träger der Krone in unzähligen Anspielungen auf den Weisheitsschatz der Bibel verweisen, ihn an die Tugenden des Herrschers erinnern und ihn ermahnen, ohne zu säumen der Heilslehre und dem Auftrag der Schöpfung zu dienen.

Was das Handwerkliche anging, konnte Adelheid Kenntnisse beisteuern, die sie in den Werkstätten Norditaliens gewonnen hatte. Aufgegriffen wurde auch ihr Hinweis, ihr ehemaliger Schwiegervater, der verstorbene König Hugo, habe eine als Mauritiusreliquiar vorgesehene Krone aus mehreren Platten schmieden lassen. Es berührte Adelheid eigentümlich, daß gerade jetzt bei König Otto in Regensburg neue Reliquien aus dem unerschöpflichen Bestand eintrafen, den die Thebäische Legion der Märtyrer hinterlassen hatte. Ihr Bruder Konrad sandte sie aus Saint Maurice. Sie waren für Magdeburg bestimmt.

Zu den acht Platten der Kaiserkrone der Ottonen kehrten ihre Gedanken zurück, als sie am 26. Mai 961 vor dem achteckigen Bau der Aachener Pfalzkapelle stand. Sie schaute hinunter auf ihren fünfjährigen Sohn Otto. Er sollte zum König gekrönt werden. Die Großen des Reichs huldigten ihm im Säulenhof vor dem Eingangsportal. Drei Erzbischöfe geleiteten ihn in das Innere der Kirche. Auf einen Zuruf hoben sich die Hände des dort versammelten adligen und freien Volks. Unter Beschwörungen des Heils nahmen die Bischöfe Schwert, Mantel, Spangen, Zepter und Stab vom Altar und überreichten sie unter feierlicher Mahnung dem Knaben. Er wurde mit Öl gesalbt und mit einem goldenen Diadem gekrönt. Die geistlichen

11 Der Königsstuhl im Dom zu Aachen. 1936 festlich
geschmückt zur Jahrtausendfeier der Krönung Otto I.

12 *Welche kaiserliche Familie zu Füßen des thronenden Christus kniet, ist umstritten. Genannt werden Otto II., Theophanu und Otto III., es könnten aber Kaiser Otto I. und Adelheid abgebildet sein, die ihren Sohn Otto II. hält. Die Elfenbeintafel, heute Castello Sforzesco in Mailand, entstand dort zwischen 962 und 983.*

Herren geleiteten ihn über eine Wendeltreppe hinauf zum Thron auf der Empore, auf dem schon Kaiser Karl gesessen hatte. Zwischen zwei glänzenden Marmorsäulen und über das kunstvoll geschmiedete Gitter hinweg schaute der kleine König zu dem Mosaik des Gewölbes hinauf. Er sah das Lamm, das Verfolgung und Opfer bedeutete, aber auch den Sieg verkündete.

Adelheid fühlte Rührung, Stolz und Furcht. Sie wußte, was auf die Krönung ihres Mannes im selben Gotteshaus gefolgt war: Aufruhr und jahrelanger Bruderkrieg. Einige, die ihm damals Treue geschworen und Gottes Segen auf ihn herabgefleht hatten, erwiesen sich bald als bittere Feinde. Wie sollte eine Mutter nicht besorgt sein, daß auch diesmal die Ergriffenheit vor der neuen Majestät nur bis zur Kirchentür halten würde. Dem Jungen mit solchen Bedenken zu kommen, hütete sie sich. Sie erriet, daß ihn ganz das Gefühl ausfüllte, den ersten Schritt auf dem ihm bestimmten Weg zu tun.

Als sie nach der Krönung in die Pfalz Ingelheim zurückkehrten, trieb es ihn vor die Bilder im Palast, die von den großen Eroberern und Schöpfern der Weltreiche erzählten. Das Ende des Kyros war zu sehen, und Alexander der Große trat auf, Rom wurde gegründet, Hannibal büßte in den Sümpfen Etruriens ein Auge ein, Byzanz verwandelte sich in Konstantinopel, Karl Martell besiegte die Friesen, Pippin unterwarf Aquitanien und Kaiser Karl überwand die Sachsen. Ob Aufstieg oder Sturz dargestellt waren, ihn fesselte beides. Für die Anmerkungen der Mutter, die Urteil und Werte in seine Eindrücke bringen wollte, hatte er kein Ohr. Es war schwer, ihm begreiflich zu machen, daß er den Vater auf dem Feldzug nach Italien nicht begleiten könne. Er kam in die Obhut des Erzbischofs Wilhelm von Mainz, seines um eine Generation älteren Halbbruders. Die Töchter Emma und Mathilde blieben bei der Großmutter in Quedlinburg. Mitte August 961 gab der König seinen bei Augsburg versammelten Streitkräften das Signal zum Aufbruch nach Italien.

11. Kapitel

Die Königin wird Kaiserin

Zuträger brachten ständig neue Nachrichten über den Gegner. Adalbert hatte sechzigtausend Mann zusammengezogen. Er wollte sich dem über den Brenner heranrückenden ostfränkischen Heer in der Klause von Verona entgegenstellen. Die italienischen Großen bedrängten ihn, er solle seinen Vater zum Rücktritt auffordern. Unter ihm würden sie nicht länger dienen. Berengar neigte zum Einlenken, aber Willa stimmte ihn um. Auf diese Nachricht hin löste sich das Heer Adalberts auf. Berengar floh in die Festung San Leo, nicht weit von der adriatischen Küste. Willa verschanzte sich auf der Insel des Orta Sees. Die Söhne warfen sich in Burgen an Lago Maggiore und Lago di Garda. Noch gaben Berengar und die Seinen das Königreich, über das sie seit zehn Jahren herrschten, nicht verloren.

Als Adelheid den Palast von Pavia betrat, hob sie die Hände vor das Gesicht. Die ihr vertrauten Räume waren geplündert und verwüstet. Die Gegner hatten die Wut über ihre schmählich rasche Niederlage an der alten Residenz ausgetobt. Ihre Aussichten, bald wieder in Pavia einzuziehen, schätzten sie mit Recht gering ein. Oberitalien kehrte sich eindeutig von ihnen ab.

König Otto ließ Handwerker zusammentrommeln und befahl, den Palast wiederherzustellen. Die Arbeiten beaufsichtigte Adelheid als sachkundige Kennerin des Palastes und seiner Einrichtung. Jetzt kam die Stunde des Wiedergutmachens in jeder Weise. Wer von Berengar beraubt worden war, erhielt Entschädigung. Die Bischöfe Walpert von Mailand, Waldo von Como und Pietro von Novara kehrten in ihre Ämter zurück. Adelheids Schützling Rather wurde in Aussicht gestellt, abermals Bischof von Verona zu werden. Der Diakon und Historiker Liudprand erhielt das Bistum Cremona zugesagt. Markgraf Otbert erhob der König wieder zum Pfalzgrafen. Daß auch der Helfer und Beschützer in der Not von 951, Atto, der Burgherr von Canossa, Anerkennung fand, dafür sorgte Adelheid. Er rückte zum Grafen in Reggio und Modena auf. Des Königs milde Hand, häufig sachte von der Königin gelenkt, bedachte auch Klöster und die Kirche. Über diesen Regierungsgeschäften kam Weihnachten.

Im Januar brachen Hof und Heer von Pavia auf und zogen nach Rom. Der König hatte seine Ankunft vor dem Jahresende durch Hatto, den Abt von Fulda, vorbereiten lassen. Am letzten Tag des Monats tauchten aus Nebelschwaden Dächer und Türme der uralten Stadt auf. Das königliche Gefolge zeltete auf dem Monte Mario, der auch Mons Gaudii genannt wurde, Berg der Freude, weil dort die Pilger zum erstenmal Rom mit seinen Heiligtümern zu Gesicht bekamen. Das Heer lagerte auf dem Neronischen Feld am Fuß des Bergs. Unterhändler eilten hin und her zwischen dem Zelt König Ottos und dem Lateranspalast. Der Papst stellte Bedingungen. Ottos Abgesandte sollten Eide schwören, daß ihr Herr auch wirklich die Kirche, ihren Bestand, ihre Würde und vor allem ihren Oberhirten nach Kräften stützen und schützen werde. Er müsse der Kirche übertragen, was an kirchlichem Besitz in seine Gewalt komme, und dürfe nicht in die Rechte der Kirche und der Römer eingreifen.

Der König nickte bedächtig, stimmte allem zu und ermächtigte seine Abgesandten zu schwören. Er wollte in die Stadt und seine Ziele erreichen. Die Zeit drängte. Das naßkalte Wetter machte den Aufenthalt in den Zelten nicht gerade angenehm. Den Einzug in Rom und die Krönung vereinbarte man für den kommenden Sonntag, an dem Mariae Lichtmeß gefeiert wurde. Die aus der Stadt Zurückkehrenden berichteten, es herrsche dort eine gespannte Stimmung. Sie hätten in viele finstere Gesichter gesehen. Willkommen seien sie nicht. Am Morgen des 2. Februar winkte der König seinen Waffenträger Ansfrid zu sich.

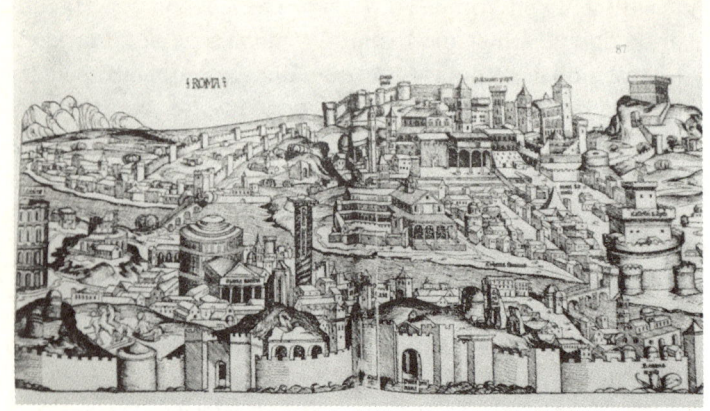

*13 Auf der Tiberbrücke bei der Engelsburg (rechts vorne)
tobte am 3. Januar 964 ein heftiger Kampf zwischen der
kaiserlichen Truppe und aufständischen Römern. Die
Darstellung Roms aus dem Jahr 1493 gehört zu den ältesten.
Hinten in der Bildmitte ist die Peterskirche zu erkennen. Über
die Stufen vor dem Atrium von St. Peter ging Adelheid an der
Seite König Ottos I. zur Kaiserkrönung.*

»Wenn ich heute an der heiligen Schwelle der Apostel beten
werde«, sagte er , »halte du ständig das Schwert über meinem
Kopf bereit. Ich weiß, was von der römischen Treue zu halten
ist. Unseren Vorgängern war sie oft gefährlich. Der kluge
Mann denkt über zukünftiges Unheil beizeiten nach, damit es
ihn nicht unvorbereitet trifft. Nach der Rückkehr auf den Mons
Gaudii bete, soviel du willst.«

Adelheid legte prachtvolle Gewänder an. Sie berücksichtigte
bei der Auswahl ebenso den feierlichen Anlaß wie die winter-
liche Temperatur in der Peterskirche. Besorgt betrachtete sie
den Himmel. Von Pilgern hatte sie oft gehört, das Dach der

14 Am 2. Februar 962 kamen Königin Adelheid und König
Otto I. auf dem Weg zur Kaiserkrönung am Pignabrunnen vorbei, der damals noch im Atrium von St. Peter in Rom stand.

Kirche sei löchrig. Regen auf dem Hochaltar sollte den so lange
ersehnten Augenblick nicht verpatzen. Der König gab dem Gefolge das Zeichen zum Aufbruch. Am Fuß des Berges setzte
sich das Heer in Bewegung, ein kompakter, langer Zug von
schwerbewaffneten Reitern, Fußvolk und rumpelnden Wagen,
auf denen Kriegsgerät lag.

Papst Johannes XII. bereitete dem König einen aufwendigen
Empfang. Eine Delegation aus päpstlichen Würdenträgern,
Hauptleuten der Miliz und hohen Beamten der Stadt geleitete
den Marsch über die geschmückte alte Triumphstraße zur
Porta S. Peregrini. Mit einiger Mühe fädelte sich der Heerwurm
in die engen Gassen ein, die durch den leonischen Stadtteil zur
Peterskirche führten. Die Römer beäugten die Ankömmlinge
aus dem Norden. Das einfache Volk genoß das Schauspiel und
begrüßte König und Königin mit Applaus und freudigem Geschrei. Es entging aber Adelheid nicht, daß viele Zuschauer

undurchdringliche Mienen aufsetzten und beharrlich schwiegen. Ihre reiche Kleidung wies sie als Angehörige der höheren Stände aus. Alle trugen Waffen. Ihre Ablehnung der Ankömmlinge verbargen sie kaum. Hier zeigte sich der Teil der Bürger, der um die Freiheiten der Stadt, um Rechte und Privilegien fürchtete.

Endlich bog die Spitze des Zugs in den Platz vor der Peterskirche ein. Mit Bewegung sahen der König und Adelheid das Ziel so vieler Pilgerreisen. Vor ihnen lag ein uneinheitliches, unverkennbar in vielen Bauabschnitten entstandenes Gebäude, langgestreckt und aus Ziegeln aufgemauert. Sie stiegen von den Pferden. Über eine weite Flucht von Stufen kam der jugendliche Papst dem König und der Königin entgegen und begleitete sie hinauf zu einem zweistöckigen Torbau. An beiden Seiten der Treppe befanden sich Buden und Verkaufsstände. Durch eine der drei Eingänge, deren Bronzetüren geöffnet waren, gelangten die Gäste in den gepflasterten und von Säulen umgebenen Vorhof.

Kenner der Anlage hatten Adelheid versichert, früher habe hier ein Garten gelegen, nach dem man das Atrium auch ›Paradies‹ nenne. Sie kamen an zwei Brunnen vorbei. Der erste glich einem quadratischen Tabernakel mit einer wie Gold glänzenden Kuppel. Acht Säulen aus rotem Porphyr stützten sie. Auf dem Gesims sperrten Delphine den Rachen auf. Vier Pfauen symbolisierten die Ewigkeit. Der Pavillon beherbergte einen riesigen, von Wasser überströmten Pinienzapfen aus Bronze. Adelheid schaute hinauf zu dem Mosaik, das die Fassade von St. Peter schmückte. Das apokalyptische Lamm schwebte über der Verehrung der Wesen und Ältesten.

»Oh Gott«, rief der Bischof von Castell jetzt, »oh Gott, in dessen Hand die Herzen der Könige ruhen...«

Während des ersten der vorgeschriebenen Gebete gingen sie durch die Porta Regia, die mittlere der fünf Eingangstüren von St. Peter. Ein mächtiger Raum öffnete sich vor den Eintretenden. In den von Säulenreihen unterteilten Seitenschiffen drängten sich der Klerus und das Volk von Rom. Was ihnen ein

15 Die Skulptur des sitzenden Herrschers in der
Sechzehneckigen Kapelle im Langhaus des Magdeburger
Doms stellt wahrscheinlich den Stifter, Kaiser Otto I., dar. Im
Magdeburger Dom wurde er 973 begraben.

*16 Adelheid lächelt von der Chorwand des Meißener Doms.
Die überlebensgroßen Statuen der Kaiserin und Kaiser Ottos I.
entstanden um 1270, rund 300 Jahre nach der Errichtung des
Bistums Meißen durch Otto den Großen.*

gewohnter Anblick war, nahm den Leuten aus dem Norden den Atem. In feierlicher Prozession näherten sie sich dem Apostelgrab in der Ferne. Die Bilder an den Wänden erzählten ihnen biblische Ereignisse und das Leben des Heilands.

»Oh Gott«, rief der Bischof von Porto, der auf der Rota, der Porphyrplatte im Fußboden des Mittelschiffs stand, »du unaussprechlicher Urheber des Weltalls, Schöpfer des Menschengeschlechts, Lenker der Herrschermacht, Befestiger der Königsherrschaft...«

Vor der Apsis ragten zwölf spiralförmige, von Weinranken umwundenen Säulen auf. Weißer Marmor schimmerte. Als der Höhepunkt der feierlichen Handlung kam, schritt das Königspaar zwischen reichverzierten Schranken die Stufen zum Altar hinauf, den ein von vier Säulen getragener Baldachin behütete. Der König warf sich zu Boden. Der Papst salbte ihn am rechten Arm und zwischen den Schultern. Hierher also hatte der Weg geführt, die lange von Streit, harten Entschlüssen, Abenteuern und mörderischen Schlachten gesäumte Strecke. An ihrem Rand lagen viele Tote. Die Aussichten der Lebenden erschien ungewiß. Der König wurde gekrönt, dann Adelheid. Sie fühlte das Gewicht des Kronreifs auf ihrem Kopf.

Es kam zu keinem der befürchteten Zwischenfällen. Die Anspannung löste sich. Als der Kaiser und die Kaiserin die auch von ihr sorgfältig ausgesuchten Kostbarkeiten, die zahlreichen Geschenke aus Edelsteinen, Silber und Gold überreichten, bemächtigte sich aller, die an diesem Teil der Zeremonie teilnahmen, eine fast heitere Stimmung. Papst Johannes zeigte später seine Gegengeschenke, vor allem Reliquien. In den nächsten Tagen wurde um den Text eines Vertrages gerungen, in dem der Kaiser dem jungen Papst einen umfangreichen Kirchenstaat bestätigte und Einzelheiten der Papstwahl formulieren ließ. Wo er Zugeständnisse machte, wenn auch vorsichtige, handelte er sich Zustimmungen zu seinen Plänen für Magdeburg und die Mission im Osten ein, wenn auch eingeschränkte. Johannes XII. war offenbar doch mehr als nur ein verwöhnter junger Mann der Oberschicht Roms.

In Rom fand sich Adelheid nur schwer zurecht, obwohl kenntnisreiche Geistliche sie auf ihren Ausflügen begleiteten. Die Stadt verwirrte sie. Der Reichtum an Kirchen und heiligen Stätten täuschte nicht darüber hinweg, daß hier vor Christus anderen Göttern gehuldigt worden war. Aus dem Mauerwerk sogar der Peterskirche, von den Häusern in der Stadt zu schweigen, lugte und spukte überall das Heidentum hervor. Hier lag ein Bischof in einem Marmorsarkophag, dessen Flanken Girlanden schmückten, unter denen ein Gelage stattfand. Dort spie ein grinsender Satyr einen funkelnden Wasserstrahl in ein Becken, das von Meerungeheuern getragen wurde. Über manche Türschwellen vor den Häusern der Handwerker konnten die Priester des Altertums in ihre Tempel gegangen sein.

Aus dem Boden der Stadt stieg noch immer eine Kraft auf, die älter war, als die Botschaft und das Leiden des Heilands. Sie ließ den Boden schwanken, brodelte in den Gemütern der Menschen und hockte lauernd in den gewaltigen Ruinen aus vergangener Zeit, in die hinein die mächtigen Sippen Roms ihre wehrhaften Paläste gebaut hatten. Adelheid verrichtete ihre Gebete in den vorgeschriebenen Kirchen und bei den Gräbern der Märtyrer in der Sorge um ihr Seelenheil. Doch Rundgang und fromme Übungen halfen auch gegen die heidnischen Dämonen und suchten sie zu bannen.

Zur Erleichterung aller verließen der Kaiser und sein Heer am Valentinstag Rom und wandten sich nordwärts. Der Zustrom der Bittsteller unterwegs bewies deutlicher als Beifall und Huldigung in der Peterskirche, daß er im Land als der neue Herrscher galt. In Rignano stellten sich Abgesandte des Klosters San Salvatore am Monte Amiata vor und baten um Beistand gegen den sie bedrängenden Adel. Die Klagen erinnerten Adelheid an ihren Umritt vor dreizehn Jahren mit König Lothar. Wie damals legte der Hof auch diesmal eine längere Rast in Lucca ein. Markgraf Hubert war entwichen. Er blieb ein Anhänger Berengars, obwohl Adelheid ihn hatte wissen lassen, sie werde zwischen ihm und ihrem Gemahl vermitteln.

Immerhin begegnete sie ihrer Kusine Willa und deren Kindern, der Tochter Waldrada und dem eben erst geborenen Sohn Hugo. Und sie erfuhr, daß sich für das Mädchen ein bedeutender Herr interessiere, Pietro Candiano, der vierte dieses Namens, der Doge von Venedig war. Eine inzwischen beendete Rebellion hatte ihn für einige Zeit aus der Lagunenstadt vertrieben. Damals fand er Zuflucht bei Markgraf Hubert und begleitete ihn auf dem Feldzug gegen Adelheids Vetter Theobald. Es lag der Kaiserin sehr daran, den bitteren Konflikt in der Familie als überwundene Schwierigkeit zu behandeln. Die Markgrafen von Tuszien und Spoleto untereinander und Hubert mit dem Kaiser auszusöhnen, wollte sie schon erreichen.

Sorgen bereitete ihr der Plan, ihre Nichte Waldrada an Pietro Candiano zu verheiraten. Die Verbindung mit dem mächtigen Dogen bedeutete für ihre Familie einen Zugewinn an Macht und für sie selbst eine Sicherung ihres oberitalienischen Besitzes. Leider war Pietro Candiano bereits verheiratet. Es hieß, seine Ehe sei unglücklich, und er werde seine Frau Johanna veranlassen, sich in ein Kloster zurückzuziehen. Die Zustimmung der Kirche zu einer neuen Vermählung des Dogen konnte man erwarten, wie die Verhältnisse lagen, aber ein starkes Unbehagen blieb Adelheid.

In Pavia widmete sich der Kaiser erneut der Ordnung der italienischen Verhältnisse. In vielen Fragen beriet er sich eingehend mit seiner landeskundigen Frau. Ihre Teilhabe an der Herrschaft hielten die Urkunden fest, die sie abzeichnete. Dort wurde sie nun ›consors regni‹ genannt. Den Titel einer ›Genossin des Reichs‹ hatten schon König Lothar ihr zuerkannt und sie damit in eine lange Reihe der Königinnen Italiens gestellt. Der Kaiser plante, wie im nördlichen Reich auch in Italien seine Macht vornehmlich auf Bischöfe und Äbte zu stützen. Behutsam regte Adelheid an, den Adel nicht zu vernachlässigen. Ihr lag an einem Gleichgewicht zwischen den Kräften des Landes. Deshalb setzte sie sich dafür ein, großen Herren manchmal auch die Grenzen zu zeigen. Dem Markgrafen Arduin von Turin hatte sie nicht verziehen, ihr und König Lothar die Abtei Breme abgepreßt und sie beide dann doch verraten zu haben. Die damals ausgefertigte Urkunde ließ der Kaiser öffentlich durch den Schergen verbrennen.

Nach dem in Pavia verbrachten Osterfest begann der Krieg gegen Berengar und seine Sippe. Der Kaiser zog zunächst gegen Willa und ihre Fluchtburg auf der Insel S. Giulio im Orta See. Adelheid begleitete das Heer und erlebte ein weiteres Mal, wie nahezu unmöglich es war, eine gut befestigte Burg einzunehmen. Obschon der Kaiser täglich Rammböcke, Steinschleudern und Bogenschützen einsetzte, gelang es in zwei Monaten nicht, die Inselfeste zu erobern. Alle Angriffe wurden von den Verteidigern abgewiesen. Das Eiland schien erneut so unzugänglich wie zur Zeit des heiligen Giulio, von dem es den Namen hatte. Adelheid hörte, als der fromme Mann auf der Insel im Orta See eine Kapelle habe bauen wollen, hätten dort nur Schlangen und Drachen gehaust. Da niemand wagte, ihn hinüberzurudern, sei er auf seinem Mantel über den See geschwebt.

Der Befehlshaber auf S. Giulio, Robert von Volpiano, der Herkunft nach ein Schwabe, verstand das Kriegshandwerk. Zudem blieb er gegenüber allen Versuchen des Kaisers, ihn auf seine Seite zu ziehen, unzugänglich. Er hielt zu Berengar, seinem Lehnsherrn, und dessen Frau, der unbeugsamen Willa. In seiner Hartnäckigkeit bestärkte ihn auch seine eigene Frau Perinzia, eine Langobardin, die mit Berengar und dem Markgrafen Arduin verwandt war. Drei Söhne hatten sie schon, einen vierten brachte sie während der Kämpfe zur Welt. Die Belagerung hielt auf. Mit Adelheids lebhafter Zustimmung betätigten sich die auf S. Giulio ansässigen Kanoniker als Vermittler. Berengar hatte ihr Kloster dem Bischof von Novara überstellt. Von dieser Bevormundung hofften sie sich mit der Hilfe des Kaisers zu befreien. Es lag doch in seinem Interesse, einen nur ihm unterstellten und, wie man ja sah, höchst widerstandsfähigen Ort nahe den Alpenübergängen zu gewinnen. Sie schlugen einen Kompromiß vor, der die Gegner überzeugte. Die Festung wurde übergeben, aber Willa durfte ungehindert abziehen.

Respektvoll wichen die Kriegsleute zurück, als eine Barke sie mit einigen wenigen Getreuen ans Ufer brachte. Adelheid sah, wie mühsam sich Willa beherrschte. Ihr Blick verriet ungebrochene Härte und Haß. Sie schwang sich auf das Pferd, das man ihr zuführte. Der Kaiser fragte, wohin sie reiten werde.

»Zu König Berengar, meinem Mann, nach San Leo.«

»Dann sehen wir uns dort wieder.«

Kaiser und Kaiserin ließen sich zur Insel übersetzen. Otto lobte Robert, den Verteidiger des Wehrklosters, wegen seiner Kriegskunst und Treue. Er stellte ihm Landbesitz in der Markgrafschaft Ivrea in Aussicht. Adelheid fragte nach Perinzia und ihrem eben geborenen Sohn. Sie und der Kaiser standen wenig später als seine Paten am Taufbecken der Klosterkirche. Der Säugling erhielt auf Wunsch des Kaisers den Namen Wilhelm. ›Guglielmo‹ übersetzten die Einheimischen.

Der hartnäckige Widerstand zeigte Otto, daß seine Streitmacht nicht ausreichte, um die Berengar noch verbliebenen Stützpunkte zu brechen. Während Boten in den Norden abgingen, um weitere Kräfte anzufordern, kehrte das kaiserliche Paar nach Pavia zurück. Die Wiederherstellung des Palastes und der Ausbau der Herrschaft im Königreich Italien füllten die Wochen und Monate bis zum Eintreffen neuer Truppen. Darüber verstrich der Winter. An einem milden Frühjahrstag nahmen Otto und Adelheid in einer der geräumigen Barken Platz, die am Kai von Pavia vertäut lagen. Ticino und Po trugen sie nach Osten. In Ravenna setzten sie sich an die Spitze des Heers, das sie vor die Burg San Leo führten. Unaufhörlich stieg der Pfad in die Höhe. Als sie nach langem Marsch einen kleinen Ort erreichten, befanden sie sich erst am Fuß des eigentlichen Burgbergs. Vor ihnen ragte steil ein unüberwindlicher Felsklotz in die Wolken.

»Hier braucht man Flügel«, murmelte jemand.

»Abwärts tut mir keiner einen Schritt«, mahnte der Kaiser.

»Immer bergauf und unentwegt mir nach.«

Berengars Zuflucht im Sturm zu nehmen, gelang nicht. Der Kaiser ließ sich nicht entmutigen. Er wußte, daß er über wirk-

S. Leo - Panorama

17 Auf der Burg San Leo, nicht weit von San Marino an der Adria, suchte König Berengar II. Zuflucht vor Kaiser Otto I. Die Belagerung begann im Mai 963. Im Feldlager lebte auch Adelheid. Schon damals bestand die Pfarrkirche am Fuß des Burgbergs. Berengar kapitulierte nach siebenmonatiger Belagerung und starb 966 als Gefangener in Bamberg.

same Belagerungsmaschinen verfügte: Geduld und Hunger. Er befahl, einen Wall aufzuwerfen, der die Burg landeinwärts abriegelte. Die Steilwand nach Nordosten überwachten seine besten Bogenschützen. Niemand konnte ohne sein Wissen in die Burg hinein oder aus ihr heraus. Dennoch spähten der Kaiser und Adelheid in den kommenden Wochen mit zunehmender Besorgnis durch das schmale und hohe Fenster in der Apsis der Dorfkirche. Hoch oben auf dem Felsrand saß wie ein Vogelnest die uneinnehmbare Burg Berengars. Im Lager wuchs die Ungeduld. Die Untätigkeit, die zunehmende Schwierigkeit, für den großen Haufen in der rauhen Berggegend Proviant zu besorgen, das Warten auf ein Zeichen des Nachgebens der Belagerten zerrte an den Nerven. Kaiser Otto begriff so gut wie sein

Gefolge, daß er die Burg einnehmen mußte. Sein Ansehen in Italien stand auf dem Spiel.

Den Sommer über kamen und gingen Gäste. Das Reich wurde von San Leo aus geleitet. Die Kanzlei arbeitete wie gewohnt. Doch auch der Gegner blieb nicht untätig. Berengars Sohn Adalbert hatte sich nach Korsika flüchten können. Nun hieß es, er paktiere mit Papst Johannes. Auch ihn zu den Widersachern zu rechnen, bestand Anlaß. Kaiser Otto hielt Briefe in den Händen, die päpstliche Gesandte nach Konstantinopel und zu den Ungarn hatten bringen sollen. Die Schreiben baten um Beistand gegen den Kaiser. Botschafter wechselten zwischen San Leo und Rom. Papst Johannes wehrte alle Beschuldigungen ab und wartete seinerseits mit Vorwürfen auf, die wiederum der Kaiser durch zwei Abgesandte zurückweisen ließ. Einer von ihnen war der neuernannte Bischof von Cremona, Liudprand. Man könne, boten die kaiserlichen Diplomaten dem Papst an, den Streitfall durch einen Zweikampf geübter Kämpfer klären lassen. Der Papst zog die Augenbrauen hoch und ignorierte den Vorschlag, den Zwist nach Germanenart zu beenden. In den ersten Herbsttagen erfuhr man im Lager vor San Leo, Adalbert sei in Centocelle gelandet und habe sich nach Rom zu Papst Johannes begeben. Der Kaiser ließ eine Belagerungstruppe zurück und zog mit der Streitmacht nach Rom.

Wie oft hatte Adelheid das nun schon erlebt: den Aufmarsch des Heerhaufens, die Errichtung des Lagers, das Abladen des Kriegsgeräts vor den hohen Mauern einer Stadt. Im Herbstwind, der von den Bergen hereinfiel, knatterten die Drachenbanner über den Köpfen der Bewaffneten. Nach einiger Zeit öffneten sich überraschend die Tore der Stadt. Papst Johannes, berichteten die Unterhändler der Römer, habe Kirchenschätze zusammengerafft und sei zusammen mit Adalbert in die Campagna geflohen. Das kaiserliche Heer rückte in die Stadt ein. Der Gegner schien geschlagen, doch bald kamen Nachrichten, daß er seine Sache nicht verloren gab und in Verbindung mit mächtigen Freunden in Rom blieb. Adelheid war überzeugt, daß der Papst, der Sohn des großen Alberich, jetzt den zuvor abgelehnten Zweikampf auf seine Weise aufnahm.

Die Römer schworen dem Kaiser in einer großen Versammlung Treue und daß sie keinen Papst mehr ohne seine und seines Sohnes Zustimmung wählen würden. Eine Synode, an der unzählige Bischöfe, aber auch die Häupter der großen Familien der Stadt und die Kapitäne der Miliz teilnahmen, setzte Johannes XII. ab und wählte zu seinem Nachfolger Leo, bisher Vorsteher der öffentlichen Schreiber. Alles schien zum besten gewendet. Kurz vor Ende des Jahres erfuhr der in Rom residierende Hof, Berengar habe San Leo übergeben. Kaiser Otto gab Befehl, ihn und seine Frau Willa nach Bamberg zu führen und dort in Gewahrsam zu halten. Die Söhne setzten den Kampf fort. Gilberga, die älteste Schwester, war mit dem Grafen Aledram verheiratet, den Adelheid in guter Erinnerung hatte. Sie holte Gisla und Rozala, die jüngeren Töchter Willas, an den kaiserlichen Hof, tröstete sie über das Geschick der Eltern und sorgte für ihre angemessene Erziehung.

Der Kaiser meinte, keinen Widerstand mehr in Italien befürchten zu müssen. Er entließ einen großen Teil seines Heers in die Heimat. Dadurch erleichterte er die Versorgung Roms mit Nahrung und glaubte, die Dankbarkeit der Einwohner zu gewinnen. Das Weihnachtsfest feierte das kaiserliche Paar mit großem Glanz in der Peterskirche. Ihre Kronen funkelten, als sie durch das Mittelschiff schritten. Nach dem Gottesdienst empfingen die Kirchen Roms reiche Geschenke. Die Geistlichen bedankten sich würdevoll. Der eine oder andere neigte sich vor und flüsterte der Kaiserin, deren Sprachkenntnisse bekannt waren, eine Warnung zu. Es gebe Umtriebe in der Stadt. Der abgesetzte Papst biete den Leuten Geld, um sie gegen den Kaiser aufzuhetzen.

»Mörder werden gedungen.«

Der kaiserliche Hof bewohnte den Gästepalast neben der Peterskirche, ehemals eine Festhalle, die für Kaiser Karl erbaut worden war. Am dritten Tag des neuen Jahres schmetterte plötzlich ein Trompetensignal. Glocken dröhnten. Sie läuteten

Sturm. Der Kaiser, Adelheid, das Gefolge eilten zu den Fenstern des Palastes. In dichten Scharen stürmten Römer aus der Stadt und über die Tiberbrücke auf den vatikanischen Bereich zu. Kriegsgeschrei und gellende Befehle drangen herauf. Der Kaiser begab sich zu seinen eilenden Wachposten. Es zeigte sich, daß er die Warnungen nicht ignoriert hatte und vorbereitet war. Die Kaiserlichen schlossen eng auf, rissen Schilde und Schwerter hoch, ein wildes Hauen und Stechen setzte ein. Reihenweise fielen die Aufständischen unter den Hieben der erfahrenen Kriegsleute aus dem Norden.

Die Römer wichen zurück. Eine zuvor errichtete Barrikade machte die Brücke vor der Engelsburg für sie zur Falle. Die Truppe des Kaisers wütete unter den Fliehenden. Sie versuchten vergeblich, sich in Körben, Trögen und Abwässerkanälen zu verbergen. Schließlich befahl Kaiser Otto, das Gemetzel zu beenden. Wer von den Rebellen noch laufen konnte, verschwand in den Gassen am anderen Ufer des Tibers. Die zurückbleibenden Verwundeten und Sterbenden ächzten. Als sie still wurden, war nur noch das Rauschen des Stroms zu hören.

War Papst Johannes XII. endlich geschlagen, der Widerstand Roms wirklich gebrochen? Eine Abordnung aus der Stadt erschien. Abermals hoben sich die Hände über dem Grab des Apostels Petrus, um dem Kaiser Treue zu schwören. Wie schon bei früheren Anlässen versuchte Adelheid, in den Mienen der Römer zu lesen. Was trieb einen Petrus Imperiola, den Kapitän der Miliz, an, was ging hinter der Stirn des Crescentius vom Marmornen Pferd vor?

Stolz und Widersetzlichkeit der Bürger hatte sie auch in Pavia, in Mainz, vor Regensburg kennengelernt. So viel begriff sie, daß Städter ein anderer Menschenschlag waren als Adlige, Kleriker und Bauern. Immer suchten sie sich den Regeln zu entziehen, die für alle anderen galten. Stets heckten sie Pläne aus, die nicht zusammenstimmten mit den aus der Überlieferung herrührenden Gesetzen. Nur kam hier in Rom noch etwas Besonderes hinzu: die uralte Erfahrung im Umgang mit der Macht, das Wissen um die Hinfälligkeit von Pracht und Stärke.

Wer so dachte, dem mußte jede Herrschaft als Anmaßung und Herausforderung erscheinen. Diese Römer waren erbittert. Sie würden die Toten des Vortages nicht vergessen. Der Zweikampf ging weiter.

Adelheid zog mit Kaiser und Heer aus der scheinbar ruhigen Stadt hinaus. Das Ziel war zunächst Spoleto. Berengars harter Sohn Adalbert versuchte sich dort festzusetzen. Adelheids Vetter Theobald war gestorben. Seine Nachfolge mußte geregelt werden. Der Kaiser schob die Entscheidung auf. Der Feldzug wurde zur Reise. Sie führte hinüber zur Adria bis Paterno in der Grafschaft Penne. Auf der Rückkehr hörten sie in Camerino von einem neuen Aufstand in Rom. Der eben in Gegenwart des Kaisers gewählte Papst Leo mußte aus der Stadt fliehen. Der abgesetzte Papst Johannes kehrte zurück. Er rächte sich grausam an allen, die er für Parteigänger des Kaisers hielt. Seinen liederlichen Lebenswandel nahm er sofort wieder auf. Die Überraschung war nicht groß, als die Nachricht eintraf, ein Schlag an der Schläfe habe ihn tödlich getroffen, während er bei einer verheirateten Frau lag. Der Berichterstatter des Vorfalls vermutete, Johannes XII. sei vom Teufel geholt worden.

Kaiser Otto forderte die Rückkehr des vertriebenen Leo auf den Apostolischen Stuhl, aber die Römer wählten nach einigem Zögern einen anderen, Benedikt mit Namen. Er trat mannhaft auf. Als der Kaiser samt Heer vor den Mauern Roms in Stellung ging, um seinen Papst durchzusetzen, feuerte Papst Benedikt die Römer zum Widerstand an. Die Belagerung begann. Der Mut der Römer sank rasch. Heftige Stürme suchten die Stadt heim. Der Hunger peinigte sie. Sie gaben nach. Am 23. Juni öffneten sie die Tore.

Wieder tagte eine Versammlung kirchlicher Würdenträger. Sie hatten sich diesmal den Lateranspalast als Tagungsort ausgesucht. Adelheid lernte ein Labyrinth von Gebäuden rund um die Basilika S. Giovanni kennen. Sie betrachtete den prachtvollen Wohnpalast der Päpste, in dem auch das Archiv und die Schatzkammer untergebracht waren. Sie schritt durch Kirchen, Kapellen und Oratorien und sah sich in dem größten der Speisesäle um, der im Torbau lag. Gemälde an den Wänden führten die Länder des Erdkreises vor Augen. Sie wußte, daß währenddessen Papst Benedikt auf dem Boden der Basilika saß und Papst Leo ihm die Zeichen seiner geistlichen Würde abnahm. Später hörte sie, der Kaiser habe angesichts dieser Demütigung Tränen in den Augen gehabt. Benedikt wurde auf seine Anordnung hin in den Norden gebracht.

Über der Stadt brütete die Hitze des Julis. Der Tiber stank. Eine Seuche breitete sich aus. Sie griff auf das kaiserliche Heer über. Die Leute flüsterten einander zu, der Himmel räche die Absetzung eines Papstes. Das Sterben nahm immer größeres Ausmaß an. Die Streitmacht schrumpfte täglich. Die Pestilenz raffte neben den einfachen Kriegern und Bürgern auch die Hochgestellten hin. Ein Erzbischof starb, ein Abt, ein Herzog und unzählige Adlige. Es sah nach Flucht aus, als der Rest des Heeres dem Befehl des Kaisers folgte und die Stadt verließ. Über die Strata Romea im Inneren des Landes zog der Haufen nach Norden.

Am Monte Amiata erwarteten sie, wie schon zuvor, die Mönche von San Salvatore und klagten wieder ihr Leid. Die mächtigen Grafen Aldobrandeschi beraubten das Kloster. Adelheid hörte den Verhandlungen aufmerksam zu. Irgendwann, wußte sie, würde sie selbst Bestimmungen über ein Kloster treffen müssen. Der Kaiser ließ Urkunden ausfertigen, die San Salvatore zu einem Zentrum der Verwaltung in Tuszien aufbauten. Der Ausflug in die bergige Waldeinsamkeit bewahrte den Hof vor den Gefahren der Seuche. Er erreichte wohlbehalten Lucca.

Noch immer hielt sich der Markgraf von seiner Residenz fern. Es gelang Adelheid, dem Sohn ihrer Kusine die Markgrafschaft Tuszien zu erhalten. Aus Venedig war zu hören, daß einer Heirat zwischen dem Dogen Pietro Candiano und Adelheids Nichte Waldrada nichts mehr im Wege stünde. Johanna, die erste Frau des Dogen, hatte sich in das Kloster S. Zaccaria zurückgezogen. Die im August vergangenen Jahres angeknüpften Verhandlungen mit Venedig konnten abgeschlossen werden. Adelheid befürwortete, daß der Seerepublik die italienischen Besitzungen bestätigt wurden. Schon ihr Vater Rudolf hatte als König von Italien die Verbindung mit Venedig gesucht. Noch immer betrachtete sie sich als mitverantwortlich für die italienischen Angelegenheiten. Doch während sie mit behenden Fingern ein weitreichendes Netz spann, fragte sie sich, ob es wirklich der Sicherheit ihrer Schutzbefohlenen diene. Der Kaiser erholte sich auf der Jagd in Ligurien. Sie saß im Palast von Pavia. Es drängte sie, ihre Kinder wiederzusehen.

12. Kapitel

Hochzeit für Hochzeiten

Kinder? Der Ausdruck paßte nicht einmal mehr für den Jüngsten. Der jetzt zehnjährige König gab sich stolz und drängte nach Unabhängigkeit. Seine Erzieher in den verflossenen zwei Jahren, die Erzbischöfe Wilhelm und Brun, hatten den Eigensinn des Knaben zu spüren bekommen. Als sich die Familie im Sommer 965 in Köln traf, erfuhr Adelheid davon durch Dritte. Die strenge Zucht, in die der Erzbischof den Neffen nahm, erbitterte den Jungen. Eines Nachts, als Brun zu den nächtlichen Horen gegangen war, ließ Otto den Leichnam eines eben verstorbenen Knaben holen und in sein Bett legen. Er bedeckte ihn mit seinen eigenen Kleidern und verbarg sich. Brun kehrte zurück, um nach dem schlafenden Neffen zu sehen, ließ sich täuschen und meinte für einen Augenblick, der kleine König sei tot. Der Schreck fuhr ihm in die Glieder und lähmte ihn fast. Der Junge wurde gefragt, warum er dem Oheim Erzbischof so übel mitgespielt habe. Er antwortete ernst:

»Um mich für die Schmach der Schläge zu rächen, die er mir gegeben hat.«

Brun ebenso wie Wilhelm waren nicht nur streng mit dem Knaben. Sie hatten seine von einem guten Lehrer geweckte Wißbegierde bemerkt und ihn zu ersten Schritten im Bereich der sieben Freien Künste, der sprechenden und der rechnenden, angeregt. Die Übungen in Grammatik, Logik und Rhetorik, in Arithmetik, Geometrie, Musik und Astronomie mußte nun ein anderer leiten. Adelheid hatte ihre Wahl bereits getroffen. Auf der Reise über die Alpen nach Norden war ihr im Kloster St. Gallen das solide Wissen eines Mönchs namens Ekkehard während eines Streitgesprächs aufgefallen.

Der Disput hatte sie erheitert. Sie erzählte ihrer in Köln versammelten Familie davon. Der Gelehrte Gunzo war nach langem Zögern zusammen mit dem kaiserlichen Hof über die Alpen gekommen. Im Refektorium von St. Gallen unterhielt er sich bei der Tafel lateinisch mit den Gastgebern. Einmal verwechselte er Ablativ und Akkusativ. Das höhnische Gelächter der Mönche verletzte ihn tief. Er verteidigte seinen Fehler wortreich. Zur Zeit schrieb er ein Buch über den Vorfall.

Diese Gelehrten! Die kaiserlich-königliche Familie lächelte. So zahlreich war die Runde seit langem nicht mehr gewesen. In ihrem Mittelpunkt stand Königin Mathilde, die Mutter des Kaisers. Adelheid lernte die Tochter Mathildes kennen, Gerberga, Königin des westfränkischen Reichs und seit über zehn Jahren Witwe. Sie stellte den Verwandten ihre beiden Söhne vor, Lothar und Karl. Lothar war seinem Vater Ludwig auf dem Thron Frankreichs gefolgt. Gegen Widersacher im Land hatte er sich mit der Hilfe seines Oheims, des Erzbischofs Brun, durchsetzen können. Die Familienbande, die sich bewährt hatten, gedachte seine Mutter Gerberga zu verstärken.

Wohlwollend und neugierig beobachtete die in Köln versammelte Sippe, wie der jetzt vierundzwanzigjährige Lothar der um acht Jahre jüngeren Tochter Adelheids begegnete. Binnen kurzem stand fest, Emma würde Königin von Frankreich werden. Als die Verlobung bekannt gegeben wurde, begegneten sich die Blicke Adelheids und Mathildes. An ihrem Einspruch war ein früherer Plan gescheitert, Emma mit dem Sohn des verstorbenen Bayerischen Herzogs Heinrich zu vermählen. Zu Adelheids Überraschung hatte Königin Mathilde von einer solchen Verbindung dringend abgeraten. Sie würde Unglück bringen. Für Emma solle man eine bessere Wahl treffen. Adelheid empfand Zuneigung für den jungen König von Frankreich. Ob er ihrer Tochter Emma Glück bringen würde, wer konnte das wissen.

Einmal in Zug gekommen, verabredeten die Fürstinnen in Köln noch weitere Hochzeiten. Nicht nur Adelheid hatte eine Tochter in heiratsfähigem Alter. Während die Herren zur Ver-

18 1892 wurde bei der Anlage einer neuen Heizung in
St. Pantaleon das Grab des Heiligen Bruno geöffnet. Eine
Untersuchung ergab, daß der ehemalige Erzbischof von Köln
(953–965), der jüngste Bruder Kaiser Ottos I., von
›ausnehmend mächtiger, 1,90 m hoher Gestalt‹ war. Auch
andere Quellen bestätigen den Söhnen König Heinrichs I.
athletischen Wuchs.

sammlung der weltlichen und geistlichen Großen des Reichs eilten, stifteten die Frauen Ehen. Gerbergas nach der Großmutter benannte Tochter Mathilde wurde Adelheids Bruder Konrad versprochen. Der König von Burgund hatte vor kurzem seine Frau Adela verloren. Aus dieser ersten Ehe war eine Tochter hervorgegangen, die Gisela hieß, ein Name, der welfische Familiengeschichte aufbewahrte. Gisela nun stellte die geschäftige Damenrunde dem jungen Herzog Heinrich von Bayern an die Seite. Und dann besprach die Kaiserin mit den Königinnen noch ein drittes Projekt: die Vermählung einer der Töchter des gestürzten und jetzt in Bamberg lebenden Königs Berengar. Rozala, auch Susanna genannt, sollte die Frau des jungen Markgrafen Arnulf von Flandern werden.

Bestätigt und bestärkt in ihren Absprachen durch die Männer, lehnten sich die ersten Damen Europas zurück und empfanden Zufriedenheit. Die geplanten Verbindungen sicherten den Bestand ihrer Familien und boten Möglichkeiten, den Frieden zwischen den Königreichen zu erhalten. Verwandtschaft schützt vor Feindschaft nicht, das wußten sie nur zu genau, aber die Erfahrung lehrte doch auch, daß Familienbande den Zusammenhalt stärkten. Es gefiel Adelheid, wie sehr der Reigen der Eheschließungen ihren Anhang begünstigte.

In den Tagen von Köln wuchs der Einfluß der Herrschersippe. Nach der Abreise folgten Todesfälle, die schmerzhafte Lücken rissen. Markgraf Gero ging dahin, der gerade erfolgreich gegen die Lausitzer gekämpft hatte. Der Kaiser trauerte über den Verlust des alten Kampfgefährten und ordnete den bis dahin von Gero geführten östlichen Bereich neu. Im Oktober kam die Kunde, sein Bruder Brun, der Erzbischof von Köln, sei seinen Leiden erlegen. In ihm verlor der Kaiser nicht nur einen verläßlichen Streiter für die Belange des Reichs im Westen, er mußte nun auch seinen Rat in den bewegenden Fragen entbehren, die das Kaisertum an ihn stellte. Und gerade in dieser Hinsicht nahte neues Unheil. Die vor drei Jahren in Rom erworbene Würde und Aufgabe war unabdingbar mit der Stellung in Italien verbunden. Im Sommer schien sie gefährdet. Berengars Sohn Adalbert hatte abermals den Kampf um sein Erbe aufgenommen. Unter denen, die ihn unterstützten, war auch Graf Bernhard von Pavia, verheiratet mit einer der illegitimen Töchter König Hugos. Seine Grafschaft erhielt Markgraf Arduin.

Der Kaiser betraute Adelheids Verwandten, den Herzog Burchard von Schwaben, mit der Aufgabe, Adalberts Umtrieben ein Ende zu machen. Er schlug den Gegner in einer Schlacht, bei der Adalberts Bruder Wido fiel. Besiegt war Adalbert noch nicht. Ein Abgesandter, Bischof Wido von Modena, reiste nach Sachsen. Er gab vor, vermitteln zu wollen. Der Hof verdächtigte ihn verräterischer Umtriebe. Er wurde verhaftet. Adalbert wandte sich um Hilfe an Byzanz.

Die Rebellion in Italien griff weiter um sich. Den inzwischen mit dem Einverständnis des Kaisers gewählten Papst setzten aufständische Römer gefangen. Das Ansehen des Reichs trug Schaden. Schon diese Einbuße an Macht erforderte Maßnahmen. Unerträglich erschien Kaiser Otto, daß die Römer seinen Auftrag nicht respektierten, Kaisertum und römisches Imperium fortzusetzen. Es war das vom Propheten Daniel vorausgesagte vierte Reich. Es stand im Buch der Bücher: Hart wie zerschmetterndes Eisen würde es sein und bis zum Jüngsten Gericht bestehen. Den Fortbestand dieses Reichs zu hüten, war die dem Kaiser vom Himmel zugewiesene Pflicht. Sahen die Römer nicht, daß sie an der Weltordnung rüttelten?

Seine Erbitterung erschreckte Adelheid. Sie wünschte sehr, zwischen den Vorstellungen des Kaisers und den Ansichten der Römer vermitteln zu können. Vergeblich versuchte sie, ihrem Gemahl die Lebensart der Italiener, der Städter vor allem, begreiflich zu machen. Sie selbst verstand ja diese Leute kaum. Die Römer zogen aus der Abfolge der Weltreiche offenbar andere Schlüsse als der Kaiser. Nach allem, was sie in den letzten tausend Jahren durchgemacht hatten, waren sie vom Fortbestand des römischen Imperiums nicht ganz überzeugt. Warum sollte es nicht untergegangen sein wie das der Babylonier, Perser und Griechen zuvor? Jedenfalls hatten sie unzählige Herr-

19 *Die Abtei Peterlingen-Payerne (lat. Paterniacum) ist eine Gründung der Königin Berta und ihrer Tochter Adelheid. Die Anlage gehörte zu den Vorbildern Adelheids bei der Errichtung ihres Klosters Selz.*

scher aufsteigen und fallen sehen. Darüber war ihnen der Respekt vor der Macht abhanden gekommen. Während Adelheid sprach, spürte sie, wie sich der Kaiser ihren Worten verschloß. Er hörte die Stimme des Glaubens, für das Geraune altersgrauer Lebenserfahrung hatte er kein Ohr.

»Es wird ein Strafgericht in Rom geben.«

Die Drohung beschäftigte sie, bis neue Ereignisse sie ablenkten. In den ersten Tagen des Jahres 966 starb Königin Berta, ihre Mutter. Sie wurde in dem von ihr gegründeten Kloster Payerne bestattet. Ihre Grabkammer im Mittelschiff der Klosterkirche sei rot eingefärbt worden, erfuhr Adelheid. Man habe sich an die Gepflogenheiten des karolingischen Hauses gehalten. Adelheid übernahm von der Verstorbenen die Pflicht, für den weiteren Bestand des Klosters zu sorgen. In ein Kloster führte auch der zweite Abschied. Ihre Tochter Mathilde wurde in Quedlinburg zur Äbtissin des St. Servatiusstifts gewählt. Die Großmutter, die Mutter, der Vater, der Bruder und viele bedeutende Herren aus der Umgegend waren zugegen, als Erzbischöfe und Bischöfe in der kleinen Kirche auf dem Burgberg die Elfjährige einsegneten. In kurzer Zeit entließ Adelheid zum zweitenmal eine Tochter aus ihrer Obhut. Beide wußte sie gut aufgehoben, fühlte aber doch Wehmut. Ihre Kinder entwuchsen ihr.

Im Juli schlug abermals eine Abschiedsstunde. Da waren sie selbst und ihr Mann, der Kaiser, in der Rolle der scheidenden Kinder. Als Kaiser Otto unter der Kirchentür seine Mutter Mathilde in die Arme schloß, flossen Tränen. Der Zug nach Italien stand bevor. Ob man sich wiedersehen würde, war höchst ungewiß. Schon auf dem Pferd, stieg der Kaiser noch einmal aus dem Sattel, um die Mutter abermals zu umarmen. In Worms löste sich dann Adelheid nur schwer von ihrem Sohn Otto. Er blieb in der Obhut des Mainzer Erzbischofs zurück.

Als sie auf dem Septimer Paß die Alpen überquerten und in das Königreich Italien gelangten, sprachen sie über den ehemaligen König dieses Reichs. Er war Anfang August in Bamberg gestorben. Berengars Frau Willa lebte schon seit geraumer Zeit zurückgezogen in einem Kloster. Adelheids Gedanken kehrten oft zu den beiden unversöhnlichen Gegnern von einst zurück, während sie an der Seite des Kaisers nach Rom ritt. Auf Widerstand stieß das Reichsheer nirgends. Gerade die rasche Wiederherstellung der Macht erweckte Argwohn. Zu vielen Mächtigen war schon dasselbe widerfahren. Oft hatte sich das Glück später gegen sie gekehrt.

Rom öffnete den Truppen des Kaisers die Tore. In der Stadt hatten die Anhänger des vertriebenen Papstes die Macht wieder an sich gebracht und einige seiner Gegner erschlagen. Petrus, dem Präfekten der Stadt und Anführer der Rebellen, gelang erst die Flucht, dann geriet er in die Gefangenschaft des zurückgekehrten Papstes. Vertrauensleute unterrrichteten das kaiserliche Paar vom Stand der Dinge. Johannes XIII. gehörte zum Haus der Crescentier. Sie besaßen schon in der Zeit Kaiser Konstantins einen guten Namen in Rom. Der befestigte Sitz der Familie lag in den Trümmern der konstantinischen Thermen. Von den Roßbändigern, die dort standen, bezog ein Mitglied der Familie den Beinamen ›vom Marmornen Pferd‹.

Die Crescentier suchten die Stellung zu erringen, die früher Alberich und seine Verwandten besessen hatten. Der aus ihrer Mitte stammende Papst hatte sich rasch die Feindschaft der anderen großen Familien zugezogen. Das einfache Volk und sein Sprecher Petrus sahen in Papst Johannes den Mann des Kaisers, der den Einwohnern der Stadt das ihnen so wichtige Wahlrecht entzogen hatte. Die daraus erwachsenen tragischen Konflikte legten sie Kaiser und Papst zur Last.

Je mehr Adelheid über die römischen Verhältnisse erfuhr, desto verwirrender erschienen sie ihr. Der Kaiser legte auf Erklärungen keinen Wert. Er feierte Weihnachten. Dann sprach er seine Urteile. Adelheid wandte sich ab, als sie vollstreckt wurden. Dreizehn Hauptleute des Volkes hingen die Henker auf Befehl Kaiser Ottos an den Galgen, andere Rebellen wurden enthauptet oder geblendet. Die Leichen der zwei bereits getöteten Widersacher des Papstes befahl er auszugraben und vor die Stadtmauern zu werfen. Gnade übte er nur gegenüber den Angehörigen der obersten Schicht. Aus diesem Kreis schickte er manche in die Verbannung nach Sachsen und Franken. Den Stadtpräfekten Petrus, der im Kerker des Laterans lag, überließ er dem unerbittlichen Papst.

Johannes XIII. wollte der Stadt zeigen, wie jämmerlich jeder Aufruhr gegen Papst und Kaiser enden mußte. Zugleich beabsichtigte er, das von Petrus geführte Volk zu verspotten. Auf dem Feld vor dem Lateran stand die Reiterstatue des Konstantin. Der Papst befahl, Petrus dort an den Haaren aufzuhängen. Nackt setzten die Schergen ihn dann auf einen Esel, dessen Schwanz sie ihm als Zügel in die Hand drückten. Sie befestigten befiederte Schläuche auf dem Kopf und an den Schenkeln des Gefangenen und führten ihn unter Geißelhieben durch die Stadt. Das Leben behielt der Stadtpräfekt Petrus. Er ging in die Verbannung.

Die Rebellen Roms rührten sich nicht. Die Furcht stopfte ihnen die Münder. Hinter dem Schweigen verbarg sich die Wut über das Strafgericht. Die Geschlagenen sannen auf Rache an den Siegreichen. In den Truhen lagen griffbereit die Waffen. Adelheid sprach mit vielen, die sich in der Stadt auskannten. Sie fürchtete neues Blutvergießen. Der Kaiser hingegen behauptete, Rom werde sich ihm fügen. Wie viele Heerführer, die in Italien als Eroberer aufgetreten waren, hatten gedacht wie er? Italien, Rom und die Krone zogen die Herrscher unwiderstehlich in ihren Bann. An die beiden Berengars dachte Adelheid, an ihren Vater Rudolf, an König Hugo, an die Karolinger, die vor ihnen in Italien gekrönt worden waren. Jeder hatte eine Blutbahn durch das Land gezogen.

Die Kaiserin zweifelte nicht daran, daß ihr Gemahl tun mußte, was er tat, um das Reich zu mehren und den Glauben zu stützen und zu verbreiten. Sie dachte wie er, aber sie fühlte mehr. Die Hingerichteten am Galgen grausten sie, die Schreie der Geblendeten, der Jammer ihrer Frauen und Mütter hallte in den Ohren. Wenn Adelheid die Augen schloß, sah sie erneut Bilder des Schreckens. Sie lasteten schwer auf ihren Tagen und Nächten. Ein Gefühl der Schuld bemächtigte sich ihrer. Sie war ja ein Teil der Macht, die Blut vergossen hatte, sie, die Gefährtin des Reichs. Deutlicher als früher verstand sie den Sinn der frommen Übungen so vieler Vorgängerinnen auf den Thronen Europas. Die Totenmessen, die sie stifteten, die Schätze, die sie an Kirchen verschenkten, die Klöster, die sie gründeten, sollten sühnen. Sie retteten die Seelen der Männer, Väter und Söhne. Sie glichen die Last der Sünden aus, die mit jedem Schwertstreich schwerer wurde, und tilgten sie aus dem Buch des Lebens.

Doch die Gebete und guten Werke erwuchsen nicht nur aus der Furcht vor dem Urteil am Tag des Weltgerichts. Die Frauen vor ihr hatten gewiß auch empfunden, was sie, Adelheid, die Kaiserin, nun selbst zu hoffen begann. Ließ sich denn nicht schon hier in dieser wüsten Welt etwas von dem Heil ansiedeln, das sie alle sich trotz schwerer Schuld im Jenseits ersehnten? Adelheid bezweifelte, daß Machtfülle nur in der Art der Männer zu gebrauchen war, die den Frieden stets durch den Krieg gewinnen wollten. Sie erinnerte sich gerne der Tage von Köln, als sie mit den Königinnen Europas über die Zukunft der Söhne und Töchter verhandelt hatte. Die Herrschaft ließ sich eben nicht nur mit dem Schwert verteidigen. Ihr kamen aber auch die vielen von ihr besuchten Klöster in den Sinn. Jedes hatte mit Schwierigkeiten zu ringen gehabt, aber alle waren Orte des Friedens gewesen, verglichen mit dem Getümmel draußen vor den Klostermauern. Es drängte sie, mehr für diese Einrichtung zu tun. Verändern ließ sich die Welt vermutlich auch mit Hilfe der Klöster nicht, wie manche meinten, aber ihre geistige Kraft schuf ein Gegengewicht zur Gewalt in der Welt.

Der Kaiser glaubte, seine Macht in Rom sei gesichert. Er sah ein gedeihliches Zusammenwirken mit Papst Johannes XIII. voraus. Eine Reihe von Kirchenversammlungen bestätigten ihn darin. Jetzt hielt er die Zeit für gekommen, den Schlußstein in das Gebäude zu setzen, an dessen Errichtung er seit dreißig Jahren arbeitete. Adelheid stand ihm auch bei diesem Aufbruch zur Seite. Sie begleitete ihn auf dem Feldzug im Süden

Italiens, doch spürte sie eine neue Fremdheit gegenüber dem Tatendrang um sie herum.

Kaiser Otto nahm, damit ihm gegeben werde. Er drängte das Kaiserreich Byzanz aus dem südlichen Italien, um ein Faustpfand für Verhandlungen mit Konstantinopel zu haben. Der Kaiser im Bukoleonpalast am Marmarameer sollte ihn und seinen Sohn als Kaiser in Rom anerkennen. Damit wäre im Osten wie im Westen die christliche Welt geordnet. Eine Ehe mußte das Bündnis bekräftigen. Ottos Diplomaten trugen in Konstantinopel den Wunsch des Kaisers vor, seinen Sohn Otto mit Anna, der Tochter des verstorbenen Kaisers Romanos II., zu verheiraten.

Adelheid hatte Grund zu seufzen. Von Kennern des byzantinischen Hofs und seiner Gepflogenheiten wußte sie, daß er dreierlei nicht weitergab: eine Krone, das Geheimnis des griechischen Feuers und eine Porphyrogenneta, eine Prinzessin, die in dem mit Porphyr ausgekleideten kaiserlichen Kreißsaal zur Welt gekommen war. Adelheid schätzte die Aussichten, daß ihr Sohn die purpurgeborene Anna heiraten werde, nicht hoch ein. Obendrein zögerte sie, die Wahl gutzuheißen. Romanos II., der ehemalige Gemahl ihrer Jugendfreundin Berta, hatte sich in zweiter Ehe mit einer Frau verbunden, über die man an den Höfen der europäischen Königreiche die Nasen rümpfte. Theophano, die Mutter der Prinzessin Anna, war die Tochter eines Schankwirts. Reisende berichteten, sie sei zwar wunderschön, aber völlig sittenlos und maßlos ehrgeizig. Nach dem Tod des Kaisers Romanos hatte sie den zum neuen Herrscher ausgerufenen Feldherrn Nikephoros Phokas geehelicht. Adelheid fragte sich, ob die Prinzessin Anna, ein junges Mädchen aus so sonderbaren Verhältnissen, die richtige Braut für ihren Sohn sei.

Der Kaiser freilich hatte entschieden, und er war nicht der Mann, der Widerspruch duldete. Seit hundert Jahren regierte die makedonische Dynastie das byzantinische Imperium. Die verwandtschaftliche Verbindung mit ihr diente der Sicherung seines eigenen Reichs. Das Reich und die ihm gestellte Aufgabe! Ihnen hatte sich alles unterzuordnen. Der Sohn Otto wurde nach Italien gerufen und Weihnachten 967 in der Peterskirche zum Kaiser gekrönt. Das Mitkaisertum erhob ihn zum ebenbürtigen Bräutigam einer kaiserlichen Prinzessin. Die Zustimmung aus Konstantinopel ließ dennoch auf sich warten. Die Verhandlungen zogen sich hin. Bischof Liudprand von Cremona, der alte Bekannte Adelheids, bot seine Dienste an und erhielt den Auftrag, am byzantinischen Hof auf eine Entscheidung zu drängen.

Unterdessen schlug der Kaiser abermals im Süden Italiens zu, aber nicht nur dort. Während seines langen Aufenthalts in Italien regte sich der Unabhängigkeitsdrang der Slawen im Norden. Kaiser Otto befahl, den aufständischen Stamm zu vernichten. Seine Ungeduld wuchs, er verhärtete sich. Widerstände wollte er brechen. Glaubte Konstantinopel, ihn hinhalten zu können? Er eignete sich den Teil im Süden Italiens an, den Byzanz für sich beanspruchte. Seine Truppen besetzten Apulien. Vor Bari freilich scheiterte der Kaiser. Adelheid und der junge Otto waren im Feldlager und erlebten, wie die Belagerung Anfang Mai abgebrochen werden mußte. Im Herbst führte Kaiser Otto das Heer erneut südwärts. Apulien und Kalabrien brannten, nur die befestigten Städte widerstanden. Mit Byzanz verband sich König Berengars Sohn Adalbert. Er wollte von Bari aus seinen Kampf um Italien fortsetzen, aber seine Hoffnungen erfüllten sich nicht. Endlich gab er auf und verschwand nördlich der Alpen. Der Krieg gegen die Griechen ging weiter. Erfolge und Rückschläge wechselten. Kaiser Nikephoros Phokas verabscheute den Tausch Apulien gegen Anna. Die Truppen der beiden Gegner verrohten. Das besetzte Land litt.

Während dieser Feldzüge blieb Adelheid im mittleren Teil Italiens zurück. In der Abwesenheit des Kaisers führte sie die Reichsgeschäfte. Ihr stand der unentbehrliche Erzkanzler Italiens, Bischof Hubert von Parma, zur Seite. In den vergangenen Jahren hatte sie jede Gelegenheit genutzt, bedeutende Grafen und Markgrafen Italiens an das kaiserliche Haus zu binden. Es lag ihr daran, die Kräfte des Landes in ein Gleichgewicht zu bringen und bedrohliche Vorherrschaften zu vermeiden. Berengars Sohn Konrad empfahl sie der Nachsicht des Kaisers. Sie begrüßte es, daß er ihm die Markgrafschaft Ivrea überließ. Konrad heiratete Richilda, eine der Töchter Arduins von Turin. Der Markgraf, Kahlkopf genannt, bewies erneut, wie gefährdet die Ordnung Italiens stets war. Wieder bedrängte er das Kloster Breme. Doch der Kaiser brauchte den kriegstüchtigen Mann für den Kampf gegen die Sarazenen von Fraxinetum. Ihm selbst fehlte die Zeit für einen Feldzug.

Sorgen bereitete ihr der Mann ihrer Nichte Waldrada. Pietro Candianos Stellung in Venedig war durch seine Einheirat in die kaiserliche Familie nicht stärker geworden. In einem Vertrag, der auch Adelheids Unterschrift trug, gelang es ihm, der Seerepublik günstige Bedingungen im Grenzverkehr zu sichern und abermals den Besitz auf dem Festland beglaubigen zu lassen. Venedig verpflichtete sich zur Zahlung von 25 Denaren in langobardischer Währung. Schon dieser Tribut erregte in der Stadt Anstoß. Pietro entsprach auch den Wünschen des Kaisers, als er Strafen gegen den Handel mit Sklaven verfügte und die Ausfuhr von Gütern verbot, die eine militärische Bedeutung für die Sarazenen besaßen. Das traf die Handelsherren, Schiffskapitäne und Geldausleiher. Die Gereiztheit in Venedig wuchs. Adelheid erfuhr, der Doge habe sich mit einer Leibwache aus Söldnern umgeben.

Ihre Freunde und Schutzbefohlenen hatten die Angewohnheit, in Schwierigkeiten zu geraten. Mehrfach war sie in den letzten Jahren mit Rather, dem wiedereingesetzten Bischof von Verona, zusammengetroffen. Jedesmal hatte er sich über Widersetzlichkeiten der Einwohnerschaft und des dortigen höheren Klerus beklagt. Seine Einwände erschienen ihr nicht unberechtigt. Er beabsichtigte, die Einkünfte der einfachen Geistlichen auf Kosten der Kleriker mit reicher Pfründe aufzubessern. Nun stand ihm ein Prozeß bevor, der von einem kaiserlichen Beamten, dem Grafen Nanno von Verona, geleitet werden sollte. Rather beklagte sich brieflich bei der Kaiserin.

›Wenn es wahr ist, was Nanno sagt, so wollt ihr nichts als meinen Untergang‹, schrieb er. Die Kaiserin sei schlecht informiert. Sie solle es mit Hiob halten, der da gesagt habe: ›Die Sache, die ich nicht wußte, erforschte ich.‹ Rather waren dann wohl Bedenken gekommen, ob er nicht zu weit gegangen sei. Er schloß den Brief mit einer Entschuldgiung: ›Wenn der Magen vor Aloe strotzt, kann er nicht honigsüß aufstoßen.‹

In Verona war der streitbare Bischof nicht zu halten. Er verlor den Prozeß. Adelheid drängte ihn, Italien zu verlassen. Sie verwies auf die unversöhnliche Feindschaft der Veronesen und auf sein hohes Alter. ›Es lebt sich oft gut in der Fremde‹, ermahnte sie ihn, ›aber man stirbt dort schlecht.‹ Rather resignierte. Er kehrte in seine niederlothringische Heimat zurück. Adelheid hatte ihn auf Grund seiner Klagen immer für bettelarm gehalten und ihm eine größere Summe aushändigen lassen, um ihn zur Abreise zu bewegen. Dennoch war sie überrascht von der Nachricht, Rather sei an seinem neuen Aufenthaltsort als steinreicher Mann eingetroffen.

Ihre eigenen Einkünfte und Besitztümer wuchsen in diesen Jahren. Da Papst Johannes XIII. Ottos Wunsch erfüllte, Magdeburg zum Erzbistum zu erheben, übertrug der Kaiser im Gegenzug das Exarchat, die Gebiete von Ravenna, Comacchio und Ferrara der Kirche. Die mit Einkünften verbundenen Rechte überstellte die Kirche wiederum der Kaiserin auf Lebenszeit. Auch ihr Landbesitz hatte sich dank der Großzügigkeit des Kaisers vergrößert. Seit dem 16. November 968 besaß sie vier Höfe im Elsaß und dazu die Besitzung Selz mit vielen Dörfern nicht weit vom Rhein. Die ihr seit dem Tod der Mutter Berta gehörende Burg Erstein lag in der Nähe.

Sie nahm, um geben zu können. In Pavia veranlaßte sie die Wiedererrichtung einer alten Abtei vor den Mauern der Stadt. Der langobardische König Aripert hatte sie gegründet. Eine Weile war die Abtei königliche Grabstätte gewesen. Später kam sie herunter. Die Ungarn verwüsteten während der Belagerung von 924 die noch vorhandenen Gebäude. Adelheid plante nicht nur den Wiederaufbau einer traditionsreichen

20 *Markgraf Wilhelm I. von Aquitanien gründete 910 in der Grafschaft Macon das Kloster Cluny. Die von Cluny ausgehende Reform sollte das Mönchswesen von weltlicher Herrschaft unabhängig machen. Mit den Äbten Majolus und Odilo stand Adelheid in enger Verbindung.*

kirchlichen Stätte. Sie hatte viel über die Probleme des Klosterwesens gehört, gesprochen und nachgedacht. Sie wußte von ihren Reisen zum Monte Amiata, wie gefährdet Klöster durch die Habgier der großen Grundherren waren. Die Gefahren sittlicher Verwahrlosung kannte sie aus den Berichten über die Zustände in Kloster Farfa. Und sie hatte lange genug in Pavia gelebt, um über die Spannungen und Streitigkeiten zwischen dem Bischof der Stadt und den Klöstern unterrichtet zu sein.

Am Hof sprach man oft von den beiden großen Klosterreformen in Cluny und Gorze. Kaiser Otto hielt große Stücke auf das reichsfreundliche Gorze. Adelheid nahm für ihre Gründung Cluny zum Vorbild. Die Abtei empfahl sich durch strenge Zucht und Unabhängigkeit, da sie unmittelbar dem Papst unterstellt war. Schutz für beide Werte bot der Verband, in dem die zu Cluny gehörenden Klöster organisiert waren. In der Vereinzelung nach der Art der alten Benediktinerabteien lag eine

Gefahr. Nur durch Zusammenhalt und straffe Führung konnten die Klöster eine heilsame Wirkung auf die Welt ausüben.

Sie bat Majolus, den berühmten Abt des Klosters Cluny, sich der neuen Mönchsgemeinschaft anzunehmen. Er sagte zu. An Papst Johannes XIII. wandte sie sich mit der Bitte, ihre Gründung unter seine eigene Obhut zu stellen. Mit Befriedigung vernahm sie von den geharnischten Briefen, in denen der Papst den Bischof Petrus von Pavia anwies, die Unabhängigkeit des Klosters in keiner Weise anzutasten. Daß bischöfliches Selbstbewußtsein zur Selbstherrlichkeit ausarten konnte, lehrten die Nachrichten aus Magdeburg. Der dort gerade eingesetzte erste Erzbischof Adalbert hatte Herzog Hermann Billung mit Glockengeläut, Kerzen im Dom und prächtiger Tafelei empfangen und ihm anschließend gestattet, sich in das dem Kaiser vorbehaltene Bett zu legen. Grimmig meinte der Kaiser:

»Adalbert wird mir soviel Pferde schicken müssen, wie er Glocken geläutet und Kerzen angezündet hat.« Er reagierte gereizt, weil auch seine Befehle, gegen die Slawen vorzugehen, von den großen Herren in Sachsen ignoriert worden waren. Sie erwarteten eine Auseinandersetzung mit Dänemark und glaubten, die Kräfte reichten nicht aus, an zwei Fronten zu kämpfen. Der kaiserliche Hof registrierte die Unbotmäßigkeit. Sie enthielt Kritik an dem kostspieligen Aufenthalt des Kaisers in Italien.

Während der Krieg weiter wütete und den Süden des Landes verwüstete, ohne daß der Kaiser den byzantinischen Widerstand endgültig brach, häuften sich die betrüblichen Ereignisse. Sie verstärkten die ohnehin schon vorhandene Bedrückung der Gemüter. Als übles Vorzeichen wurde eine Sonnenfinsternis gedeutet, die das Heer in Apulien schreckte. Rasch hintereinander starben Mitglieder der kaiserlichen Familie, erst Ottos Sohn Wilhelm, der Erzbischof von Mainz, dann die neunundsiebzigjährige Königin Mathilde in Quedlinburg. Bald darauf erreichte den kaiserlichen Hof in Italien die Nachricht vom Ableben Gerbergas, der Königin von Frankreich. Mit ihr verlor der Kaiser seine letzte Schwester.

In Apulien erlitt das Heer, das er dem Befehl des Fürsten Pandulf, genannt Eisenkopf, unterstellt hatte, eine schwere Niederlage. Pandulf geriet in byzantinische Gefangenschaft. Die Schlappe konnte ausgeglichen werden, aber schon nahte neuer Verdruß. Bischof Liudprand kehrte aus Konstantinopel zurück. Seine Worte waren voller Gift und Galle.

»Wildsau!« beschimpfte er Kaiser Nikephoros Phokas, seinen Gastgeber. »Ziegenbock, Hornochs, Tiermensch, Borstenvieh, störrischer, bäurischer, grober Barbar, zottiger, widerspenstiger Kappadozier!« Der Kaiser hatte Liudprand hingehalten, gedemütigt und schließlich unverrichteter Dinge abreisen lassen. Eine byzantinische Prinzessin war nicht in Sicht.

Vor aller Augen stand die kaiserliche Familie unter keinem guten Stern. So schien es. Dann traf Fürst Pandulf Eisenkopf unverhofft am Hof Kaiser Ottos ein. Er war in Ehren aus byzantinischer Gefangenschaft entlassen worden und wußte Neuigkeiten aus Konstantinopel. Nikephoros Phokas gab es nicht mehr. Er war von seinem Vetter, dem Feldherrn Johannes Tzimiskes, im Bukoleonpalast ermordet worden. Die schöne Kaiserin Theophano hatte ihn angeblich zu der Untat angestiftet. Der neue Herr im byzantinischen Reich schien einlenken zu wollen. Er hatte Schwierigkeiten im Norden seines Reichs und wünschte ein Ende des Krieges im Westen.

Ottos Rechnung ging auf. Der Handel Apulien gegen eine Prinzessin kam zustande. Der Kaiser zog sich aus dem umstrittenen Bereich Unteritaliens zurück. Von Ravenna aus schickte er Erzbischof Gero von Köln in Begleitung zweier Bischöfe auf die Reise in den Osten. Sie sollten die lange erwartete junge Dame nach Italien geleiten. Der Kaiser sah der Ankunft ungeduldig entgegen. Er sehnte sich zurück in den Norden, in die Heimat. Sein alter Vertrauter Bischof Udalrich von Augsburg sprach auf der Rückkehr von einer Wallfahrt nach Rom in Ravenna vor. Der Kaiser eilte ihm so freudig entgegen, daß er in der Hast nur einen Schuh anzog. Bischof, Kaiser und Kaiserin saßen lange zusammen und besprachen Geschäfte des Reichs.

Vor seiner Abreise beschenkte ihn der Kaiser reichlich mit Gold und traf Vorkehrungen für Verpflegung und Unterbringung des Bischofs bis zur Grenze.

Auch Adelheid wartete voller Unruhe auf die Schwiegertochter. Seit geraumer Zeit schon kümmerte sie sich um die Vorbereitungen für die Hochzeit. Sie verhandelte mit Goldschmieden, damit der Sohn der Braut angemessenen Schmuck überreichen konnte. Es galt, den gewiß verwöhnten Geschmack der jungen Byzantinerin zu treffen, aber doch auch die eigenständige Kunstfertigkeit des Landes zu zeigen. Adelheid beteiligte sich auch an den Beratungen über die Heiratsurkunde. Bewundernd hielt sie das aus drei Stücken hergestellte vielfarbige Pergament in ihren Händen. Vor dem Goldgrund des oberen Randes beschworen Brustbilder den Heiland inmitten eines himmlischen Gefolges. Darunter kämpften Fabelwesen und Tiere in purpurroten Medaillons vor blauem Grund. Die Buchstaben der Urkunde sollten darauf wie ein glitzernder Schleier aus Goldfäden liegen.

Um die Abfassung des Textes rangen Bischof Liudprand von Cremona und Kanzler Willigis. Adelheid lauschte ihren gelehrten und zuweilen hitzigen Disputen und regte an, die Urkunden zu studieren, die einst in der Kanzlei von Pavia für sie selbst und ihre Mutter Berta ausgestellt worden waren. Vor fünfunddreißig Jahren! Sie erinnerte sich an die Gefühle, die sie damals bewegt hatten, ein Schwanken zwischen Freude und Furcht. Was mochte die junge Braut empfinden, die unterwegs zu ihnen war, wie würde sie sein? Adelheid schaute zu dem Mosaik von San Vitale in Ravenna hinauf und forschte in den großen Augen der byzantinischen Kaiserin Theodora, die zu ihr hinabblickte.

13. Kapitel

Die Fremde in der Fremde

*I*m April 972 trafen die ersehnten Nachrichten endlich ein: Die griechische Braut ist in Apulien gelandet. Sie bricht mit großem Gefolge nach Westen auf. In Benevent steht Bischof Dietrich von Metz an der Spitze einer kaiserlichen Truppe zum Empfang der Prinzessin bereit. Sie erreicht die südlichste Stadt des Reichs wohlbehalten. Braut und Bischof verlassen Benevent und nehmen die Straße nach Rom.

Und dann sprang ein abgehetzter Reiter vom Pferd und verlangte, unverzüglich vor den Kaiser gelassen zu werden, er habe es eilig, die Nachricht sei wichtig.

»Die Braut, die kommt«, brachte der todmüde Mann hervor, »ist nicht die Braut, die erwartet wird.«

Er solle sich etwas deutlicher ausdrücken, herrschte der Kaiser den Boten an.

Bischof Dietrich schickte ihn. Noch in Benevent oder wenig später hatte er herausgefunden, was sein Abgesandter nun zu erklären versuchte. Der byzantinische Kaiser Tzimiskes sandte statt der purpurgeborenen Anna seine Nichte Theophanu.

»Seine leibliche Nichte?« forschte der Kaiser.

Der Bote schüttelte den Kopf. Es handle sich, erläuterte er, um die Tochter eines Schwagers des byzantinischen Kaisers. Sie gehöre zur Verwandtschaft des von ihm ermordeten Vorgängers Nikephoros Phokas. Zweifellos stamme sie aus einer der ersten Familien Konstantinopels. Mit Sicherheit habe sie einige Jahre im kaiserlichen Palast zugebracht, aber eine Purpurgeborene, ein im kaiserlichen Kreißsaal zur Welt gekommenes Mitglied der legitimen byzantinischen Herrscherdynastie, sei sie nicht. Der Bischof ließ noch wissen, er habe Schwierigkeiten gehabt, die Einzelheiten von der sehr zurückhaltenden Prinzessin und

*21 Kaiser Otto I. wünschte seinen Sohn mit einer
byzantinischen Prinzessin zu verheiraten. Theophanu, die 972
aus Konstantinopel eintraf, enttäuschte den ottonischen Hof
zunächst. Sie war keine Purpurgeborene, nicht im kaiserlichen
Kreißsaal zur Welt gekommen. Freilich erwies sich die
Gemahlin Ottos II. als eine große Herrscherin.*

ihrem nicht gerade redseligen Gefolge zu erfahren. Den Boten
früher zu schicken, sei deshalb nicht möglich gewesen.

Der Kaiser schwieg. Sein Gesicht blieb undurchdringlich.
Adelheid versuchte, ihre Verwirrung zu verbergen. Der Hof
stand erst da wie versteinert, um sich bald in zwei heftig strei-
tende Parteien zu spalten. Das beste wäre, fanden die einen, die
Braut mit dem nächsten Schiff nach Konstantinopel zurückzu-
senden. Man habe jahrelang wegen einer Prinzessin der make-
donischen Dynastie verhandelt und dafür erhebliche territoriale
Zugeständnisse in Unteritalien gemacht. Die byzantinische
Kaisertochter solle dem sächsischen Kaiserhaus Ansehen ver-
schaffen. Man könne sich jetzt nicht mit der Verwandten zweier
anrüchiger Emporkömmlinge begnügen. Der Onkel der Braut,
meinten die anderen, gelte als erfolgreicher Feldherr und be-
säße auf absehbare Zeit die Macht im Byzantinischen Reich.
Die Söhne der legitimen Dynastie seien noch jung. Kaiser
Tzimiskes werde sie von der Staatsgewalt fernhalten. Auf ihn
aber könne man über seine Nichte, ob angeheiratet oder nicht,
Einfluß ausüben. Die Zurückweisung Theophanus bedeute
neuen Krieg in Unteritalien. Wer wolle das verantworten?

»Wie sieht sie aus?« erkundigte sich Adelheids Sohn. »Wie
ist sie? Groß, klein, dünn, dick?« Der sechzehnjährige Kaiser
hatte eine flinke Zunge und scherzte gerne. Er hörte dem Boten aufmerksam zu und nickte befriedigt, als der Mann die
junge Griechin lobte. Sie sei sehr jung, ein Mädchen noch, habe
eine zierliche Gestalt, sitze aber fest im Sattel. Ihr Gesicht
könne man schön nennen. Ihre Augen seien groß und dunkel.
Was in ihrer Umgebung geschehe, beobachte sie aufmerksam.

Sie gebe sich bescheiden, liebe aber prachtvolle Kleidung. Ihr Gefolge gehorche ihr aufs Wort.

»Wer sie heiratet«, meinte der Bote, nachdem der Wein ihm etwas die Zunge gelöst hatte, »heiratet eine Herrscherin.«

Der junge Kaiser sah seine Eltern an. Er wollte die Braut. Adelheid überlegte. Wenigstens war diese Theophanu nicht die Tochter einer Schankwirtin. Das Mädchen kam aus der Oberschicht. Wie immer die Bräuche im Osten sein mochten, im Westen war es nun einmal nicht üblich, unter dem Stand zu heiraten. Solche Verbindungen brachten immer Probleme. Ehen unter Gleichgestellten natürlich auch, das gestand sie sich ein. Gottlob hatte ihre Tochter Emma in dem König von Frankreich einen guten Ehemann gefunden, nur war nicht gewiß, ob die Tochter eine gute Ehefrau für den König von Frankreich abgab. Sprachen Eingeweihte über den französischen Hof, fielen manchmal Andeutungen, die ihr nicht gefielen. Immerhin, sie, Adelheid, war bereits Großmutter. Fünf Jahre zählte der Enkel schon, der einmal, wenn es Gott wollte, als Ludwig V. die Krone Frankreichs tragen würde. Die Stimme des Kaisers unterbrach ihre besorgten Überlegungen.

»Die Prinzessin Theophanu ist willkommen. Der Empfang der Braut meines Sohnes wird vorbereitet.«

Aufregende und aufreibende Feste und Feierlichkeiten folgten: der Einzug Theophanus in Rom, die erste Begegnung mit dem fremden Kind, die Verlobung am Donnerstag nach Ostern in der Apostelkirche beim Trajansforum, die Besichtigung der kostbaren Geschenke, die feierliche Hochzeit und Krönung am

22 Am 14. April 972 heiratete die byzantinische Prinzessin Theophanu in Rom Kaiser Otto II. Ihre Heiratsurkunde besteht aus drei aneindergeklebten Pergamentstücken. Die Purpurfarbe ist nicht aus dem Saft der Purpurschnecke, sondern aus Mennig und Krapplacklasur. Der Text erklärt den Sinn der Ehe und bestätigt Theophanu die Schenkung eines umfangreichen Landbesitzes als Morgengabe.

…eniugon decreui alumen… …euerit igitur
hdeuin precuuum aequarauni nautena quatuer eidem dilectissime
sponse nre dede lagrima more mauerni nutrimi quedam ram infra nationi
fine quam et intranfali mis requirat habenda a iure priuaduc urcali
mur uidauida dignam tei prouincia tranfalre preunncia funutau
dingle currabbatia nultdle quattus etam mithut eo peronenribus mantil
imprecaoniarquoq curre nral propria maietate dignal hoch baptla duid
bunnude dullale nordhule eo quod aute nri domne marctnlidt
semper tunpeq auguity quo ad fibi diurntiuf unafle dabacur fuille dine
nrur ta pehanenti pracepu pagina ude fcilime cedilearillime THEOPHANU
sponse nre concaluni donamul penteulci largimur et deniw iure cede
minte reaul domnui i reue transfundimul cedacamul una cum castellif
curtelerib et omnib terri camptf uuf aluf uamf udit nemtela pla eri
tecuuhuf aquif aquarumq deurfibuf molendinif piscaconibuf omni
bufq rehif ad eidem curtef hue prouincias uel abbacam in integrum per
unctrebur quatio uf iure proprietauf ea omnia habeat teneat firmitorq
poffideat fixt fibi poteftaf donandi uendendi commurandi uel quic
quidr inde iufte decreuent faciendi omnium hominum contradicnone
remoti

Quod fiquif hpc nre denaf precepum infringere compnauerit ch noxit
te nre noucrte maieftati comporuatuf infuper eidem sponfe nre dilecti
fime THEOPHANU nrifq: heredibuf auri opimi libraf mille

Quod ut uerul credatur diligentiufqae intempora futura feruetur manuf
propria roberam et anuhina impreffione fubter iuffimuf infigiuri

Uuillifriuf cancellariuf aduicem Ruotperta archicapellani recognout
Daca xviii kt mai Anno dominice incarnationif dccc lxxii Indicnone xv
Imperit fciffimi genteorif nri OTTONIS xi primuero v Acumi roine ad feof apoff
felicrter

Sonntag darauf in der Peterskirche und schließlich drei Tage später die Verabschiedung vor der Tür des Schlafgemachs, in dem das junge Paar die erste Nacht gemeinsam verbringen sollte. Spät in der Nacht, begab sich Kaiserin Adelheid auf das Dach des Palastes neben St. Peter und schaute in den Sternenhimmel hinauf. Ihre Gedanken kehrten zu den ersten Sätzen der Heiratsurkunde zurück. Sie deuteten den Sinn der Ehe. Der Papst hatte sie in der Kirche mit hallender Stimme vorgelesen.

»Gott, von Ewigkeit her der Schöpfer und Begründer aller Dinge, die da sind, hatte zu Beginn des Weltenwerdens die ursprünglichen Elemente in vollkommener Schönheit hervorgebracht ...«

Der Vortrag eines jungen Klerikers und Gelehrten kam Adelheid in den Sinn. Dieser Gerbert aus dem Kloster Aurillac hatte unlängst vor dem erstaunten Hof eine aus Holz gefertigte Himmelskugel rotieren lassen. Sonne, Mond und Sterne waren auf ihrem unbeirrbaren Lauf vorübergewandert. Gerbert hatte ausführlich von Zahlen und ihren Verhältnissen gesprochen. Sie lägen der vollkommenen Harmonie zugrunde, in der die Gestirne sich bewegten. Jetzt funkelten sie am Nachthimmel über Rom. Adelheid meinte einen Augenblick, die von ihnen ausgehende Sphärenmusik zu hören. Freilich hatte der Gelehrte betont, der Gesang der Sterne sei dem menschlichen Ohr nicht zugänglich. Die ›musica mundana‹ klinge aber in der Musik der Instrumente und Stimmen nach und finde einen Wiederhall in der Harmonie zwischen zwei Menschen.

Die eben geschlossene Ehe mußte hohen Ansprüchen genügen, fand Adelheid. Leider folgten Menschen den astronomischen Gesetzen nicht so gehorsam wie die Musik, fügte sie hinzu und stieg vom Dach. Ihre eigene Harmonie würde bald durch Mißtöne gestört werden, dessen war sie sicher. Vielleicht lag ein Gesetz der Zahl auch ihren voraussehbaren Schwierigkeiten mit der Schwiegertochter zugrunde: Sie, Adelheid, zählte über vierzig Jahre, Theophanu nur etwa zwölf. Und doch war sie jetzt Mitherrscherin. Adelheid vergaß nicht, wie das Mädchen bei der Lesung der Heiratsurkunde die Worte

›consortium imperii‹ aufgenommen hatte, die ihr die Teilhabe an Macht und Reich sicherten. Überhaupt war der energischen kleinen Person nicht ein Wort des Textes entgangen. Sie hatte ihn später noch einmal sorgfältig geprüft und sich die Lage der vielen Ländereien erklären lassen, die ihr der Bräutigam in Italien und im nördlichen Reichsteil als Witwengut schenkte. In einem Fall drang sie auf mehr Genauigkeit. Es mußte eine Änderung vorgenommen werden.

Im August 972 gab der Kaiser das Zeichen zum Aufbruch nach Norden. Die Mannschaften und ihr Troß wanden sich aus Rom. Das kaiserliche Gefolge eilte mit leichter militärischer Bedeckung voraus. Anders als im Palast am Tiber mit seinen unvermeidlichen Förmlichkeiten gestatteten die Umstände der Reise eine gewisse Zwanglosigkeit. Die Mitglieder der Familie waren seit langem aufeinander eingestellt und wußten sich zu nehmen. ›Der Löwe‹, wie der junge Otto seinen Vater nannte, wollte behutsam behandelt sein. Alle Entscheidungen behielt er sich vor. Adelheid verstand es, die Eintracht zwischen den beiden Kaisern aufrechtzuerhalten.

Nun erweiterte sich der Bund um eine vierte Person mit neuen Ansprüchen und anderer Erziehung. Es fiel Adelheid nicht schwer, sich in die junge Kaiserin hineinzudenken. Ähnlich wie Theophanu war auch sie als Mädchen an einem fremden Hof ganz auf sich selbst gestellt gewesen. Auch sie hatte sich an den ihr versprochenen Jungen gehalten, an Lothar, ihren ersten Mann. Gerade jetzt verfügte sie, auf welche Weise sich das von ihr erneuerte Kloster in Pavia der Sorge um die Seele des ehemaligen Königs von Italien widmen solle. Als die kaiserliche Familie in Mailand ankam und sich im Kloster des heiligen Ambrosius aufhielt, suchte Adelheid Lothars Grab auf. Sie bewahrte an den früh Verstorbenen gute Erinnerungen. Die ersten Urkunden, die sie mit ihm verbanden und die kürzlich bei der Abfassung der Heiratsurkunde für Theophanu herangezogen worden waren, hatte sie in der Obhut des Klosters San Salvatore in Pavia zurückgelassen. Das Pergament aber aus dem Jahre 950, auf dem Lothar sie kurz vor seinem

Tod noch einmal fürstlich beschenkt und sie zum erstenmal ›consors regni‹ genannt hatte, führte sie immer mit sich.

Sie staunte, mit welchem Geschick Theophanu ihre Stellung am Hof ausbaute. Zunächst versicherte sie sich der Zuneigung ihres Mannes. Das fiel ihr leicht. Dann gewann sie den Schwiegervater, den alten Kaiser. Er wollte ihr wohl, schon weil er als Menschenkenner sah, daß sein Sohn und Nachfolger eine zur Regierung befähigte Gefährtin bekommen hatte. Adelheid, ihre Schwiegermutter, behandelt die junge Byzantinerin mit ausgesuchter Höflichkeit. Sie unternahm aber keinen Versuch, Vertraulichkeit herzustellen. Mit sicherem Gespür fand sie heraus, wer am Hof Einfluß hatte. Sie hörte gespannt zu, als der Kaiser gemeinsam mit dem Pfalzgrafen Adalbert, der seinen Vater Otbert vertrat, Gericht hielt. Als sie den Kanzler Willigis näher kennenlernte und seine Fähigkeiten erkannte, gab sie sich große Mühe, seine Freundschaft zu gewinnen.

Adelheid machte sich Vorwürfe, weil sie zu Theophanu trotz ihrer unbestreitbaren Vorzüge kein entspanntes Verhältnis fand. Die Fremdheit, die blieb, zeigte sich weniger in großen Fragen als bei harmlosen Gelegenheiten. Wenn sie, ihr Mann und der Sohn scherzten, blieb Theophanu ernst. Manchmal lächelte sie, als setze die neue Verwandtschaft sie in Verlegenheit. Man gab sich ja in der Tat ungezwungen und ließ sich kennenlernen. Als die Alpen überwunden waren, hielt sich der reisende Hof einige Tage im Kloster St. Gallen auf. Dem Empfang unter feierlichen Lobgesängen folgte eine festliche Bewirtung. Bei der Tafel bat der Kaiser den alten und blinden Notker Pfefferkorn an seine Seite. Der berühmte Arzt und Oheim des Abtes erzählte, Herzog Heinrich, des Kaisers Bruder, habe ihm einmal eine Probe seines Harns mit der Bitte gesandt, ihn zu prüfen. Notker begriff rasch, daß er selbst geprüft werden sollte. Seine Diagnose lautete:

»Ein noch nie erhörtes Wunder und Wahrzeichen gedenkt Gott jetzt zu wirken: Ein Mann wird nämlich ein Kind gebären. Dieser Herzog wird in etwa dreißig Tagen einen Sohn zur Welt bringen und an seine Brüste legen.«

Heinrich hatte dem Arzt den Harn einer Schwangeren aushändigen lassen. Man lachte, wenn auch nicht immer laut. Otto, der Sohn, ließ sich die Bibliothek des Klosters zeigen und entlieh einige kostbare Bücher. Die Aufregung des Abtes hatte etwas Komisches. Wiederholt mahnte er den kaiserlichen Bücherfreund, er solle nicht zum Räuber an der Abtei und den Brüdern werden. Die Bibliothek habe schon bei dem Brand von 937 große Einbußen erlitten. Ein paar Monate später gab Kloster St. Gallen noch einmal Anlaß zur Heiterkeit. Adelheid las einen Brief vor und übersetzte ihn aus dem Lateinischen. Es ging um das Mißgeschick eines Mönchs namens Sandrat. Der Kaiser hatte ihn nach St. Gallen geschickt, weil die Ordnung dort zu wünschen übrig ließ. Der ursprünglich aus St. Maximin in Trier kommende Sandrat galt als streng, ein Ruf, dem er in St. Gallen sofort gerecht wurde. Die von ihm gemaßregelten Mönche empörten sich. Sandrats zorniges Geschrei im Refektorium, die Verwünschungen der St. Galler Klosterbrüder, ihre aus den Ärmeln der schwarzen Kutten fahrenden Fäuste, die Prügelei frommer Männer, das war etwas viel für den jungen Kaiser. Er brach in Gelächter aus. Auch Adelheid fühlte sich belustigt, allerdings nicht ohne Gewissensbiß, denn Sandrat war ihr Beichtvater. Sie bemerkte Theophanus ernsten, neugierigen Blick. Durfte man in Konstantinopel über das Mißgeschick eines Beichtvaters nicht lachen? Bei diesem Vorfall lebte die kaiserliche Familie schon fast ein Jahr zusammen. Während man sich näherkam, wuchs der Abstand.

Es enstand aber auch ein Gefühl, trotz aller Unterschiede zusammenzugehören. Der Kaiser sorgte dafür, daß Theophanu begriff, wie dieses Reich ohne Hauptstadt regiert wurde: vom Sattel aus. Wo der Kaiser auftauchte, belebten sich Ordnung und Gerechtigkeit. Er urteilte vor Ort und Auge in Auge mit den Menschen, die sich an ihn wandten. Wenn er sie in den Hallen der Königshöfe, Klöster und Pfalzen empfing, manchmal auch bei altersgrauen Steinen auf einer Wiese oder unter einem riesigen Baum, entschwebte er nicht vor den Augen der Gäste auf einem mechanisch gehobenen Thron, wechselte auch nicht unversehens die Kleider, es brüllten auch keine ehernen Löwen.

Stimmengewirr und Pferdewiehern waren zu hören. Ein Hund bellte vielleicht. Im Winter knackten die Holzscheite auf der Feuerstelle. Es roch nach Rauch oder Braten. Die Leute drängten sich vor den Herrscher, viele Gaffer gewiß, aber vor allem Rechtsuchende und Bittsteller. Jeder Tag verlangte genaues Zuhören und umsichtige Bescheide. Otto, der Vater, stützte sich schwer auf seinen Stock. Wenn er sprach, schwiegen alle. Die dunklen Augen Theophanus wanderten dann oft zu Otto, dem Sohn. Adelheid ahnte, was sie sich fragte: Wird er die Stelle des Vaters ausfüllen? Einmal hörte sie, wie der junge Kaiser halblaut zu seiner Frau sagte:

»Er hält die Reiche und die Macht, die er erbeutet hat, mit der Kraft eines Löwen fest. Obwohl ich sein einziger Sohn bin, gibt er mir kein einziges Stück davon ab.«

Der Höhepunkt der Rückreise war die Ankunft in Magdeburg. Bischöfe und Priester geleiteten die beiden Kaiserpaare und ihr Gefolge in einer prunkvollen Prozession zum Dom. Hoch über den Häuptern der zur Kirche Schreitenden schwebten Kreuze. Die Reliquienschreine in den Händen der Geistlichen funkelten. Weihrauch wölkte aus den hin und her schwingenden Gefäßen. Die Gemeinde beging das Fest der Palmweihe. In den Gedanken der Gläubigen zog Jesus in Jerusalem ein. Der Kerzenschein ließ die aus Italien herangeschafften Marmorsäulen glänzen. Der Gottesdienst dauerte bis in die Nacht. Am nächsten Tag übergab Kaiser Otto I. dem Patron der Kirche, dem heiligen Mauritius, kostbare Bücher und königliches Gerät, vor allem aber reiche Geschenke an Land und Leuten.

Drei Tage später kehrte der kaiserliche Hof in Quedlinburg ein. Adelheids Tochter Mathilde, die achtzehnjährige Äbtissin des Stifts, begrüßte die Ankommenden vor der Servatiuskirche. Die kaiserlichen Verwandten stiegen hinab in die Krypta unter dem Mittelschiff. Sie standen vor dem aus riesigen Muschelkalkblöcken herausgehauenen Sarg der Königin Mathilde. Auf dem gewölbten Deckel nannte ein lateinischer Text Namen, Rang und Todestag der Verstorbenen und wünschte ihrer Seele die ewige Ruhe.

Für mehr als zwei Wochen wurde der Burgberg zum Mittelpunkt des christlichen Europas. Gesandtschaften aus Teilen des Reichs und seiner Nachbarn reisten an. Dänen trafen ein, Böhmen, Polen, Russen, Bulgaren, Ungarn, Griechen, Römer und auch eine Abordnung aus Benevent. Auf der Tagesordnung stand zunächst ein Streit zwischen Hodo, dem Markgrafen der sächsischen Ostmark, und Herzog Mieszko von Polen. Mit dem neuen Herzog Böhmens, Boleslav II., besprach der Kaiser die Errichtung eines Bistums in Prag. Die ungarische Delegation sicherte die Ausbreitung des Christentums zu. Theophanu unterhielt sich mit ihren Landsleuten über die Erfolge ihres Onkels, des Kaisers Tzimiskes, gegenüber Russen und Bulgaren. Die Italiener berichteten von dem Tod des Papstes und der Wahl eines neuen. Adelheid setzte sich für Odelrich, den neuen Bischof von Cremona ein. Liudprand, der ehemalige Sängerknabe König Hugos, der schreibgewandte Diakon aus Pavia und bittere Feind Berengars, der zähe Diplomat im Dienst des Kaisers, war vor einem Jahr den Strapazen seiner Reisen erlegen.

Die Glocken dröhnten zur Feier der Auferstehung des Herrn. Dem Geläut folgte der Gesang in der Kirche. Als die Nacht kam, spielten Musikanten den ausländischen Gästen auf. Vom Rand des Burgbergs sah man ihre Zelte, die Gehege für die Pferde, rasch aufgeschlagene Buden und Garküchen. Rauch kräuselte in die Höhe, Wimpel flatterten, Geschrei und Gelächter drangen herauf. Am 27. März breitete sich Stille aus. Ein Totenglöckchen schlug an. Kaiser Otto hatte abermals einen Weggefährten verloren. Herzog Hermann Billung, der Mitstreiter in unzähligen Auseinandersetzungen, war zur letzten Reise aufgebrochen. Sein Sohn Bernhard geleitete den Sarg des Vaters nach Lüneburg.

Unaufhörlich galt es, Abschied zu nehmen. Nichts hatte Bestand. Ein unstetes Leben führten sie. Aufbruch, Ankunft, Einrichten und Abreise bestimmten ihre Zeit wie die Gebete von der Matutin bis zur Komplet die Tage des Mönchs. Während in der Stille des Klosters sich die Gedanken weiteten und die Gottesnähe suchten, trieb es die Weltleute um, unaufhörlich, unaufschiebbar. Wie sollten sie im Lärm, in der Unruhe das Heil finden? Aber sie bemühten sich darum. In Merseburg saßen die Kaiserpaare mit der Herzogin Judith von Bayern zusammen, die unlängst von einer Wallfahrt nach Jerusalem zurückgekehrt war. Der Kaiser beschenkte Judith reich. Adelheid unterstützte seine Förderung der bayerischen Herzogin seit langem. Judith gehörte zu den Frauen, die ihr Eindruck machten und denen sie sich verbunden fühlte. Worin die Gemeinsamkeit bestand, vermochte sie nicht zu sagen. Es mußte eine innere Verwandtschaft zusätzlich zu der des Blutes sein. Sie erfüllten die Erwartungen ihrer Sippen und waren Ehefrauen und Mütter, aber sie besaßen auch Stolz und wollten herrschen.

Gerade in diesen Tagen wurde von weiblicher Selbständigkeit gesprochen. Der Kaiser empfing Gesandte aus Afrika und erinnerte sich später am Abend der Begegnung mit einem gewissen Ibrahīm ibn Ya'qūb. Der jüdische Handelsmann aus Nordafrika hatte ihn vor etwa zehn Jahren in ein langes Gespräch über die Stadt der Frauen verwickelt. Otto wiederholte, was er davon wußte. Sie liege westlich von den Rûs, vielleicht in Finnland. Der Name bedeute ohnehin Mägdeland. In der Stadt herrschten die Frauen. Männer hätten über sie keine Gewalt. Für die Fortpflanzung hielten sich die Frauen männliche Sklaven. Der Reihe nach verbrächten sie eine Nacht mit der Herrin und entfernten sich bei Tagesanbruch. Wenn eine Frau einen Knaben zur Welt bringe, werde er getötet. Die Mädchen ließen sie leben. Sie seien gute Reiterinnen und zögen selbst in den Krieg. Im Kampf zeigten sie sich tapfer.

»Das sind Amazonen!« Adelheid erinnerte sich an die Geschichte der Langobarden, die sie in Pavia gelesen hatte. Der Verfasser berichtete von einem Zusammenstoß des nach Süden ziehenden Stamms mit den Amazonen. Noch einmal hatte Adelheid von ihnen gehört. Vor etlichen Jahren war in Süditalien eine Erzählung über Alexander den Großen ins Lateinische übersetzt worden, in der es ebenfalls einen Hinweis auf die kriegerischen Frauen gab. Sie wußte nicht mehr, welcher Gelehrte ihr von dem Buch berichtet hatte. Vielleicht war es der kürzlich verstorbene Stephan von Novara gewesen. Seinerzeit hatte sie ihn überredet, zu Bischof Poppo nach Würzburg überzusiedeln. Mit ihm konnte zusammenhängen, daß es in Würzburg eine Seidenstickerei gab, die eine Szene aus dem Alexanderbuch darstellte.

Der Kaiser bemerkte, die Sachsen glaubten, Nachkommen der von Alexander angeführten Mazedonier zu sein. Dann kam er auf die Stadt zu sprechen, in der nur Männer lebten. In der Jomsburg auf der Insel Julin vor der Ostseeküste hatte ein dänischer Kriegsmann eine wilde Schar um sich versammelt. Palnatoke hieß er. Frauen durften die Burg nicht betreten. Die Männergemeinschaft lebte von Raub. Die Beute teilten sie ebenso wie die Gefahren. Jedes Mitglied mußte Heldenmut beweisen. Schon ein ängstliches Wort galt als Schande. Palnatoke führte die Gefährten an, aber einen König duldeten sie nicht über sich. Die Macht lag bei den Ältesten.

So seltsame Formen des Zusammenlebens, weit entfernt von der Art, die man kannte und schätzte, erregten Staunen. Doch glaubte Adelheid, es stecke einiges davon auch in der ihr vertrauten Gesellschaft. Wenn sich die Männer mit Krieg und Jagd beschäftigten, waren sie der berüchtigten Jomsburg innerlich vielleicht so nahe wie die Frauen ihrer sagenhaften Stadt bei manchen ihrer Beratungen und Entschlüsse.

Christi Himmelfahrt feierte die kaiserliche Familie noch in Merseburg, dann reiste der Hof durch Thüringen nach Memleben. In der Pfalz an der Unstrut war vor siebenunddreißig Jahren des Kaisers Vater, König Heinrich, gestorben. Sein Sohn Otto hatte in dem sanften Tal eine mächtige Kirche errichten und die weltlichen Gebäude vergrößern lassen. Der Kaiser zog mit seinem Gefolge durch ein riesiges Tor in Memleben ein. Er besichtigte die Bauten und legte sich dann zur Ruhe. Sobald es zu dämmern begann, stand er auf und hörte in der Kirche den

23 In der königlichen Pfalz Memleben starb am 7. Mai 973 Adelheids Mann Otto I. Schon sein Vater, König Heinrich I., war dort 936 verstorben. Auf Bitten der Kaiserin Adelheid stiftete ihr Sohn Otto II. in Memleben ein Benediktinerkloster.

nächtlichen und morgendlichen Gesängen zu. Danach ruhte er eine Weile und ging zur Messe. Er spendete den Armen, aß ein wenig und legte sich abermals hin.

Guter Laune kam er mittags aus seinem Gemach und setzte sich heiter zu Tisch. Er empfing Ratsuchende und erledigte Regierungsgeschäfte. Als bei der Vesper das Magnificat gesungen wurde, in dem die Worte der Maria vorkamen, ›Gewalthaber stürzte er vom Thron und erhöhte die Niedrigen, Hungrige erfüllte er mit Gütern, und Reiche schickte er leer von dannen‹, fühlte der Kaiser sich matt und begann zu fiebern. Die Umstehenden setzten ihn auf einen Sessel. Sein Kopf fiel nach vorne. Man brachte ihn wieder zu Bewußtsein. Der Kaiser bat um die Sakramente und erhielt sie. Die Geistlichen stimmten die liturgischen Sterbegesänge an. Adelheids Gemahl starb am 7. Mai 973 ohne Seufzer und in großer Ruhe.

14. Kapitel

Familienzwist und Völkerstreit

Die Klageweiber hoben die Hände zum Himmel und schrien. Ihre gellenden Stimmen drangen bis in das Schlafgemach, in dem zwei Männer den nackten Leichnam des Kaisers auf einen Stuhl setzten und wuschen. Sie legten ihn auf den Boden, öffneten den Leib und entnahmen ihm Herz und Eingeweide. Die Gefäße mit den verweslichen Teilen sollten noch während der Nacht in der Marienkirche Memlebens beigesetzt werden. Die Männer wandten sich wieder dem Toten zu und füllten die Höhlung seines Körpers mit Spezereien.

Draußen im Hof wurde dem Volk der Tod des Kaisers verkündet. Ein Stimmengewirr erhob sich, aus dem spitz immer wieder die Schreie der Klageweiber stießen. Als Adelheid in das Schlafgemach des Verstorbenen zurückkehrte, ruhte er auf einer Bahre. Ein Gewand aus Seide umhüllte ihn. Neben ihm funkelten die Zeichen seiner königlichen und kaiserlichen Würde. Die Kerzen flackerten unruhig, als zwei Geistliche ein purpurfarbenes, von Goldfäden durchwirktes und mit Edelsteinen besetztes Leichentuch über ihn breiteten. Die Kaiserin, nun zum zweitenmal Witwe, griff sich ins Haar. Sie beugte sich über den Toten, als wolle sie ihn umarmen. Ihr Sohn hielt sie zurück. Er stützte sie. Sie hörte das Schluchzen der Anwesenden. Hinter den uralten Gesten des Abschiednehmens konnte Adelheid verbergen, was sie empfand: Schrecken, Leere, Trauer und Schmerz, Gefühle, die sie zu überwältigen drohten. Die Zeremonie der endgültigen Trennung mit ihren vielen vorgeschriebenen Schritten hielt sie aufrecht. Der Weg war eingeschlagen, der nach Wochen zur Beisetzung in der vorbereiteten Grabstätte im Dom von Magdeburg führen würde.

Boten stoben davon oder kamen an. Während der ganzen Nacht war der Hufschlag von Pferden zu hören und das Gemurmel der Großen des Landes, die im Freien standen und miteinander sprachen. Sie lobten den verstorbenen Kaiser. Seine Milde gegenüber Verwandten und Gefolgsleuten hoben sie hervor und billigten seine Härte im Krieg mit den Feinden. Er hatte das Reich gemehrt, in jeder Hinsicht. Es gab nun viel zu verteidigen. Der Sohn und Erbe stand vor einer großen Aufgabe. Als der Morgen kam, huldigten sie ihm. Sie reichten ihm die Hände, gelobten Treue und versprachen, ihm gegen alle Widersacher beizustehen. Otto II., längst König und Kaiser, war abermals gewählt.

Adelheid gab sich keiner Täuschung hin. Schwere Zeiten drohten. Sie fürchtete den Angriff der Gegner jenseits der Grenzen. Es überraschte sie, daß die erste Widersetzlichkeit im Reich selbst, ja sogar innerhalb der Familie entstand. In Augsburg beendete Bischof Udalrich sein langes Leben. Den Nachfolger auszuwählen, lag beim Kaiser. Ein Großonkel und ein Vetter kamen ihm zuvor. Herzog Burchard von Schwaben und Heinrich, der junge bayerische Herzog, betrauten einen Mann mit dem Bistum, der ihre Interessen zu vertreten versprach. Neuer Bischof in Augsburg wurde Heinrich von Geisenhausen, der Sohn einer Schwester der Herzogin Judith. Sie hatte einen Mann erheblich unter ihrem Stand geheiratet, der ebenfalls Burchard hieß und zum Markgrafen der Ostmark aufgestiegen war. Da schloß sich eine Gruppe von Landesfürsten zusammen und drängte auf Unabhängigkeit.

Adelheid riet, den Übergriff in die Rechte des Kaisers hinzunehmen. Wenn er sich jetzt mit mächtigen Verwandten anlege, auf wen wolle er sich stützen, falls wirkliche Feinde gegen ihn antreten sollten? Auch König Heinrich, der Großvater, habe seine Herrschaft behutsam aufgebaut und im Anfang den alten Herzogtümern viel Zugeständnisse gemacht. Noch sei es nicht selbstverständlich, daß die Krone des Reichs dem sächsischen Hause der Liudolfinger gehöre. Erst zum zweitenmal sei sie vom Vater auf den Sohn gegangen. Der junge Kaiser zögerte.

»Noch einmal sollen sie mich nicht herausfordern!«

Die Schwiegertochter, Kaiserin Theophanu, jetzt dreizehn Jahre alt, stellte spitze Fragen, die ihr jemand eingeflüstert haben mußte. Wie man sich denn die Lenkung des Reichs vorstelle, wenn man sich nicht getraue, kaiserlich-königliche Rechte gegenüber anmaßenden Landesherren geltend zu machen? So weit sie sehe, besitze der Kaiser, ihr Gemahl, ein paar Privilegien. Sie begreife aber nicht, worin eigentlich seine Macht bestehe.

»In seiner Herkunft und in seinem Ansehen«, entgegnete Adelheid scharf. Beides ermächtige offenbar nicht, meinte Theophanu, unbotmäßige Herzöge zur Ordnung zu rufen. Adelheid erwiderte, man lebe hier nicht wie in Byzanz. Das Reich lasse sich nur im Einvernehmen mit den Herzögen, Markgrafen und Grafen regieren, nicht gegen sie. Wenn die Großen des Landes überzeugt seien, daß der König und Kaiser ihre Ansprüche berücksichtige, fügten sie sich ihm.

»Er führt sie nicht nur an im Kampf gegen den äußeren Feind, er allein schützt sie gegen den Übergriff des Nachbarn. Seine Macht liegt in dem Frieden, den er im Inneren wie nach außen durchsetzt.« Adelheid sah, daß der Kanzler Willigis im Hintergrund nickte, aber er nickte auch, wie sie bemerkte, als Theophanu ihr widersprach. Macht beruhe nicht auf Überredungskunst. Es überzeuge nur das Wort, dem notfalls mit dem Schwert Nachdruck verliehen werde.

Adelheid reiste viel und schenkte oft. Wenn sie sich für Klöster und Bischöfe, aber auch für weltliche Personen einsetzte, diente sie gleichermaßen dem Seelenheil der Toten und der Macht der Lebenden ihrer Familie. Sie erschrak, als sie hörte, sie werde am Hof eine Verschwenderin genannt, die Reichsgut veruntreue. Sie wußte, daß alle ihre Schenkungen aus eigenem Besitz stammten. Wer sie verleumdete, erfuhr sie nicht. Ihr Sohn ließ sie gewähren, aber die Ratschläge seiner jungen Frau gewannen bei ihm an Gewicht. Mitte November 973 starb Herzog Burchard von Schwaben, Hadwigs Mann. Adelheid schätzte die Tochter der Herzogin Judith. Klug war sie und noch jung. Ihre Lage erinnerte sie an die eigene nach dem Tod König Lothars oder an die der Großmutter Reginlindis und der Herzogin Judith. Als Witwen hatten sie die Macht ihrer verstorbenen Männer beansprucht und ihre Aufgaben übernommen. Adelheid empfahl, Hadwig das Herzogtum Schwaben zu lassen und abzuwarten, ob sie abermals heirate.

Kaiser Otto II. erhob seinen Neffen Otto zum neuen Herzog in Schwaben. Mit dem fast gleichaltrigen Sohn seines früh verstorbenen Halbbruders Liudolf verband ihn Freundschaft. Sie waren zusammen erzogen worden. Für die Wahl Ottos gab es gute Gründe. Adelheid verschloß sich ihnen nicht. Der Vater Liudolf war vor seinem Sturz Herzog von Schwaben gewesen. Durch die Mutter Ida, Adelheids Tante, gehörte Otto zu den Hunfridingern, zur alten schwäbischen Herzogsfamilie. Er durfte sich in Schwaben zu Hause fühlen. Adelheid ärgerte sich dennoch über die Zurücksetzung der Herzogin Hadwig, auch wenn sie großzügig abgefunden worden war. Vor allem befürchtete sie, Herzog Heinrich von Bayern könnte sich durch den neuen schwäbischen Herzog bedroht fühlen. In der Bevorzugung von Liudolfs Sohn sah der Hof in Regensburg vermutlich die Fortsetzung von Liudolfs Feindschaft gegen das Herzogtum Bayern.

Ein Bürgerkrieg drohte. Die schlimmsten ihrer Erinnerungen wurden wach. Zwanzig Jahre lag der Aufstand Liudolfs zurück. Sie entsetzte sich bei dem Gedanken, daß abermals Häuser brennen, Bauern niedergemetzelt, Städte belagert und erobert werden würden. Sie hielt sich am Hof des Sohnes in Maastricht auf. Er kämpfte gegen die Grafen vom Hennegau, um Niederlothringen dem Reich zu sichern. Die Besorgnisse der Mutter schienen ihm übertrieben. Um vor dem unruhigen Vetter, dem bayerischen Herzog Heinrich, sicherer zu sein, stärkte er die Stellung des Babenbergers, der als Markgraf im Norden Bayerns saß. Adelheid warnte, der Bayernherzog werde sich gegen die Umklammerung durch den Schwabenherzog und den Markgrafen des Nordgaus wehren. Ein halbes Jahr geschah nichts. Dann folgte Schlag auf Schlag. Berthold, der

Babenberger Markgraf, jagte einen Boten an den Hof des Kaisers. Es sei eine Verschwörung im Gange. Heinrich von Bayern plane Verrat. Böhmen, Polen und Dänemark stifte er zum Widerstand gegen den Kaiser an. Der im Schoß der Familie entstandene Zwist weitete sich zum Völkerstreit.

Im Juni 974 brach der Krieg aus. Er hielt alle in Atem und wollte kein Ende nehmen. Kaiser Otto bewies mehr Tatkraft und militärisches Geschick, als die Mutter ihm zugetraut hatte. Herzog Heinrich nahm er gefangen. Als er entkam, schlug er ihn und seine Verbündeten mehrfach aus dem Feld. Mit jedem Sieg, den er errang, wuchs sein Selbstvertrauen. Adelheids Selbstsicherheit nahm Schaden. Ihre Hoffnung, durch den Zusammenhalt der Großfamilie die Übergabe des Reichs vom Vater auf den Sohn reibungslos gestalten zu können, hatte sich nicht erfüllt. Tief enttäuscht war auch Herzogin Judith von Bayern. Sie zog sich in das Regensburger Kloster Niedermünster zurück. Das Land litt unter der Last des inneren Krieges. Noch beharrte Adelheid darauf, er hätte sich verhindern lassen, aber niemand schien mehr Wert auf ihr Urteil zu legen. Als Otto II. ihr in der Mitte des Kampfes, im Sommer 976, eine Bestätigung der Schenkungen Ottos I. ausfertigen ließ, empfand sie das Schriftstück als freundliche Gabe und fühlte sich verabschiedet.

Es kam ihr wie ein Wink des Himmels vor, daß sich gerade jetzt ein alter Bekannter aus dem Königreich Italien meldete. Am kaiserlichen Hof traf Graf Bernhard von Pavia ein. Vor zehn Jahren war er wegen ›fellonia‹, wegen Treuebruchs verurteilt worden. Er hatte sich auf die Seite von Berengars Sohn Adalbert geschlagen. Kaiser Otto I. entfernte ihn damals aus dem Amt des Pfalzgrafen und zog einen Teil seiner Besitztümer ein. Nun bat der Graf um Rückgabe der Güter seiner Frau Rotlinda. Sie waren ihr und ihrem ersten Ehemann, Graf Elisardo, noch von König Hugo zugeteilt worden. Adelheid setzte sich mit ihrem Wunsch durch, daß die Rechtskundigen am kaiserlichen Hof das Gesuch des Grafen auch nach italienischem Recht erörterten. Graf Bernhard erhielt den Besitz der schönen Rotlinda zurück. Das Entgegenkommen des Kaisers wirkte wie eine Reisevorbereitung für die Mutter.

In der zweiten Hälfte des Jahres 976 zog sie als Stellvertreterin des Sohnes in Pavia ein. Sofort geriet sie in den Bann einer Tragödie. Aus Venedig kam die Nachricht, der Doge Pietro Candiano sei ermordet worden, der Mann ihrer Nichte Waldrada. Adelheid ließ sich einen genauen Bericht erstatten. Aufrührer hatten an einem heißen Augusttag den Dogenpalast angegriffen. Als sie von den Söldnern des Dogen zurückgeschlagen wurden, legten sie Feuer. Dreihundert Gebäude, darunter eine Kirche, brannten nieder. Auch San Marco war bedroht. Im Qualm versuchte sich der Doge mit Frau und Sohn zu retten. Die Flüchtenden wurden entdeckt. Pietro Candiano warf sich vor den Feinden auf den Boden und flehte um Gnade. Sie erstachen ihn und dann den Sohn, ein Wickelkind, das in den Armen der Amme lag.

Die Frau des Dogen verschonten die Mörder. Sie durfte zunächst sogar in Venedig bleiben, begab sich aber bald zu ihrem Bruder Hugo, dem Markgrafen von Tuszien. Adelheid schickte ihren italienischen Kanzler Gottfried nach Venedig. Man hatte sich an Verwandten des kaiserlichen Hauses vergriffen. Das Verbrechen konnte nicht widerspruchslos hingenommen werden. Vor allem aber mußte sie die Interessen der Nichte wahrnehmen und die reiche Mitgift retten, mit der Waldrada in die Ehe gegangen war. Der Kanzler Gottfried rechtete und rechnete zäh. Ende Oktober lag der Entwurf eines Abkommens vor.

In Piacenza trat ein Gericht unter Adelheids Vorsitz zusammen. Die Verhandlung leitete der Pfalzgraf von Pavia Gislebert II. Adelheid kannte seinen Vater Lanfranc, der dasselbe Amt unter König Berengar innegehabt hatte. Der Großvater wiederum, der erste Gislebert, war seinerzeit einer der beiden Überbringer der berühmten Heiligen Lanze an König Rudolf II. gewesen. Es geschah ihr jetzt öfter, daß die Gedanken, angeregt von einem Gesicht oder einer Bemerkung, lange Reisen zurück in vergangene Zeiten unternahmen.

Der Vertrag wurde begutachtet und gebilligt. Er sicherte der Nichte die ihr bei der Heirat versprochene Morgengabe in Höhe von 400 Pfund Silber. Als Mutter des ermordeten Sohnes des Dogen erhielt sie den vierten Teil des Besitzes, den der ebenfalls ermordete Vater hinterlassen hatte. Auf weitere Ansprüche verzichtete Waldrada. Adelheid konnte zufrieden sein. Nach der schrecklichen Untat war die angemessene Versorgung der Nichte gesichert worden. Das Entgegenkommen Venedigs diente dem Ansehen des Kaisers und öffnete den Weg zu neuen Verhandlungen mit der Seerepublik.

Sie hatte nicht lange Zeit, sich über ihren Erfolg zu freuen. Anfang 977 erfuhr sie von dem Skandal, der sich am französischen Hof ereignet hatte. Ihre Tochter Emma, die Königin Frankreichs, wurde des Ehebruchs bezichtigt. Die schwere Anschuldigung gegen sie erhob der Bruder des Königs. Karl behauptete, Königin Emma betrüge ihren Mann Lothar mit Adalbero, genannt Ascelin. In den letzten Jahren hatte er dem König von Frankreich als Kanzler gedient. Im Januar war ihm das Bistum Laon übertragen worden. Man sagte ihm Geist, Witz und politisches Talent nach, aber auch völligen Mangel an Charakter. Dabei stammte er aus einer der besten Familien des Landes. Sein gleichnamiger Onkel, der Erzbischof von Reims, galt als der einflußreichste Kirchenfürst Frankreichs.

Wie schwer es vielen Priestern, Mönchen, Äbten und Bischöfen fiel, enthaltsam zu bleiben, war bekannt. Adelheid erlebte auch nicht zum erstenmal, daß einer Fürstin ein Verhältnis mit einem Bischof nachgesagt wurde. Hartnäckig hielt sich das Gerücht von einer Liebesbeziehung zwischen Herzogin Judith und Bischof Abraham von Freising. Sie selbst hatte erlebt, wie ihre Freundlichkeit gegenüber Judiths verstorbenem Mann, dem schönen Herzog Heinrich, übel mißdeutet worden war. Man kam leicht ins Gerede und schwer wieder heraus. Emma war lebenslustig, daß wußte sie seit langem.

»Es kann doch nicht sein«, suchte sie sich zu beruhigen, »daß meine jüngere Tochter Mathilde eine Heilige und die ältere Schwester eine ...« Sie sprach das Wort nicht aus, das sie dachte. Zu ihrer Erleichterung erfuhr sie, König Lothar habe den Verleumder seiner Frau vom Hof verbannt. Doch schien die Geistlichkeit Frankreichs den Skandal ernster zu nehmen als der König. Der Erzbischof von Reims berief für das Ende des Jahres eine Versammlung ein, auf der auch das Verhalten seines Neffen Adalbero Ascelin untersucht werden sollte. Adelheid verließ Pavia. Unterwegs hörte sie, Karl, der gegen ihre Tochter gehetzt hatte, halte sich am Hof ihres Sohnes, des Kaisers, auf. Sie traute ihren Ohren nicht und glaubte an ein Mißverständnis. Doch es kam schlimmer. Zu Brumath im Elsaß, nicht weit von ihrer Besitzung Erstein, eröffnete ihr der Kaiser, er werde Karl mit dem Herzogtum Niederlothringen belehnen.

»Du belohnst den Mann, der deine Halbschwester in den Schmutz zieht?«

Sie drang mit ihrer Empörung nicht durch. Otto und Theophanu lächelten, verlegen er, verhalten sie. Die Vorwürfe wehrten beide ab. Karls Ernnenung zum Herzog von Niederlothringen regele in Zusammenhang mit anderen Maßnahmen die Verhältnisse im Nordwesten. Es sei auch ein Gewinn, einen Karolinger unter den Gefolgsleuten des Kaisers zu haben. Man werde ihm in Brüssel eine Residenz einrichten. Theophanu ließ durchblicken, persönliche Gefühle müßten zurückstehen, wenn es um die Belange des Reichs gehe. Adelheid beherrschte sich nur mühsam.

»Lothringen ist ein Problem«, gab sie zu. »Selbst dein Onkel Brun hat dort mit der Teilung in Nieder- und Oberlothringen keine dauerhafte Ordnung geschaffen. Die Belehnung Karls mit Niederlothringen wird die selbstbewußten Grafen des Landes beunruhigen und für seinen Bruder, den König von Frankreich, ist sie eine Beleidigung. Willst du König Lothar vor seinen Großen lächerlich machen?«

Es half nichts, das kaiserliche Paar war mit sich zufrieden und sehr beschäftigt, denn die Auseinandersetzung mit Herzog Heinrich von Bayern ging weiter. Die Entfremdung zwischen Sohn und Mutter wuchs etwa in dem gleichen Maße, wie die

Zuneigung des kaiserlichen Paars sich festigte. Beide Seiten wollten den Bruch vermeiden. Es fehlte nicht an Gesten guten Willens. Als Theophanu im späten Sommer mit einer Tochter niederkam, erhielt sie den Namen der Großmutter. Sobald der Kaiser seine Gegner niedergerungen hatte, berief er einen Hoftag für den 31. März 978 nach Magdeburg ein, um über sie Gericht zu halten, Adelheid wohnte den Versammlungen bei und freute sich über den Triumph des Sohns. Er ließ Milde walten. Köpfe fielen nicht. Er schickte die Aufrührer abermals in die Haft. Gerade angesichts seiner Großmut gegenüber Herzog Heinrich kränkte es Adelheid, wie hart ihr Sohn die Frau des Herzogs, ihre Nichte Gisela, behandelte. Was hatte sie sich zuschulden kommen lassen, daß ihr und ihren beiden Kindern Merseburg als Zwangsaufenthalt zugewiesen wurde?

Ihre Tochter Mathilde, die Äbtissin von Quedlinburg, begleitete sie, als sie nach Hochburgund zu ihrem Bruder, König Konrad, aufbrach. An seinem Hof erreichte sie die Nachricht, König Lothar habe die ihm angetane Schmach gerächt. Er hatte Aachen überfallen, als Kaiser Otto sich dort mit der wieder schwangeren Kaiserin Theophanu aufhielt. Nur mit Mühe und im letzten Augenblick entkamen beide den Truppen Lothars. Ihr gesamtes Gepäck fiel in die Hand des Feindes, auch die Reichsinsignien. Den ehernen Adler, den Kaiser Karl auf den Giebel der Pfalz hatte setzen lassen, drehten die übermütigen Räuber in die Gegenrichtung.

Wieder entwickelte sich ein Unheil aus dem anderen. Von seinem halben Erfolg in Aachen verführt, versuchte König Lothar, sich Lothringens zu bemächtigen. Um seine Macht zu zeigen, drang daraufhin der Kaiser plündernd und verwüstend mit starkem Heer in Frankreich ein. Er gelangte bis vor Paris, konnte die Stadt aber nicht einnehmen. Sein Rückzug bei Anbruch des Winters fiel wenig glücklich aus. Verhandlungen begannen, aber es blieben Mißtrauen und Groll zurück.

Ohnehin erlebte Adelheid, daß sogar in ihrer Umgebung über ›die Leute im Westen‹ gelästert wurde. Sie wußte, wie wenig man im Westen von den östlichen Nachbarn hielt. Gemeinsam mit ihrer Schwägerin Gerberga hatte sie sich bemüht, durch Ehen innerhalb der Familie friedliche Beziehungen zwischen den Völkern zu fördern. Statt dessen wuchs die Fremdheit, und die eigenen Verwandten trugen zu ihrer Vertiefung bei. Das besonders schmerzte sie und war ihr zuwider. Von Kindheit an fühlte sie sich in allen Teilen des alten Frankenreichs verwurzelt und nicht zuletzt in Italien.

Dorthin zog es sie immer wieder in der Hoffnung, wenigstens ihrem alten Königreich von Nutzen sein zu können. Sein Bereich war in den letzten Jahrzehnten erheblich gewachsen. An dieser Entwicklung unter dem verstorbenen Kaiser Otto hatte sie Anteil gehabt und wünschte, das Erreichte zu erhalten. Dank der umsichtigen Vergabe von Land, Ämtern und Titeln herrschte in den wichtigsten Landesteilen Ruhe. Mit Genugtuung sah Adelheid den jungen Markgrafen von Tuszien, ihren Neffen Hugo, zu einem verläßlichen und umsichtigen Freund des kaiserlichen Hauses heranwachsen. Im Innern gefestigt, erwies sich das Gefüge des Königreichs überall dort anfällig, wo es weit ausgriff. Adelheid saß im Palast von Pavia und grübelte, ob die Kräfte des Reichs nicht überfordert waren und was sich dagegen unternehmen ließe.

Rasche Veränderungen in Venedig und Rom zeigten ihr, wie begrenzt ihr Einfluß war. Die dem kaiserlichen Haus nahestehenden Candiani brachten die Führung der Seerepublik wieder an sich, ihre Stellung blieb aber schwach. Der Streit zwischen zwei mächtigen Familien, den Coloprini und den Morosini, versetzte die Stadt auf Pfählen in Schrecken. Alter Hader verband sich mit der politischen Frage, ob Venedig sich an Byzanz oder den Kaiser binden solle. Von Pavia aus die Coloprini in ihrer Kaisertreue zu unterstützen, ohne sie womöglich gerade dadurch zu gefährden, erforderte neben Behutsamkeit Zeit. Adelheids Aufenthalte in Italien dauerten aber jeweils nur Monate. Auch in Rom verschlechterte sich 979 die Stellung des Reichs. Nach Aufstand und Mord war mit Hilfe eines kaiserlichen Abgesandten vor fünf Jahren Papst Benedikt VII. durchgesetzt worden. Jetzt kam die Nachricht, er sei dem Druck seiner Gegner gewichen und aus Rom geflohen. Helfen konnte nur der ferne Kaiser. Viele Augen richteten sich auf ihn.

Wenn Adelheid ihren Sohn betrachtete, fühlte sie Stolz und Kummer zugleich. Seit zehn Jahren kämpfte er mit Erfolg, doch seine Siege verliehen ihm nicht die Ruhe und Sicherheit, die er brauchte. Mehr denn je neigte er zu unbedachten Entschlüssen. Selbst im engsten Kreis stieß er auf Widerspruch. Bei einem Zweikampf, der einen Rechtshandel klären sollte, unterlag ein Graf Gero, ohne getötet zu werden. Am Abend ließ ihn der Kaiser durch den Henker enthaupten. Herzog Otto und andere machten dem Kaiser Vorwürfe. Er verwies auf seinen Vater, der Streitsachen oft durch einen Zweikampf hatte klären lassen und den Ausgang immer als Gottesurteil akzeptiert hatte.

Adelheid mißtraute der Rechtsprechung durch einen Kampf auf Leben und Tod. Sie bedauerte das Gesetz des verstorbenen Kaisers, mit dem der Zweikampf im Königreich Italien zum einzigen Beweismittel in Grundstücksprozessen geworden war. Diese Form der Urteilsfindung wurde oft mißbraucht und von der Kirche kritisiert. Gott durfte nicht genötigt werden, die Rechtshändel der Menschen zu entscheiden. Die Wahrheit mit der Schärfe der Schwerter zu suchen, statt mit der Schärfe des Verstandes, entsprach im übrigen nicht der Unterweisung, die sie von den Richtern in Pavia erhalten hatte.

In den ersten Dezembertagen des Jahres 980 stand Adelheid im Thronsaal des Palastes von Pavia und sah unruhig der Ankunft des Sohnes entgegen. Botschaften waren zwischen ihnen ausgetauscht worden. In Italien und Burgund hatte Majolus, der Abt des Klosters Cluny, zu vermitteln gesucht. Im Reich bemühte sich Willigis, der neue Erzbischof von Mainz. Sie ließ sich gegen den Vorwurf verteidigen, durch ihre Schenkungen an die Kirche Reichsgut veruntreut zu haben. Otto schien die Mutter beruhigen zu wollen, als er ihrem langjährigen Wunsch entsprach, im Memleben ein Kloster zur Erinnerung an Vater und Großvater zu gründen. Die wahre Lösung der in Jahren gewachsenen Spannungen schaffte erst die Freude des Wiedersehens. Als sich Mutter und Sohn in die Arme schlossen, flossen Tränen. Sie kauerten auf dem Boden beim Feuer und begannen zu erzählen. Die halbe Familie und viel Gefolge fanden sich in Pavia ein. Theophanu zeigte der Schwiegermutter Adelheid ihren fünf Monate alten Sohn Otto. Die drei Töchter waren jenseits der Alpen geblieben.

Es störte die heitere Stimmung etwas, als dem Hof Gedanken zum Ende der Welt vorgetragen wurden. Erzbischof Adalbero von Reims besuchte Pavia. Ihn begleiteten zwei gelehrte Geistliche, der Leiter der Reimser Domschule Gerbert von Aurillac, den Adelheid bereits kannte, und Adso, der Abt des Klosters Montier-en-Der. Er hatte vor etwa dreißig Jahren für die verstorbene Schwägerin Gerberga ein Büchlein über Ursprung und Zeit des Antichrist geschrieben. Sein Auftreten, hieß es in der Bibel, kündige das Ende der Welt an. Jeder im Palast wußte, daß die Prediger auf der Kanzel neuerdings häufiger die Briefe des Apostels Johannes aufschlugen und die erschrockenen Gemeinden seine Prophezeiung hören ließen:

»Kindlein, es ist letzte Stunde, und wie ihr gehört habt, daß der Antichrist kommt, so sind auch jetzt viele Antichristen erstanden; daran erkennen wir, daß es letzte Stunde ist.«

Die Geistlichen blätterten weiter zu der Offenbarung des Apostels und die Gläubigen sahen die Erde beben. Die Sonne wurde schwarz und der Mond rot wie Blut. Die Sterne fielen vom Himmel. Gepanzerte Reiter preschten auf Pferden mit Löwenköpfen heran. Ein feuriger Drache erschien am Himmel und verheerte die Erde. Aus dem aufgewühlten Meer stieg ein Tier mit zehn Hörnern und sieben Köpfen. Blitze durchzuckten das Weltall, gewaltiger Donner dröhnte.

»Wenn die tausend Jahre vollendet sind«, lasen die Prediger vor, »wird der Satan losgelassen werden aus seinem Kerker, und er wird ausziehen, um die Völker an den vier Enden der Erde zu verführen...«

Der gelehrte Abt Adso hatte alle einschlägigen Stellen der Bibel untersucht und die Meinung der Kirchenväter dazu erforscht. Ernst hörte er sich die beklommene Frage an, ob das

Endgericht sich womöglich schon am bevorstehenden Ende dieses Jahrtausends ereignen werde. Der Abt verwies auf den heiligen Augustinus, der die Antwort mit einem Zitat aus der Apostelgeschichte gegeben habe:

»Es gebührt euch nicht zu wissen die Zeit, die der Vater seiner Macht vorbehalten hat.«

Dann ließ Adsos Strenge nach, und er versicherte den Zuhörenden, die Welt werde vorderhand nicht untergehen. Wieder war von der Fortdauer des römischen Imperiums die Rede. Dieses vierte Weltreich setzte sich im fränkischen Reich fort. Ob er damit das west- oder das ostfränkische meinte oder beide als Einheit sah, blieb unklar. Der Kaiser griff den Gedanken des Abtes dankbar auf. Das Reich zu erhalten, war er nach Italien gekommen. Er deutete an, es gehe ihm nicht nur um die Rückführung des Papstes nach Rom. Er frage sich, ob es nicht seine Pflicht sei, das südliche Italien zu erobern.

Er will dort siegen, wo der Vater scheiterte, dachte Adelheid. Sie war besorgt. An die Feldzüge in Apulien hatte sie keine guten Erinnerungen. Mit einem Urteil hielt sie sich zurück. Der Friede in der Familie war ja gerade erst wieder hergestellt. Weihnachten verbrachte der Hof in Ravenna und erlebte eine philosophische Diskussion zwischen Gerbert und dem Domschullehrer Ohtrich aus Magdeburg. Es ging um die richtige Einteilung der Philosophie. Gerbert unterschied zwischen einem theoretischen Teil, zu dem Physik, Mathematik und Theologie gehörten, und einem praktischen, der Staat, Wirtschaft, Familie und Tugend betraf. Der Tag verging, der Abend kam, eine Einigung zeigte sich nicht. Der Kaiser beendete das Gespräch, ohne einen Sieger zu verkünden.

Er zog im Februar 981 mit Hof und Heer nach Rom und setzte Papst Benedikt wieder in seine Rechte ein. Aus Frankreich erschien ein Gast. Mit hallender Stimme kündigte der königliche Türsteher Herzog Hugo Capet von Franzien an. Der bedrohlichste Rivale des Königs von Frankreich machte dem Kaiser seine Aufwartung. Adelheid erhielt zur gleichen Zeit einen seltsamen Brief ihrer Tochter Emma. Die Königin von

Frankreich bat die Mutter, Herzog Hugo nicht nach Frankreich zurückkehren zu lassen. Mit einer ähnlichen Bitte wandte sich Emmas Mann Lothar an den König von Hochburgund, an Adelheids Bruder Konrad. Er befand sich ebenfalls in Rom und zwar in Begleitung seiner Frau Mathilde, einer Schwester Lothars. Es war anzunehmen, daß auch sie sich für den Wunsch des Bruders verwenden würde.

Plötzlich wurde viel getuschelt in dem weitläufigen Palast. Draußen klirrten die Waffen der Wachen. In den Sälen versicherten sich die Plaudernden mit behutsamen Blicken, ob sie aus der Hörweite anderer seien. Adelheid nahm die Furcht ihrer Tochter vor der Macht des Herzogs durchaus ernst. Er gefährdete die Dynastie der Karolinger. Ihn gefangenzusetzen, hielt sie jedoch für unvereinbar mit dem Ansehen des Kaisers. Mit Erleichterung bemerkte sie, daß er seinen Gast auszeichnete. Sie lobte ihn für seine Haltung und sah Theophanu lächeln. Die junge Kaiserin hatte offenbar dafür gesprochen, den Rivalen des Königs von Frankreich behutsam zu behandeln und sicher heimreisen zu lassen. Ihre Absicht schien zu sein, beim westlichen Nachbarn des Reichs für Unfrieden zu sorgen und seine Kräfte durch innere Kämpfe zu binden. Adelheid hingegen lag daran, den Herzog dafür zu gewinnen, den König von Frankreich, ihren Schwiegersohn, zu unterstützen. Ihre Vermittlung scheiterte am Lächeln Theophanus. Es ermunterte Herzog Hugo Capet, von seinen Möglichkeiten Gebrauch zu machen.

Die junge Kaiserin urteilte kühl, wenn es um Fragen der Macht ging. Im März kam die Nachricht, Fürst Pandulf Eisenkopf sei gestorben. Die Nachfolge in dem alten langobardischen Herrschaftsbereich mußte geregelt werden. Der Kaiser besprach mit den Kaiserinnen seinen Plan, Byzanz endgültig das südliche Italien abzunehmen und die Sarazenen aus ihren dortigen Stützpunkten zu vertreiben. Theophanu erhob keine Einwände. Ihre Bindung an Konstantinopel war mit dem Tod ihres Onkels Tzimiskes vor fünf Jahren und der darauf erfolgten Entmachtung ihrer Verwandten abgebrochen. Sie warnte freilich vor den Schwierigkeiten des Feldzugs. Man dürfe weder die Byzantiner noch die Sarazenen unterschätzen. Adelheid vertrat den Standpunkt, es sei besser, Byzanz jetzt nicht anzugreifen und nur den Söhnen Pandulfs bei der Verteidigung ihres Erbes zu helfen. Ein Feldzug überfordere die Kräfte des Kaisers. Er nickte und forderte neue Mannschaften an.

Sie sah, daß ihr Sohn zum Kampf entschlossen war und begab sich nach Pavia zurück. Dort erfuhr sie im Frühjahr 982 von seinen ersten Siegen. Sie hielt sich in den kühlen Gärten des Palastes auf, als im Sommer die Nachricht von der vernichtenden Niederlage des Kaisers eintraf.

15. *Kapitel*

Geschick gegen Schicksal

*E*rst in Capua begriff sie das Ausmaß der Katastrophe. Auf die Freude über die Rettung des Sohns folgte Entsetzen, als sie von den Verlusten des Heeres erfuhr. Sie musterte die zu ihrem Empfang in der Halle versammelte Runde der Männer. Viele fehlten, die sie beim Abschied an der Seite des Kaisers gesehen hatte. Wo waren Richer, der Lanzenträger, Bischof Heinrich und Herzog Udo, wo die Grafen Thietmar, Bezelin, Ezelin, Gunther und Gebhard? Die Söhne Pandulf Eisenkopfs? Tot und unbestattet, ihre Leichen geplündert und verwest, bleiche Knochen unten am Strand von Capo Colonna. Vor dem versteinerten Gesicht ihres Sohnes vergingen Adelheid die Fragen. Vom Anfang der Schlacht berichteten ihr andere.

Das Heer, das ausgezogen war, den Süden Italiens zu erobern, gab es nicht mehr. Erst langsam sammelte sich wieder eine neue Streitmacht um den Hof in Capua. Der Kaiser bewies Tatkraft auch in der Niederlage. Um so unbegreiflicher war ihre Ursache. Meinungen und Urteile gab es sattsam.

»Wir sind in eine Falle geraten.«

»Das war Schicksal! Eine Fügung Gottes!«

»Der Kaiser ist zu leichtsinnig gewesen. Ihm fehlt die Erfahrung des Vaters.«

»Wir haben zu sehr unserem Glück vertraut«, meinte der Erzkanzler von Italien, der Bischof von Pavia. Adelheid kannte Petrus seit langem und schätzte seine Verläßlichkeit. Er hatte die Schlacht erlebt und gab eine knappe Schilderung. Das Heer eroberte zunächst die Festung Emir Abû al Quâsims, der die Sarazenen befehligte. Auf offenem Feld bei Capo Colonna kam es zum Kampf mit der Hauptmacht des Feindes. Die Sara-

כה נקבר
רבנא משולם
בן הרבנא רבי
קלונימוס
תנצבה

*24 Rabban Meschullam ben Kalonymus starb nach 1012 in
Mainz. Seine Familie stammte aus Lucca. Er könnte der Vater
des von Thietmar von Merseburg erwähnten Juden Calonimus
gewesen sein, der Kaiser Otto II. nach der verlorenen Schlacht
von Capo Colonna ein Pferd lieh und so das Leben rettete.*

zenen wichen vor dem Ansturm zurück und ergriffen die
Flucht. Emir Abû al Quâsim fiel. Der Sieg schien sicher, die
Verfolgung begann. Da brach aus einem Hinterhalt plötzlich
ein neuer Haufen hervor. Der Angriff traf das kaiserliche Heer
unerwartet. Wieder Ordnung in die eigenen Reihen zu bringen, gelang dem Kaiser nicht. Die Sarazenen metzelten Reiter
und Fußvolk nieder. Wer überlebte und nicht fliehen konnte,
geriet in Gefangenschaft. Der Kaiser entkam mit Herzog Otto
und einer kleinen Schar ans Meer. Am Strand traf er einen Juden aus seinem Gefolge, der ihm sein Pferd anbot.

»Wie heißt der Mann?« Adelheid wandte sich zu ihrem
Sohn. Sein Gesicht belebte sich zum erstenmal.

»Kalonymus ben Meschullam«, erwiderte er. »Er stammt
aus Lucca. Ich habe nach ihm forschen lassen und ihn eingela-
den, sich mit seiner Familie am Rhein niederzulassen.«

Der Kaiser hatte sich auf das ihm geliehene Pferd geschwun-
gen und war ins Meer gesprengt. Schwimmend suchte er eine
vor der Küste kreuzende Salandria zu erreichen, eine Art Ga-
leere. Man verweigerte ihm die Aufnahme. Als er zum Ufer
zurückkehrte, bemerkten ihn die Sarazenen. Ein anderes grie-
chisches Schiff näherte sich der Küste. Kaiser Otto wagte einen
neuen Versuch und trieb das Pferd abermals ins Wasser. Unter
den Schiffsleuten befand sich ein Ritter, den Otto kannte. Er
hieß Heinrich, hörte aber auch auf den slawischen Namen Zo-
lunta. Er verwandte sich für den Flüchtling, ohne dessen Rang
und Namen preiszugeben. Der Kapitän ließ ihn an Bord.

Er fand bald heraus, wer sein Fahrgast war. Adelheids Sohn
bat, man möge das weiter östlich gelegene Rossano anlaufen.
Im dortigen Feldlager erwarte ihn die Kaiserin. Er beabsichtige, mit ihr und allen seinen Schätzen Italien zu verlassen und
sich nach Konstantinopel zu begeben. Der Grieche, dem er reiche Belohnung versprach, nahm Kurs auf Rossano. An dieser
Stelle der Erzählung Ottos mischte sich Bischof Dietrich von
Metz ein. Beredt schilderte er, wie umsichtig er dem Kaiser
geholfen habe. Die von dem Schiff auf der Reede kommende
Nachricht, Kaiserin Theophanu solle mit dem gesamten Gold-

vorrat ans Ufer eilen, sei von ihm sofort als Finte durchschaut worden. Er, Dietrich, habe die Kaiserin und die mit Säcken beladenen Lasttiere an den Strand geleitet. Dann sei er zur Salandria gerudert worden. Um die griechische Mannschaft abzulenken, habe er den Kaiser gebeten, sich für den Empfang der Gemahlin angemessen umzukleiden. Otto sei dem Rat gefolgt. Plötzlich habe er sich ins Meer gestürzt. Ein Matrose sei bei dem Versuch, ihn festzuhalten, vom kaiserlichen Mundschenk niedergestochen worden. Der Kaiser habe ungehindert zur Küste schwimmen und er, Dietrich, sich den Weg zurück ins Ruderboot bahnen können.

»Am Strand begrüßte die Kaiserin Theophanu den Gemahl mit unbeschreiblicher Freude«, beendete eine neue Stimme den Bericht. Johannes Philagathos, der Kanzler Italiens, blickte herausfordernd in die Runde. Bischof Dietrich von Metz lächelte dünn, schwieg aber wie die anderen auch. Theophanus Miene blieb undurchdringlich. Warum betonte ihr Günstling Johannes den glücklichen Verlauf des Empfangs? Adelheid hatte ihn nie gemocht. Er stammte aus Rossano. Nicht zuletzt seiner griechischen Herkunft wegen war er schon vor Jahren in die Kanzlei der Kaiserin Theophanu gekommen. In Pavia hatte Adelheid oft den Eindruck gehabt, sie werde von ihm überwacht. Eine Erklärung für das merkwürdige Verhalten des Klerikers erhielt Adelheid von Bischof Dietrich. Er flüsterte ihr in einem unbeobachteten Augenblick zu, Theophanu habe den Kaiser ganz und gar nicht freudig begrüßt, vielmehr voller Verachtung, zornig und mit schweren Vorwürfen. Auch gegen den eitlen Bischof hegte Adelheid Vorbehalte, aber es sprach manches für seine Angaben. Das Verhältnis zwischen Otto und Theophanu hatte sich gändert. Er schien sie zu meiden und zog sie selten zu Rat.

Als wolle sie prüfen, wieviel Einfluß sie noch auf ihren Mann besaß, verlangte sie, er möge Johannes Philagathos die Abtei Nonantola übertragen. Sie schlug vor, ihn zum Archimandriten zu erheben, womit er den Rang eines Erzbischofs erhielte. Adelheid sah die Verdienste nicht, für die der Mann belohnt werden sollte. Sie erkannte und mißbilligte, daß die Schwiegertochter ihren Günstling in eine wichtige Position in Italien zu bringen trachtete, aber sie widersprach dem Vorschlag nicht. Sie wollte die Spannung, die sie spürte, nicht schüren. Je eher sich das kaiserliche Ehepaar wieder vertrug, desto besser für die Erledigung der Angelegenheiten des Reichs. Es war wichtig und richtig, daß die Tätigkeit der Kanzlei weiterging, als habe es eine Niederlage nicht gegeben. Auch sie selbst beschäftigte die Notare. Auf ihren Wunsch hin, bestätigte Otto II. ihrem Kloster San Salvatore bei Pavia Besitz und Privilegien.

Noch in Capua erreichte den Kaiser die Nachricht, sein Freund und Vetter Otto, der Herzog von Schwaben und Bayern, sei in Lucca auf der Heimreise gestorben. Trotz seines tiefen Kummers über den Verlust, beschäftigte sich der Kaiser sofort mit der Frage, wem die beiden Herzogtümer nun anzuvertrauen seien. Adelheid riet, die alteingesessenen Herrscherfamilien zu berücksichtigen. Theophanu widersprach energisch. In den Fürsten der alten Stämme sah sie eine Gefahr für die Macht des Kaisers. Kurz darauf schienen ihr die Ereignisse rechtzugeben. Der Hof war nach Rom übergesiedelt, als der Kaiser erfuhr, die Großen des Landes hätten sich in Sachsen versammelt, um über die Lage des Reichs nach der Niederlage zu beraten. Schon bald traf ein Schreiben ein, in dem sie den Kaiser ersuchten, einen Hoftag einzuberufen. Sie schlugen Verona vor, das an der Grenze der Königreiche lag. Ihr Vorgehen war ungewöhnlich und schwer zu deuten. Es stellte die Stellung des Kaisers nicht in Frage, verriet aber ein Streben nach mehr Mitsprache. Otto zeigte sich entschlossen, die Unterstützung der Fürsten zu gewinnen, eine Schmälerung seiner Macht aber nicht hinzunehmen.

Die Versammlung von Verona im Frühjahr 983 ließ sich glücklich an. Adelheid begrüßte ihren Bruder, König Konrad, und den Markgrafen Hugo von Tuszien. Da auch ihre Tochter Mathilde zugegen war, entwickelte sich der Reichstag wie vor langen Jahren in Köln auch zum Familientreffen. Es bestärkte sie in der Überzeugung, nur auf familiäre Bindungen und Traditionen sei die Sicherheit des Reichs zu gründen. Theophanu verbarg nicht, daß sie diese Einstellung für einfältig hielt. Rückhalt fand Adelheid dagegen bei Fürstinnen wie Beatrix, der Witwe des verstorbenen Herzogs von Oberlothringen. Die Entscheidungen der Versammlung stellten Adelheid zufrieden. Die weltlichen und geistlichen Großen billigten des Kaisers Entschluß, in den vakanten Herzogtümern zwei Angehörige alter Dynastien zum Zuge kommen zu lassen, einen Luitpoldinger in Bayern und einen Konradiner in Schwaben.

Die Großen wählten sodann Theophanus Sohn Otto zum König. Daß die mächtigen Herren des Nordens über ihren König zum erstenmal südlich der Alpen entschieden, betonte die Zusammengehörigkeit des ostfränkischen und des italienischen Reichs. Ein sehnlicher Wunsch Adelheids ging in Erfüllung. Seit ihrer Ehe mit Otto I. verkörperte vor allem ihre Person die Einheit der Königreiche. Jetzt beruhte sie auf breiter Anerkennung. Gekrönt sollte der dreijährige Enkel in Aachen werden, doch würde der Erzbischof von Ravenna die Zeremonie leiten. Wie sehr der Norden und der Süden zusammenwuchsen, zeigte sich nach Adelheids Empfinden auch in der Einwilligung der Fürsten, den Kaiser bei seinem Kampf gegen die Sarazenen weiter zu unterstützen.

Das Eintreffen einer Gesandtschaft aus Venedig bekräftigte den Zusammenhalt der Reichsteile ebenfalls. Adelheid leitete die Verhandlungen mit den Abgesandten des neuen Dogen. Tribunus Menius hatte drei Vertreter geschickt. Die früheren Verträge wurden bestätigt und zum Bestandteil eines neuen Bündnisses. Mit einem jährlichen Tribut von 50 Pfund Silber und einem wertvollen Seidentuch, einem pallium, erkannte Venedig formal die Oberhoheit des Reichs an. Am 7. Juni kratzten die Federn der Notare über das Pergament. Sein Inhalt wurde in Gegenwart der kaiserlichen Familie feierlich verkündet.

Dann geschah, was sie nicht begriff und am Verstand ihres Sohnes, des Kaisers, zweifeln ließ. Im Hoflager von Verona erschien Stefano, das Haupt der venezianischen Familie Coloprini. Er schilderte dem Kaiser die Verhältnisse in Venedig in den düstersten Farben. Vergeblich fiel ihm Adelheid ins Wort, als er dem Kaiser die Herrschaft über die Seerepublik anbot und einen Überfall auf die Stadt vorschlug. Er wolle das Unternehmen finanzieren, wenn man ihm die Dogenwürde zusichere. Adelheid traute ihren Ohren nicht, als sie später am Tag hörte, der Kaiser habe eine Handelssperre über Venedig verhängt und lasse venezianische Waren beschlagnahmen. Sie stellte den Sohn zur Rede, wollte wissen, was es für einen Sinn habe, an einem Tag einen Vertrag zu schließen und ihn am nächsten zu brechen. Barsch erklärte er, wenn sich die Venezianer ihm nicht fügten, werde er sie für vogelfrei erklären. Sie beschloß, nach Pavia zurückzukehren, hielt sich aber noch einige Zeit in Verona auf. Der Hof wollte Nachrichten abwarten, ob es gelungen sei, einen Angriff der Dänen auf die Nordgrenze abzuwehren. Als der Kaiser das Zeichen zum Aufbruch gab, trat plötzlich Majolus, der greise Abt von Cluny, auf ihn zu. Er ergriff seine Hände und bat ihn inständig, nicht nach Rom zu reisen.

»Wenn du die Stadt betrittst«, rief er, »siehst du deine Heimat nicht wieder und wirst in Rom begraben werden.« Niemand entzog sich dem Eindruck der düsteren Worte. Die Großen und auch die Familienmitglieder verabschiedeten sich wortkarg und verschwanden schnell. Bei der Trennung setzte der Kaiser seine Mutter zur Statthalterin über Italien ein. Sie wußte nicht, ob das Amt nur eine Geste der Versöhnung war oder die Anerkennung ihrer Befähigung bedeutete, Italien zu regieren. Der Sohn zog über Ravenna nach Süden. Theophanu begleitete ihn. Adelheid saß im Palast von Pavia und wartete.

Statt der Nachrichten über den Feldzug des Sohnes trafen Unglücksbotschaften aus dem Norden ein. In einem wilden Sturm hatten Völker der Slawen die östliche Grenze des Reichs überrannt und waren weit nach Westen vorgedrungen. Die Eroberungen des vor zehn Jahren verstorbenen ersten Kaisers Otto gingen fast gänzlich verloren. Die Boten berichteten von gräßlichen Verheerungen. Überall brannten die Kirchen.

Selbst Hamburg konnten die Eindringlinge einäschern. Vor einem solchen Aufstand hatten sich viele seit der Ermordung des Bischofs Dodilo von Brandenburg gefürchtet. Drei Jahre lag die Untat zurück. Manche sahen in dem Plündern und Morden der Heiden die Strafe Gottes für die Aufhebung des Bistums Merseburg zugunsten des neuen Erzbistums Magdeburg. Andere glaubten, jetzt räche sich, daß die Kleriker von den Menschen der nördlichen Marken oft verspottet worden seien.

Auf solche Deutungen wollte Adelheid sich nicht einlassen. Näher stand ihr die Frage, welchen Sinn es habe, im Süden Italiens auf Eroberung zu gehen, wenn im Norden die Grenzen nicht zu halten waren. Sie vernahm mit Erleichterung, ihr Sohn, der Kaiser, habe den Feldzug gegen die Sarazenen nicht beginnen können und Rom aufsuchen müssen. Papst Benedikt VII. war gestorben. Majolus, der Abt von Cluny, sei des Kaisers Kandidat gewesen, hörte Adelheid. Er habe aber abgelehnt. Petrus, der Bischof von Pavia, setzte als Johannes XIV. die lange Reihe der Päpste fort. Dann traf ein Schreiben von Theophanu ein. Kaiser Otto sei erkrankt. Fieberanfälle schüttelten ihn. Er versuche, sich mit Aloe zu kurieren. Als bald darauf ein neuer Bote vor Adelheid trat, wußte sie, noch ehe er sprach, was er zu sagen hatte.

»Der Kaiser ist gestorben.«

Die Gemahlin habe ihn in einem antiken Sarkophag mit einem schweren Deckel aus Porphyr bestatten lassen. Das Grabmal befinde sich links im Eingang zur Peterskirche, im sogenannten Paradies. Der Bote erwähnte noch, der Kaiser habe vor seinem Ableben sein Geld aufgeteilt, einen Teil der Kirche, einen zweiten den Armen, den dritten seiner Schwester Mathilde und den vierten den trauernden Dienern und Kriegsleuten geschenkt. Dann habe er lateinisch gebeichtet und die Absolution erhalten. Gestorben sei er am 7. Dezember. Der Bote ging. Achtundzwanzig Jahre war der Kaiser geworden. Adelheid begab sich in die Kapelle des Palastes und streckte sich auf dem kalten Steinboden aus. Sie fragte Gott, wofür er sie bestrafe.

Wieder saß sie in ihrem Palast und wartete und blieb zugleich unentwegt tätig. Bittsteller kamen und gingen, Leute, die Rat suchten oder ihr Recht. Mit dem Kämmerer überprüfte sie ihre Einkünfte. Die Gelder aus Lombardei und Venedig, aus dem Exarchat Ravenna und den Zoll-, Münz- und Marktrechten entsprachen nie den Erwartungen. Nie lag genug in der Schatztruhe, obwohl ringsherum der Handel blühte. Das Land profitierte von der langen Friedenszeit, die ihm die Macht der Kaiser bescherte, aber zahlen wollte es nicht.

Aus der Stadt drangen Geräusche herauf. Am Portal des Palastes entstand Unruhe. Die Wache meldete die Ankunft der Kaiserin Theophanu. Sie trat ein. Adelheid hatte mit ihrem Kommen gerechnet. Es gab keine andere Lösung. Nur durch Eintracht ließen sich die Schwierigkeiten der nächsten Zeit überwinden. Die Frauen sahen sich an. Daß die Schwiegertochter zu ihr kam, war kein Eingeständnis der Schwäche. Theophanu zeigte den festen Willen, sich zu behaupten. Die Schwiegermutter mußte und würde helfen, dem Sohn, dem Enkel die Krone zu bewahren. Weihnachten sollte sie ihm in Aachen aufs Haupt gesetzt werden. Bis dahin waren es nur noch Tage. Theophanu gestand, sie habe ohne Erfolg versucht, die Absendung der Nachricht vom Tod des Kaisers hinauszuzögern. Es habe deswegen Streit in ihrer Umgebung gegeben.

Mit Theophanu war ein gewisser Rotbertus gekommen, ihre Vertraute Imiza, eine lothringische Adlige, und Adelheids Tochter Mathilde, die Äbtissin. Die Damen berechneten, wann die Boten mit der Todesnachricht frühestens Aachen erreichen konnten. Sie überlegten, ob ihr Eintreffen die Krönung verzögern oder gar verhindern würde. Gesetzt, Otto wäre gesalbt und gekrönt, welche Unterstützung konnte er erwarten? Namen fielen, Haltungen, Einstellungen, Äußerungen wurden erwogen. Alles hing davon ab, was Heinrich, der abgesetzte Herzog von Bayern unternehmen würde. Obwohl in Haft bei dem Bischof von Utrecht, ging von dem aufsässigen Mann die größte Gefahr aus. Darüber waren sich die Frauen einig.

Weihnachten kam, ein neues Jahr begann. Aus dem Norden

trafen keine Nachrichten ein. Die Ungeduld im Palast wuchs. Um nicht untätig zu sein, sandte Adelheid einen Brief nach Bobbio. Vor Jahresfrist war die Abtei dem gelehrten Gerbert von Aurillac vom Kaiser anvertraut worden. Adelheid hatte sich in den letzten Sommerwochen mit ihm gestritten. Ihre Bitte, einem gewissen Grifo, dem sie eine Gunst erweisen wollte, Grund aus dem Besitz des Klosters zu überlassen, war von Gerbert abgelehnt worden. Er hatte Schwierigkeiten in Bobbio und wollte sie offenbar nicht auch noch durch die Vergabe von klösterlichem Eigentum vermehren. Als er Adelheid wenig später um Beistand bei seinem Streit mit den Mönchen und dem kleinen Adel anging, fand sie ihn unverfroren und ließ ihn das wissen. Sofort beteuerte er: ›Wenn ich irrtümlich gegen Euren Willen etwas tat, gewiß nur in geringem Umfang, so aus Unbedacht, nicht mit Vorsatz.‹ Auf ihren Brief hin kam er sofort und wohnte den Beratungen der Kaiserinnen bei. Sie bestärkten ihn in seinem Wunsch, Bobbio zu verlassen.

»Welch eine Zeit, welch traurige Sitten«, rief er mehrfach aus. »Unter welchen Leuten lebe ich?« Er kehrte nach Reims zurück. Im Januar traf sein erster Brief von dort ein. Weitere folgten. Er versicherte, er fühle sich dem kaiserlichen Hause verpflichtet und werde sich für die Belange des jungen Königs einsetzen.

Um die stand es schlecht. Er war Weihnachten gekrönt und darauf nach Köln gebracht worden. Dort trat Herzog Heinrich auf. Die Ungewißheit, wie er sich verhalten werde, hatte ein Ende. Alle Nachrichten über ihn waren schlechte Nachrichten. Er pochte darauf, als nächstem Blutsverwandten stehe ihm die Vormundschaft zu. An seinem Anspruch gab es keinen Zweifel, aber strebte er nicht in Wahrheit die Herrschaft an? Erzbischof Warin lieferte ihm den kleinen König aus. Auch dessen Schwester Adelheid geriet in seine Hände. Theophanu litt. Aus den Briefen Gerberts erfuhren die Kaiserinnen in Pavia, auch König Lothar von Frankreich fordere als Vetter des verstorbenen Kaisers die Vormundschaft über den jungen Otto. Zumindest hatte Herzog Heinrich nun einen Konkurrenten.

Ein Teil der Geistlichkeit lief zu Herzog Heinrich über. Unter den Abtrünnigen befand sich Bischof Dietrich von Metz, der kurz zuvor noch seine Treue zu dem kleinen Otto beschworen hatte. Theophanu schäumte. Erzkanzler Willigis in Mainz und Kanzler Hildibald in Worms schienen zu zögern. Die Kaiserinnen jagten Boten zu ihnen. Sie baten, mahnten und warnten. Wer nicht zu dem gekrönten Kind halte, stürze die unter Opfern gegründete Ordnung des Reichs.

Am Palmsonntag des Jahres 984 in Magdeburg und darauf in Quedlinburg zu Ostern forderte Herzog Heinrich die Großen des Reichs auf, ihn zum König zu wählen und zu erheben. Es hieß, nur ein kleiner Teil der Versammelten sei seiner Aufforderung nachgekommen. Die meisten hätten sich beiseite gedrückt. Die Damen im Palast von Pavia lächelten. Nun wendete sich das Blatt. Vielen wurde der ehemalige Bayernherzog zu mächtig. Die Gegner sammelten sich. Erzbischof Willigis stellte sich auf ihre Seite.

»Endlich!« Adelheid sprang auf. Ein bewährter Mann und Vertrauter des Mainzer Metropoliten traf mit einer Gruppe von Abgesandten ein und überreichte ein Schreiben des Erzkanzlers. Es war in erster Linie an sie, Adelheid, die Großmutter des kleinen Königs gerichtet, nicht an die Mutter, Kaiserin Theophanu. Der wichtigste Mann im Reich bat sie, so bald wie möglich heimzukehren und die Regentschaft zu übernehmen. Adelheid reichte den Brief ihrem Kaplan Eceman. Während er ihn vorlas, fühlte sie Genugtuung. Sie wurde gebraucht. Theophanus Miene verhärtete sich. Die Zurücksetzung mißfiel ihr sichtlich. Adelheid meinte die Gründe des Erzkanzlers zu kennen. Bei den Großen, für die er sprach, gab es Vorbehalte gegen Theophanu, die Griechin, die Fremde. Manche waren der Kaiserin aus dem fernen Konstantinopel stets mit Mißtrauen und Ablehnung begegnet.

Adelheid zerstreute alle Bedenken, die ihre Schwiegertochter haben konnte. Der Erzkanzler wende sich im Verlauf des Briefs ausdrücklich an alle weiblichen Verwandten des Königs, an Großmutter, Mutter und Tante. Die Rechte des Unmündigen seien nur durch ihre gemeinsame Anstrengung zu wahren. Sie meinte, was sie sagte. Familie und Verwandtschaft, auf die sie selbst so große Stücke hielt, waren für Männer wie Herzog Heinrich und König Lothar nur ein Mittel, den eigenen Ehrgeiz zu befriedigen. Fürsorge und Zusammenarbeit in der Sippe bedeuteten ihnen wenig. Sie wollten Macht. Wie recht sie hatten! Ohnmächtig zu sein, war erniedrigend. Wie aber wäre es, wenn Macht einmal in die Hände von Frauen käme?

Adelheid hatte im Palast von Pavia manchen raschen Aufbruch und einige geschwinde Reisen über die Alpen erlebt. In diesem April ließ sie sich Zeit. Die arbeitete für den kleinen König, davon waren die kaiserlichen Damen, die den Mons Jovis hinauf und ins Rhonetal hinunterritten, überzeugt. In Hochburgund schloß sich ihnen König Konrad an. Sie hörten, Herzog Heinrich habe sich auf den Wiesen östlich von Worms gegenüber Erzbischof Willigis und zahlreichen Großen verpflichtet, den jungen König am 29. Juni auf einer Versammlung in Rohr seiner Mutter zu übergeben. In der Reisegruppe, die sich nach Osten bewegte, herrschte gute Stimmung. Theophanu freilich blieb argwöhnisch und sah voraus, daß Heinrich, der Gegenkönig, noch nicht aufgegeben hatte. Er mußte noch einmal von sächsischen Truppen in die Enge getrieben werden, um schließlich zur Unterwerfung bereit zu sein. Die Zeit bis zum Reichstag verbrachte er in Merseburg. Vor sechs Jahren war dorthin seine Frau Gisela verbannt worden, als er selbst nach Utrecht in die Haft ging.

»Herzog Heinrich entdeckt seinen Familiensinn«, spottete Theophanu. Sie meinte damit beileibe nicht eine Anhänglichkeit des Herzogs an Frau und Kind. In seiner Frau Gisela, der Tochter König Konrads und Nichte Adelheids, sah Heinrich die Fürsprecherin bei der bevorstehenden Versammlung der Großen. Denn nun ging es ihm nur noch um die Rückgabe seines Herzogtums Bayern. Er tat, als habe er das verflossene halbe Jahr über im Grunde nichts anderes im Sinn gehabt.

Der 29. Juni 984 war ein strahlender Tag. Alle Teilnehmer der Versammlung in Rohr staunten über einen hellen Stern, der am blauen Himmel funkelte. Als Herzog Heinrich das königliche Kind und seine Schwester Adelheid ihrer Mutter zuführte, stimmten Laien und Geistliche einen Lobgesang an. Jeder fühlte Erleichterung, weil ein Krieg im Land vermieden worden war. Doch nach der Zeremonie beharrte Herzog Heinrich darauf, als Lohn für seine Fügsamkeit das Herzogtum Bayern zurückzuerhalten. Heftig widersprach ihm der jetzige Herzog des Landes, auch er ein Heinrich und sogar aus dem alten bayerischen Geschlecht der Luitpoldinger. Er wehrte sich erfolgreich gegen den Versuch, ihn beiseitezuschieben. Die bayerische Frage wurde vertagt. Sie sollte im Oktober auf einem neuen Reichstag gelöst werden. Der Hof der Kaiserinnen begab sich nach Quedlinburg.

Bald sah es doch wieder nach Krieg aus. Es häuften sich Hinweise auf Umtriebe Heinrichs. Er suche, hieß es, die Verbindung zu Lothar, dem König von Frankreich. Die Damen in Quedlinburg sannen nach und berieten sich mit dem Erzkanzler Willigis. Sie brauchten nicht viel Zeit, um herauszufinden, was die Vettern Heinrich und Lothar planten. Für die Unterstützung des Königs von Frankreich würde ihm Heinrich das seit langem von Lothar begehrte Lothringen anbieten. Die Damen seufzten. Es fügte sich günstig, daß am 7. September Bischof Dietrich von Metz starb. Niemand trauerte dem umtriebigen Mann nach. Adelheid schlug vor, das Bistum einem Sohn der Herzogin Beatrix von Oberlothringen zu sichern. Man werde sich auf diese Weise die Dankbarkeit der überaus einflußreichen Fürstin erwerben. Schließlich sei sie die Schwester Herzog Hugo Capets, des mächtigsten Mannes in Frankreich neben dem König. Die Damen lächelten.

Auf dem Reichstag am 20. Oktober in Bürstadt bei Worms ritt Herzogin Beatrix umgeben von einer beeindruckenden Schar großer Herren über die Rheinwiesen heran. In artigen Worten beteuerte sie den Kaiserinnen ihre Verbundenheit und betonte ihre und ihrer Freunde Verwunderung über die Haltung des Königs von Frankreich. Die Damen sahen sich an und fanden, König Lothars Rückhalt in dem umstrittenen Bereich nehme nicht gerade zu. Die bayerische Frage wurde abermals vertagt. Man wolle, man solle sich im Frühling des kommenden Jahres in Frankfurt wiedersehen.

Dann brach doch Krieg aus. Lothar versuchte Lothringen zu erobern. Ein bedeutender Teil der lothringischen Großen stand zu den Kaiserinnen. Lothars Siege und Niederlagen hielten sich die Waage. Die Kontrolle über das Land errang er nicht. Wieder spürte Adelheid die spöttischen Blicke Theophanus. Es war ja ihr Schwiegersohn, der dem Reich im Westen Schaden zufügte. Adelheid betonte, sie vertraue auf den Einfluß ihrer Tochter, der Königin Emma. Ihr Mann, König Lothar, werde sich auch diesmal einsichtig zeigen wie nach dem Überfall auf Aachen. Im übrigen setze sie auf die Diplomatie ihres gemeinsamen Vertrauten Gerbert. Der Sekretär des Erzbischofs Adalbero von Reims betätige sich gewiß im Interesse des Reichs.

Der Angriff König Lothars zwang dazu, im Land selbst für Frieden zu sorgen. Der Konflikt mit Herzog Heinrich mußte angesichts der Bedrohung von außen endlich beigelegt werden. Adelheid hatte sich mehrfach für die Rückgabe Bayerns an den Herzog ausgesprochen. Herzogin Beatrix und die Kanzler Willigis und Hildibald teilten ihren Standpunkt. Jetzt stimmte auch Theophanu dem Einlenken zu. Es blieb das Problem, den gegenwärtigen Inhaber der Herzogswürde zum Verzicht auf Bayern zu bewegen. Zuvor war er Herzog von Kärnten gewesen, das auch Friaul und Verona einschloß. Die Damen und Erzkanzler Willigis wollten ihn bitten, dorthin zurückzukehren, was freilich nur möglich war, wenn der derzeitige Herzog von Kärnten sich überreden ließ, das Land zu räumen. Bei diesem Herzog Otto mußten die heiklen Verhandlungen beginnen. Die Damen beschlossen, ihm eine Vermehrung seiner rheinfränkischen Besitzungen in Aussicht zu stellen und ihm und seinen Nachkommen den Titel eines Herzogs von Worms anzubieten.

Alte Bilder tauchten auf. Adelheid dachte an die Schlacht vor fast dreißig Jahren, in der Herzog Konrad, der Vater Ottos, gefallen war. Vielleicht nützte es, den Sohn an den selbstlosen Mut des Vaters auf dem Lechfeld zu erinnern. Wer sollte die Vorschläge unterbreiten? Die Wahl fiel auf den Grafen Hermann von Werl. Er gehörte zur Familie. Seine Mutter war eine Nichte Adelheids, eine Tochter ihres Bruders Konrad. Graf Hermann reiste mit den guten Wünschen der Damen ab.

Der Sommer des Jahres 985 hatte gerade begonnen, als sich alle Beteiligten in Frankfurt wiedersahen. Die Einigung im Gütlichen war geglückt. Die Herzogtümer wechselten ihre Herren. Herzog Heinrich von Bayern unterwarf sich. Formvollendet bat der den kindlichen König um Verzeihung und erhielt sie. Ins Reich kehrte am 25. Juni der Friede zurück. Die Damen nickten sich anerkennend zu.

Am folgenden Tag brach Adelheid mit kleinem Gefolge nach Süden auf. Am 18.7. nahm sie in der Loggia, die vor dem Nordflügel des Palastes von Pavia lag, an einer Verhandlung teil. Unter ihrem Vorsitz vollzog Pfalzgraf Giselbert die noch unter Otto II. beschlossene Zusammenlegung von Alba mit dem Bistum Asti rechtskräftig durch Überreichung eines Stabes. Sie regierte wieder im Königreich Italien.

16. Kapitel

Die Mutter der Königreiche

*D*ieser Mann ist das Unglück der Königin von Frankreich!« Adelheid bezwang ihren Zorn mit Mühe. Ein leichter Sommerwind bewegte die Vorhänge und huschte durch den Palast von Pavia. Sie hörte den Boten aus Frankreich an. Hätte Adalbero Ascelin, der Bischof von Laon, den Bürgern seiner Stadt nicht so erbarmungslos Geld abgepreßt, wäre keiner von ihnen zum Verräter an ihm und der Königin geworden. Ohnehin hielten Städter von Steuern nicht viel. Sie, Adelheid, hatte in Pavia nie mehr gefordert, als der königlichen Kammer seit altersher zustand. Trotzdem rotteten sich die Einwohner vor oder nach jeder Abgabe im Atrium der Kathedrale zusammen, um zu murren und zu streiten. Nie wußte man, ob es bei Verwünschungen bleiben würde. Die Rechnung für Bischof Adalberos Bedenkenlosigkeit zahlte jetzt ihre Tochter.

»Als es dämmerte, näherte sich Herzog Karl mit einer Schar Bewaffneter dem Stadttor. Die Wache, die ihn anrief, wurde von seinen Parteigängern in Laon beschwatzt, das Tor zu öffnen. Die Kriegsleute drängten in die Stadt. Ihre Hörnersignale, ihr Geschrei, der Waffenlärm dröhnte in den Gassen.«

Solche Überfälle hatte Adelheid oft erlebt. Sie sah den Schrecken der Einwohner, ihre Flucht auf die Speicher, in die Kirchen, über die Mauern. Auch Bischof Adalbero Ascelin versuchte zu fliehen. Er wurde aber in den Weinbergen entdeckt und zurück in die Stadt gebracht. Herzog Karl ließ ihn in den Kerker werfen. Er sperrte auch Königin Emma ein.

»Wie behandelt er die Gefangenen?«

Der Bote schwieg, also ging es ihnen schlecht. Seit zwei Jahren stürzte die Tochter von einem Elend ins andere. Jeder

Brief, den sie der Mutter schickte, berichtete von neuen Heim-suchungen. Adelheid mußte sich die Schreiben nicht holen las-sen. Sie kannte sie auswendig. ›Entschwunden sind die Tage meiner Freude, die Tage meines Glanzes.‹ Emma ließ ihrer Klage die Nachricht vom Tode ihres Mannes folgen. König Lo-thar war am 2. März 986 gestorben. Noch konnte die Witwe versichern, die Großen Frankreichs hätten ihr und ihrem Sohn Treue geschworen und ein Treffen an den Grenzen der Reiche im Remiremont vorgeschlagen. ›Im übrigen werden wir uns Eurem Rat anvertrauen, um zu entscheiden, was zu befolgen, was zu meiden sei‹, ließ die Tochter wissen. Schon nach einem halben Jahr beschwerte sie sich über eine plötzliche Feindselig-keit ihres Sohns. Er werde von Herzog Karl aufgehetzt. Der Bruder des verstorbenen Gatten verbreite abermals die ab-scheulichsten Verleumdungen über sie und den Bischof Adal-bero Ascelin. Sie sei vom Hof verwiesen worden. Die Mutter möge bei Theophanu vorstellig werden und sie günstig stim-men. Die Kaiserin müsse helfen.

Es halfen vor allem Herzogin Beatrix und ihr Bruder Hugo, der mächtige Herzog von Franzien. Emma kehrte mit allen Rechten nach Laon zurück. Zu ihrem Unglück, dachte Adel-heid. Die Leiden der Tochter nahmen kein Ende. Am 22. Mai verunglückte der junge König von Frankreich bei der Jagd. In etwas mehr als einem Jahr hatte die Tochter Mann und Sohn verloren. Ein Jahr darauf verlor sie auch ihre Freiheit durch Herzog Karl.

Adelheid räumte gegenüber ihren Beratern Eceman und Graf Manegold ein, sie habe den Schwager Emmas und Onkel des zu Tode gekommenen jungen Königs unterschätzt. Wie der Karolinger um sein Erbe kämpfte, beeindruckte sie. Er nahm nicht hin, daß die Großen Frankreichs, an ihrer Spitze der Erz-bischof von Reims, seine Ansprüche auf die Krone übergingen und Herzog Hugo zum neuen König von Frankreich wählten. Adelheid hatte mit ihren Vertrauten, vor allem aber auch mit Theophanu die Entwicklung im Westen und die Argumente des Erzbischofs lange beredet. Abstammung aus königlichem

Haus genüge nicht, hatte er den westfränkischen Fürsten zugerufen. Keiner dürfe zum König gewählt werden, der nicht dafür geeignet sei.

Tatsächlich sprachen gegen Herzog Karl, den Nachkommen Karls des Großen, seine Sprunghaftigkeit, ein Mangel an Erfahrung und die Ehe mit einer unebenbürtigen Frau, der Tochter eines Grafen. Vor zehn Jahren hatte Adelheid mißbilligt, daß der Kaiser das Herzogtum Niederlothringen an Karl vergab. Die Behauptung des Erzbischofs freilich, Karl habe sich erniedrigt, als er in den Dienst eines fremden Herrschers trat, fand sie ungehörig. Obschon sie manche der Einwände gegen diesen Karolinger verstand, fühlte sie sich als Angehörige des alten Herrschergeschlechts und erschrak über seinen Sturz. Vor allem aber stimmte sie bedenklich, wie man Geburtsrechte mißachtete. Das Beispiel konnte Schule machen und dann war keine Erbfolge mehr gesichert. Wer sollte denn in Zukunft über die Eignung für Krone und Thron entscheiden? Die Fürsten und die Bischöfe? Sie waren an ihre eigenen Interessen gebunden und stets voreingenommen.

»Wehe dem Volk, dessen Herrscher bei seinem Tod keinen unangefochtenen Nachfolger hinterläßt«.

Dem Ausruf Adelheids stimmte Theophanu zu, aber sie entschied sich gegen Herzog Karl. Daß ihn einst ihr eigener Mann, Kaiser Otto II., zum König der Westfranken hatte machen wollen, übersah sie geflissentlich. Ohnehin bedeutete der gebürtigen Byzantinerin Alter und Rang einer Familie weniger als ihre tatsächliche Macht. Sie unterstützte die Wahl Hugo Capets und erreichte als Gegenleistung die Freilassung von Gefangenen, die Rückgabe des früher verlorenen Verdun und den Verzicht auf Lothringen. Die Kaiserin durfte mit sich zufrieden sein. Da sie territoriale Zugeständnisse ablehnte, wäre sie beinahe Opfer eines Anschlags geworden. Zwei Gegner Hugos hatten ihn ausgeheckt. Es verdroß Adelheid, daß einer von ihnen, Graf Odo von Chartres, mit ihrer Nichte Berta verheiratet war. Theophanu würde nicht versäumen, anzügliche Bemerkungen über das Verhalten ihrer Verwandtschaft zu machen.

25 *Auf dem Prunkdeckel des Codex Aureus aus Echternach
(jetzt Germanisches Museum, Nürnberg) ist die Stifterin
Kaiserin Theophanu, Schwiegertochter der Kaiserin Adelheid,
abgebildet (rechts unten).*

Die guten Beziehungen zu Hugo trübten sich rasch. Kaum gewählt, betrieb der neue König der Westfranken eine vom Kaiserhaus unabhängige Politik. Er begann die karolingischen Vorgänger und seine ottonischen Verwandten nachzuahmen. Ende Dezember 987 ließ er seinen Sohn Robert zum Mitkönig krönen. Auf der Suche nach einer Frau für ihn, wandte er sich an Byzanz. Er könne in den benachbarten Königreichen keine ebenbürtige Braut für Robert finden, erklärte er, da er mit den dort herrschenden Familien nach Auffassung der Kirche zu eng verwandt sei. Die neue Dynastie sorgte sich um ihr Ansehen. Sie wollte den anderen Königshäusern im Rang nicht nachstehen.

Theophanu witterte Gefahr für ihren Sohn Otto, den unmündigen König. Sie reagierte eisig und schnell und nahm Verbindung mit Hugos Gegenspieler auf. Herzog Karl von Niederlothringen erhielt freie Hand für seinen Versuch, karolingisches Hausgut zurückzuerobern. So trug auch Theophanu Schuld an dem Überfall auf Laon und an der Gefangennahme Emmas. Als sie sich für die unglückliche Königin einsetzte, lehnte der Herzog Emmas Freilassung ab.

Adelheid wünschte sich mehr Stetigkeit in der Behandlung des westlichen Nachbarn. Mal die eine Partei, dann die andere zu begünstigen, brachte nur kurzfristige Vorteile. Ein rascher Wechsel der Bündnisse schuf Mißtrauen und Feindschaft. In gegenseitigem Vertrauen lebte es sich besser. Davon war man weit entfernt. Die neuen Könige legten zwar Wert auf gute Beziehungen zum Kaiserhaus im Osten, bemühten sich im übrigen aber mit Erfolg um den Ausbau ihrer Macht im eigenen Land. Halb widerwillig bewunderte Adelheid das gewandte Paar, als sie hörte, welche Braut König Hugo schließlich für Robert, seinen Sohn und Mitkönig, gefunden hatte: Rozala, die Tochter ihres ehemaligen Widersachers Berengar. Rozalas Mann, Markgraf Arnulf von Flandern, war vor kurzem verschieden.

Adelheid rechnete nach. Der neue Ehemann Rozalas hatte mit sechzehn Jahren etwa das gleiche Alter wie ihr Sohn Balduin, genannt Schönbart, nun Markgraf von Flandern. Die Ehe verriet, worauf es den Nachfolgern der Karolinger ankam. Sie wollten den Ruf der Thronräuberei loswerden und suchten die Nähe des von ihnen entmachteten Hauses. Rozala gehörte zur Familie der Karolinger und die Grafen von Flandern nicht minder. Noch heute erzählte man an den Herdfeuern die Geschichte Judiths, einer Urenkelin Kaiser Karls. Nachdem sie zwei Ehemänner verloren hatte, verliebte sie sich leidenschaftlich in Balduin Eisenarm, Graf von Flandern. Balduin entführte und heiratete Judith gegen den Willen ihres Vaters. Von König Karl dem Kahlen zunächst erbittert verfolgt, setzte das Paar schließlich die Anerkennung seiner Ehe durch. Die Verbindung mit den Markgrafen von Flandern befestigte zweifellos die Stellung der neuen Herrscher im westfränkischen Königreich. Die zunehmende Selbstsicherheit der Capetinger entsprach schwerlich den Wünschen Theophanus.

Es wurde rasch deutlich, daß die Heirat König Roberts ihr zu denken gab. Ihre älteren Töchter Adelheid und Sophia hatte sie früh für das Klosterleben bestimmt und als zukünftige Äbtissinnen erziehen lassen. Nun hieß es, sie erwäge, eine dritte Tochter, die jetzt zehnjährige Mathilde, zu verheiraten. Im Gespräch war Ezzo, der Sohn des lothringischen Pfalzgrafen Hermann. Viele lästerten, erst sei der Kaiserin kein Mann gut genug für ihre Töchter und dann wähle sie einen unebenbürtigen. Noch war ja das letzte Wort nicht gesprochen, doch Adelheid und ihre Berater meinten, Theophanu werde mit Ezzo keinen schlechten Griff tun. Seine Familie gehörte zum karolingischen Reichsadel und war begütert. Nach dem Tod des Vaters würde Ezzo, ein schöner Mann von etwas dreißig Jahren, als Herr der Königspfalz Aachen über viel Einfluß verfügen. Unverkennbar suchte Kaiserin Theophanu Unterstützung im lothringischen Bereich.

Adelheid verschloß sich den Leistungen der Schwiegertochter nicht. Den triumphalen Hoftag von 986, bei dem die Großen des Reichs ihrem Sohn, dem sechsjährigen König, huldigten, hatte sie ihr gegönnt. Wie sie die Grenzen im Osten und

Norden verteidigte, verdiente Respekt. Daß es ihr nicht gelang, alle vor fünf Jahren verlorenen Gebiete zurückzuerobern, konnte niemand Theophanu vorwerfen. Die junge Kaiserin und die beiden Kanzler Willigis und Hildibald sicherten dem heranwachsenden König so viel Macht, wie unter den Umständen möglich war. Wenn sie das Reich nicht mehrten, so bewahrten sie es doch.

Ihren Eifer, die Königsmacht nicht schmälern zu lassen, übertrieben die Schwiegertochter und ihre Kanzler freilich ihr gegenüber, fand Adelheid. Mit Erbitterung dachte sie an die Auseinandersetzungen wegen einer Schenkung an das Kloster Quedlinburg. Theophanu und Erzkanzler hatten ihr das Recht streitig gemacht, frei über einige vorwiegend in Sachsen gelegene Königshöfe zu verfügen. Sie waren ihr zur Hochzeit von Kaiser Otto überschrieben worden. Vergeblich hatten sie und ihr Kaplan Eceman auf den Text der Urkunde verwiesen. Er sicherte ihr für die nördlich der Alpen gelegenen Besitzungen dasselbe vollständige Verfügungsrecht zu, das für ihre italienischen Ländereien galt. Gegen den alten Vorwurf, Reichsgut zu verschleudern, verteidigte sie sich. Theophanu habe bislang rund doppelt soviel Schenkungen unterzeichnet wie sie selbst. Die kaiserliche Kanzlei fertigte 987 eine Bestätigung für alle ihre Besitzungen aus, aber der Streit war damit keineswegs beigelegt.

Für einige Zeit fühlte sich Adelheid wenigstens in Italien frei in ihren Entscheidungen. Und nun mußte sie erleben, daß Theophanu sich anschickte, sie sogar in ihrem alten Königreich aus der Herrschaft zu drängen. Im Spätsommer 988 kam aus Meersburg am Bodensee die Nachricht, die Kaiserin plane eine Reise nach Italien. Sie sagte sie ab, weil sie erkrankte, eröffnete aber an ihrem Hof eine Kanzlei für Italien. Warum? Genügte der Schwiegertochter ihre, Adelheids, Tätigkeit in Pavia nicht mehr? Wessen Verdienst war es denn, daß Ruhe im Königreich Italien geherrscht hatte, während anderswo der Aufstand brodelte? Wer hatte in zähen Verhandlungen für Frieden zwischen den streitenden Parteien in Venedig gesorgt und damit den Einfluß der byzantinischen Diplomatie in der Lagunenstadt vermindert?

In Rom war sie untätig geblieben, aber nicht aus Trägheit. Die Umstände erlaubten kein Eingreifen. Papst Bonifatius VII. hatte mit der Unterstützung Konstantinopels Papst Johannes XIV. gestürzt, um ihn dann in der Engelsburg verhungern zu lassen. Im Jahr darauf war er selbst ermordet worden. Den folgenden Papst wählte Rom ohne Einmischung der kaiserlichen Regierung. Ein Vertreter der mächtigen Familie Crescentius schwang sich zum Herrn der Römer, zum Patricius, auf. Immer wieder hatte Adelheid die Rückkehr Roms zu sich selbst erlebt. Sie glaubte nicht mehr, daß sich die Tiberstadt auf die Dauer unterwerfen ließe. Man mußte das Einvernehmen mit den Kräften dort suchen, wenn man das Vordringen des byzantinischen Reichs nach Rom verhindern wollte.

Konflikte gab es auch in Oberitalien. Der kleine Adel strebte nach Unabhängigkeit von den weltlichen und geistlichen Großen. Die Spannungen hielten sich aber in Grenzen. Noch! Selbst in der alten langobardischen Hauptstadt wuchs die Unruhe. Theophanus neueste Maßnahmen waren nicht geeignet, die Gemüter zu besänftigen. Sie störten das schwer zu bewahrende Gleichgewicht zwischen Palast, Einwohnern und Bischof, Handelsherren und Gewerbe, dem Pfalzgrafen, dem Grafen von Pavia und den großen Grundherren im Umland. Ein in Jahrhunderten gewachsenes Gefüge wollte mit Behutsamkeit behandelt sein. Im Vorhof von St. Syrus redeten sich die Bürger die Köpfe vor allem über die Verwaltung der Finanzen des Königreichs heiß. Adelheid wußte, daß herbe Kritik auch in ihr geübt wurde. Den einen nahm sie zuviel ein, den anderen zu wenig. Ihr stand aber ein Drittel der königlichen Einkünfte zu. Es bildete die Grundlage ihrer Macht in Italien. Womöglich trachtete Theophanu danach, ihr die Schatztruhe zu schließen. Eceman, der getreue Kaplan, hatte gewarnt.

»Sie wird die bevorstehende Wahl eines neuen Vorstehers der königlichen Kammer benutzen, um Neuerungen einzuführen.«

Unter König Hugo hatte Gisulf das Amt inne gehabt. Ihm war der Sohn Ariald gefolgt. Nun lag er im Sterben. Arialds Sohn Gisulf war von Adelheid als Nachfolger vorgesehen. Theophanu kam ihr zuvor. Wie immer griff sie beherzt durch. Eceman trat in die Vorhalle des Palastflügels. Er rieb die Hände und beobachtete Adelheid im Näherkommen, als wolle er ihre Stimmung abschätzen.

»Neuer magister camerae ist der Erzbischof von Piacenza Johannes Philagatos.«

Was die Ernennung des Günstlings der Schwiegertochter bedeutete, begriff Adelheid sofort. Die Alleinherrschaft in Italien wurde ihr entwunden. Schon das Unglück der Tochter Emma hatte ihr gezeigt, wie rasch ihr Einfluß abnahm. In dem Brief vom März 986 war sie vom Reimser Domscholaster Gerbert, der die Briefe der Tochter schrieb, ›Mutter der Königreiche‹ genannt worden. Der Ausdruck hatte ihr gefallen. Jetzt hielt sie ein Schreiben des Erzbischofs Adalbero von Reims in der Hand, in dem sie lesen mußte: ›Gewiß ist es offenbar, daß ihr bis jetzt die erlauchte Herrin und die Mutter der Königreiche gewesen seid...‹ Hactenus, bis jetzt! Das war unmißverständlich. Der Erzbischof bat sie dringend, ihrer Tochter zu helfen. Als ob sie das nicht unablässig versuchte, durch Reisen über die Alpen, durch Boten, Briefe, Bittgänge. Nichts hatte Erfolg. Und nun raubte ihr die Schwiegertochter auch noch das Königreich, das zu ihr und zu dem sie gehörte, seit sie vor fünfzig Jahren als Siebenjährige nach Italien gekommen war.

»Der neue Erzbischof von Piacenza, Johannes Philagatos, wird zwei Helfer haben: Sicco und Nanus.«

Adelheid vermutete, Nanus, der Zwerg, sei jener Mann, der noch unter Kaiser Otto I. Graf von Verona gewesen war. Auf ihn konnte sie so wenig bauen wie auf Sicco, der unter Otto II. in römische Wirren eingegriffen und Panzerreiter nach Italien geführt hatte. Beide würden Theophanus Neuordnung der Finanzverwaltung Italiens rücksichtslos durchsetzen. Glaubte die Kaiserin wirklich, die im byzantinischen Reich seit Jahrhunderten üblichen Methoden der Steuereintreibung paßten auch nach Italien mit seinen vielen selbstbewußten Herren und aufstrebenden Städten?

Vielleicht hatte die königliche Kammer zu wenig eingenommen und sie, Adelheid, zu viel ausgegeben. Es lag ihr nun mal nicht, jeden Pfennig zu zählen. Immer hatte ihr ein Schatz zur Verfügung gestanden, der sich von selbst erneuerte. Sie war nicht erzogen worden zu behalten, was sie hatte. Freigebigkeit gehörte sich für eine Königin. Was für Sitten und Ansichten kamen da auf? Was hatte es für einen Sinn, Einkünfte aus einem Land zu pressen, wenn damit Unzufriedenheit, womöglich Aufruhr erregt wurde? Hätte sie denn hinter jedem Fisch herlaufen sollen, den die Fischer dem Palast schuldeten, und müßte sie den Seifesiedern die jährliche Abgabe von 100 Pfund auf 101 Pfund Seife erhöhen? Kleinlichkeit paßte gut zu einem Handelsmann, aber zu einer Königin?

»Man nennt ihn ›diabolus grecus‹«, berichtete Eceman nach wenigen Wochen. Was der griechische Teufel Johannes Philagathos und seine Helfer trieben, nahm sich in Adelheids Augen wie reine Geldgier aus. Ihre rüden Maßnahmen führten nach ihrer Überzeugung nicht zu einer Besserung der königlichen Einkünfte, sondern zu ihrem Ruin. Der neue Kämmerer verschleuderte königlichen Besitz. Er verkaufte die dem Palast zustehenden Abgaben von Handel und Gewerbe an Geldeintreiber. Schon wurde ihm Unterschleif vorgeworfen. Adelheids Proteste fruchteten nichts. Einen offenen Bruch mit der kaiserlichen Schwiegertochter durfte sie jedoch nicht riskieren, solange ihre Tochter Emma in Gefangenschaft und Theophanu die einzige war, die ihr helfen konnte. Obendrein spürte sie, wie der Adel und der höhere Klerus Italiens sich von ihr abwandten. Sogar auf ihren Neffen Hugo, den Markgrafen von Tuszien, war kein Verlaß mehr. Als Kaiserin Theophanu im Oktober die Großen Italiens nach Konstanz rief, um nun doch die Reise nach Rom vorzubereiten, folgten alle ihrem Ruf. Es war, als gäbe es sie, Adelheid, Königin Italiens und Kaiserin, nicht mehr.

»Wir reisen ab!« befahl sie. Den Einzug der neuen Leute im Palast von Pavia konnte sie weder verhindern noch ertragen.

Der behutsame Ausgleich zwischen den Kräften Italiens, um den sie sich erst an der Seite ihres Mannes, dann des Sohns bemüht hatte, wurde zerstört. Das Königreich Italien durfte man nicht behandeln wie einen unbotmäßigen Vasallen. Wer es züchtigte, weckte seinen Widerstand. Es ließ sich auch nicht regieren wie eine von vielen Provinzen eines großen Reichs.

»Theophanu kann oder will Byzanz nicht vergessen.«

Eceman wiegte den Kopf. Er schien von den Plänen der jungen Kaiserin mehr zu halten als sie. Aber wie sollte denn die zentrale Regierung des Imperiums, von der Theophanu träumte, zu erzwingen sein? Wieviel Heere gedachte sie, die kaum die Grenzen im Norden halten konnte, nach Süden zu führen? Eine engere Verbindung der Teile Europas war höchst wünschenswert, aber nicht durch Zwang oder listige Diplomatie zu gewinnen. Auch der Zusammenhalt der großen Familien genügte nicht, wie sie, Adelheid, nach den bitteren Erfahrungen der vergangenen Jahre einsah. Verwandtschaft bot keine Gewähr gegen Hader und Hunger nach Macht. Freilich durfte man den Unfrieden und die Streitlust nicht auch noch schüren. Wer eine dauerhafte Gemeinschaft der Königreiche anstrebte, mußte das Vertrauen der Herrscher gewinnen, die Zustimmung ihrer Fürsten suchen und den Völkern Eigenart und Recht belassen.

Sie verließ den Ort, an dem sie zu Hause war wie an keinem sonst. Unzählige Erinnerungen verbanden sich mit den Mauern, die hinter ihr allmählich in den Herbstnebeln der Poebene verschwanden. Beileibe hatte sie dort nicht nur Glück erlebt, aber bei Elend in diesem Land trösteten ein wenig Sonnenwärme, Blütendüfte und die Vielfalt der Früchte, die jenseits der Alpen fehlten. Die einfachen Freuden zu genießen, die das Leben bot, fiel ihr hier leichter. Das Lachen kam rascher. Etwas Heiterkeit lag sogar in der Art, wie man in Italien ihren Namen sprach: Adalheida. Das klang wie Gesang. In Sachsen konnte daraus Ethelhet werden.

Es hatte ihr immer Freude gemacht, die Alpen zu überqueren. Diesmal drückte die Wucht des grauen Gesteins auf ihr

Gemüt. Ihr Kummer wuchs, je höher sie kam. Er nahm nicht ab, als es wieder hinunter ging. Weder das Wiedersehen mit dem Bruder, König Konrad von Hochburgund, konnte sie trösten, noch die Nachrichten, die er für sie hatte. Bischof Adalbero Ascelin hatte aus Laon fliehen können, Emma blieb in Haft. König Hugo belagerte die Stadt zum zweitenmal. Die Eroberung, dachte Adelheid, wird ihm auch diesmal nicht gelingen. Vom Krieg versteht er nichts. Tatsächlich zog er sich bald wieder mit seinen Truppen zurück. Endlich traf die ersehnte Botschaft ein, Karl habe dem Druck Theophanus nachgegeben. Adelheids Tochter Emma durfte Laon verlassen. Sie war frei, aber krank.

Sie siechte dahin. Die Todesfälle der letzten Jahre, die Anfeindungen und die Gefangenschaft hatten ihr alle Kraft geraubt. Sie starb, ehe der Winter vorbei war. Nun lebte von den fünf Kindern, die Adelheid zur Welt gebracht hatte, nur noch Mathilde, die Äbtissin. Von ihr hörte sie, eine italienische Gesandtschaft sei in Quedlinburg eingetroffen, um mit Theophanu zu verhandeln. Sie werde noch bei der Einkleidung ihrer Tochter Sophia im Kloster Gandersheim anwesend sein und dann nach Italien aufbrechen. Bald war dann von einem Skandal die Rede. Offenbar angestachelt von den Nonnen ihres Klosters, hatte die eigenwillige Sophia darauf bestanden, vom Mainzer Erzbischof Willigis geweiht zu werden und nicht durch Bischof Osdag von Hildesheim. Das Kloster bemühte sich um eine Änderung der Zuständigkeit. Nach einem Wortwechsel der Kirchenfürsten vor dem Altar, entschied Kaiserin Theophanu, beide Bischöfe sollten die Zeremonie vollziehen.

Der Abstand zur Welt wuchs. Die Berichte, die Adelheid erreichten, kamen ihr vor wie Stimmen aus einem benachbarten Zimmer. Sie fühlte sich nur noch mit Maßen an den Vorgängen um sie herum beteiligt. Die Zeit der Feste und der Feiern ging zu Ende. Die Musik verstummte, die Gäste verschwanden. Der Tod räumte die Tafel leer. Ihr Beichtvater Sandrat war schon vor Jahren gestorben, ebenso ihre Tante, die schwäbische Herzogin Ida. Die bayerische Herzogin Judith sank wenig später ins Grab. In Reims starb Erzbischof Adalbero, aber sein Nachfolger wurde nicht Gerbert, der kluge Briefschreiber, sondern Arnulf, ein unehelicher Sohn des verstorbenen Königs Lothar. Arnulf schwor König Hugo Capet bei seinem Seelenheil Treue und verriet ihn bald darauf. Er lieferte Reims seinem Verwandten, dem Herzog Karl aus, König Hugos ärgstem Feind.

»Wir handeln anders, als wir wollen«, erklärte Arnulf, »und wir wollen anderes, als wir tun.«

In Rom triumphierte Theophanu. Als sie die Stadt verließ, übernahm sofort wieder ein Crescentier die Macht. Was hatte sie also gewonnen? Sie gab sich jetzt den Titel ›Theophanius gratia divina imperator augustus‹. Die Kaiserin war Kaiser geworden. Sie saß in Ravenna zu Gericht, sie traf Maßnahmen in Pavia. In den Palästen, in denen sie residierte, ging der Erzbischof von Piacenza, Johannes Philagathos, ein und aus. Vor bösen Gerüchten über die Kaiserin und ihren Günstling verschloß Adelheid die Ohren und hörte sie dennoch. Theophanu kehrte 990 wohlbehalten nach Sachsen zurück. Im März des folgenden Jahres zerbrach der mit viel Mühe gestiftete Friede in Venedig. Vier Morosini ermordeten drei Coloprini. Ein Doge ging ins Kloster, ein anderer trat hervor. Bischof Adalbero Ascelin begab sich nach Laon. Er schwor seinen Gastgebern Herzog Karl und Erzbischof Arnulf bei seinem Seelenheil Treue. In der Nacht darauf ließ er sie im Schlaf überwältigen. Die Gefangenen und die Stadt übergab er König Hugo.

Nachgerade wurde Adelheid der Welt überdrüssig. Manchmal dachte sie, es sei für sie Zeit, eine Grabstätte vorzubereiten. Einst in der Niedergeschlagenheit nach dem Tod ihres ersten Mannes hatte sie sich einen Sarkophag anfertigen lassen wollen. Er sollte in der ältesten Kirche Pavias aufgestellt werden, in der Obhut der beiden Heiligen Gervasius und Protasius, die auch die Grabstätte Lothars in Mailand behüteten. Ob ihr Wunsch aufgegriffen worden war, wußte sie nicht.

Erst hielt sie sich im Kloster Payerne auf, dann in der elsässischen Pfalz und Reichsabtei Erstein. Ihre Hofhaltung schrumpfte. In der kleinen Schar, die bei ihr blieb, bedeutete ihr Graf Manegold viel. Er gehörte zur Familie ihrer Mutter Berta. Die nahe Verwandtschaft erlaubte eine Ungezwungenheit im Umgang, die sich sonst nicht leicht einstellte. Sie tat ihr wohl. Seit Jahren kehrten ihre Gespräche immer wieder zu ihrem Wunsch zurück, außer dem Kloster St. Salvatore in Italien auch ein Kloster nördlich der Alpen zu gründen. Manegold hatte sie auf den Ort Selz aufmerksam gemacht, seine schöne Lage am Rhein gepriesen, die bis zu den Römern zurückreichende Geschichte erwähnt und erzählt, wie beliebt Selz bei den Karolingern gewesen sei. Als Graf im Zürichgau und Vogt des Klosters Einsiedeln hatte Manegold viel Erfahrungen gesammelt. Er war der geeignete Mann, in Selz ein Mönchskloster entstehen zu lassen. Adelheid erreichte, daß ihm der Hof Sermersheim aus ihrem Besitz als wirtschaftliche Grundlage des Klosters überschrieben wurde. Weil weitere Schenkungen am Widerstand Theophanus scheiterten, stockte das Vorhaben.

Im April 991 versammelte Theophanu die Fürsten des Reichs in Quedlinburg und hielt einen prachtvollen Hoftag ab. Bald wurde getuschelt, die Kaiserin habe erklärt: ›Wenn ich noch ein Jahr lebe, so soll Adelheid von der ganzen Welt nicht mehr regieren, als man mit einer Hand umspannen kann.‹ Als sie mit ihrem Sohn, dem König, Anfang Mai Sachsen verließ, um sich nach Niederlothringen zu begeben, brach auch Adelheid auf. Sie wollte ihre Tochter, die Äbtissin Mathilde von Quedlinburg wiedersehen. Graf Manegold begleitete sie. Unterwegs erkrankte er. Bevor er starb, gab er die ihm zur Klostergründung übertragenen Ländereien an Adelheid zurück. Sie begleitete die Leiche bis Quedlinburg. Im Dom auf dem Burgberg ließ sie den Grafen begraben. Sein Tod bewegte sie. Er war ein verläßlicher Freund gewesen.

Im Juni starb Kaiserin Theophanu in der Pfalz von Nimwegen. Im selben Monat wurde sie in dem von ihr geförderten Kloster St. Pantaleon bei Köln im Beisein ihres unmündigen Sohnes Otto beigesetzt. Erzkanzler Willigis ließ Adelheid wissen, man erwarte, daß sie die Regentschaft übernehme.

17. Kapitel

Der Sturm vor der Ruhe

Wirbel umgab sie und ging von ihr aus. Eben noch hatte sie in der Abgeschiedenheit gelebt, jetzt herrschte sie wieder in der Mitte eines großen Hofs. Unaufhörlich traten Menschen vor sie und rieten, baten oder warnten. Über sie ergoß sich ein Strom von Worten. Sie suchte Ruhe zu bewahren. Plötzliche Wendungen hatte sie mehrmals erlebt. Überrascht war sie nur noch selten. Viele, die sie gemieden hatten, als habe sie die Krätze oder Schlimmeres, kamen und wollten ihr Fernbleiben erklären. Sie winkte ab. Manche lächelten verlegen, andere erleichtert. Nur die Selbstsicheren deuteten an, jeder müsse sich in die Verhältnisse schicken.

Die Kanzler Willigis und Hildibald sprachen zur Lage des Reichs. Aus allen Himmelsrichtungen erwarteten sie Vorstöße der Nachbarn, zumindest Zumutungen und Versuche, die Schwäche der Übergangszeit zu ihrem Vorteil zu nutzen. Adelheid wußte, was die scharfen Blicke vornehmlich der fremden Gesandten, aber auch der eigenen Großen bedeuteten. Sie wurde eingeschätzt. Besaß sie die Kraft, dem Enkel das Reich zu bewahren, bis er mündig war? Die Antwort hätte sie selbst gerne gewußt. Im Osten, meinten die Kanzler, bestünde Anlaß gleichermaßen zur Freude wie zur Sorge. Das sächsische Heer, bei dem der junge König weile, werde vom polnischen Fürsten Mieszko unterstützt und erobere Brandenburg zurück. Leider lägen über Mieszko beunruhigende Nachrichten vor. Er verlege den Schwerpunkt seiner Herrschaft weiter nach Osten, von Posen nach Gnesen, und er stelle das Land unter den Schutz des Papstes. Offenbar beabsichtige er, sich vom Reich zu lösen.

Auch im Westen sank das Ansehen des Kaiserhauses. Eine

von König Hugo einberufene Synode hatte im Kloster des heiligen Basolus bei Verzy Erzbischof Arnulf von Reims abgesetzt. Mit der Hilfe der westfränkischen Geistlichkeit rächte der König den an ihm von Arnulf begangenen Verrat. Die Synode setzte sich über den Willen des Papstes hinweg, der sich gegen eine Absetzung Arnulfs ausgesprochen hatte. Der Heilige Vater wurde in unerhörter Weise als Verkörperung des Antichristen beschimpft und als unzuständig für das westfränkische Reich erklärt.

»Ein Gefangener der Barbaren ist er genannt worden!« Erzkanzler Willigis empörte, wie man über ihn und die Bewohner des ostfränkischen Reichs sprach. König Hugo und die ihm hörige Geistlichkeit wende sich gegen Papst und Kaiser. Es läßt sich aber nicht leugnen, dachte Adelheid, daß Theophanu diesen Arnulf in seinen verräterischen Absichten bestärkt und dadurch zum jetzigen Konflikt beigetragen hat. Sie behielt ihren Einwand für sich, um die beiden Kanzler nicht zu verärgern, die Theophanus damalige Einstellung gekannt und gebilligt hatten.

Zum neuen Erzbischof von Reims war ein alter Bekannter Adelheids gewählt worden war, der Domscholaster Gerbert. Verlassen konnte man sich nicht mehr auf ihn. Eben noch dem Kaiserhaus in Treue verbunden, entwickelte er sich zum loyalen Gefolgsmann der neuen, ehrgeizigen Dynastie. Die Kanzler schlugen vor, Papst Johannes XV. zu einem energischen Protest gegen die Beschlüsse der Synode anzuregen. Leider werde er zur Zeit auch in Rom angefeindet.

Da von Italien die Rede war, erbat und erhielt Adelheid die Zustimmung zu zwei Maßnahmen, an denen ihr lag. Der Erzbischof von Piacenza, Johannes Philagathos, solle die königliche Kammer in Pavia an Gisulfus abgeben, den sie schon immer für dieses Amt ausersehen hatte. Und außerdem müsse sich eine italienische Delegation beim kaiserlich-königlichen Hof einfinden. Sie meldete ihre alten Ansprüche auf die Leitung des Königreichs Italien an. Und damit hing auch ihr Wunsch zusammen, einen Mann aus dem Kreis zu entfernen, der ihren Enkel

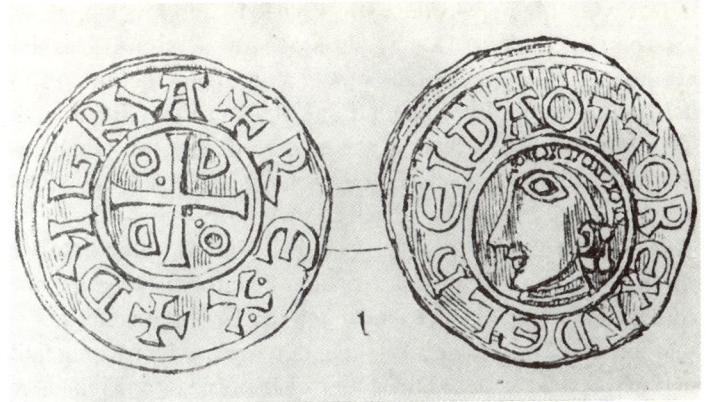

26 *Die genaue Datierung der Otto-und-Adelheid-Pfennige ist schwierig. Die Herausgabe der Münze hängt mit dem Beginn der Gewinnung von Silber aus dem Rammelsberg bei Goslar um 970 zusammen. Die Münzen tragen auf einer Seite Adelheids Namen, geschrieben meist ›Ahtelhet‹.*

umgab. Sie ließ wissen, daß sie den Kaplan Heribert in sein Kloster Brogne zurückschicken werde. Er hatte wiederholt Ansichten über Italien geäußert, die ihr nicht zusagten und von denen sie den jungen König nicht beeinflußt sehen wollte. Erzkanzler Willigis und Kanzler Hildibald bestärkten sie nicht gerade in ihren Absichten, widersprachen ihr aber auch nicht. Wichtig schien ihnen vor allem die Einberufung von Versammlungen der Großen in Sachsen und in Franken für das kommende Jahr, um die Zustimmung zur vormundschaftlichen Regierung Adelheids einzuholen.

Wie freilich der junge König sich zu ihr, der Großmutter, stellen würde, die bange Frage konnten die beiden Kanzler und Kirchenfürsten nicht beantworten. Zwölf Jahre war Otto III. alt, drei blieben bis zu seiner Mündigkeit. Wenn es ihr nicht gelang, sein Vertrauen zu gewinnen, stand ihr eine mühsame Zeit bevor. Als sie ihm in der Jagdpfalz Bodfeld begegnete, war es Mitte Oktober geworden. Ein scharfer Wind riß gelbe Blätter von den Eichen. Der König brach zur Jagd auf. Um ihn herum kläffte und jaulte die Hundemeute. Die Jäger und Pferdeknechte redeten beruhigend auf die Tiere ein. Bevor sich Otto in den Sattel schwang, sah er die Großmutter lange an. Zwischen ihnen lagen fast fünfzig Jahre. Sie hatte den Eindruck, sie wirke auf ihn so seltsam wie das Kamel, das Fürst Mieszko ihm geschenkt hatte. Er behandelte sie höflich, weder ablehnend noch anhänglich. Er nahm sie hin. Die jungen Adligen, die ihn umgaben, beobachteten die Begegnung aufmerksam und mit Spott in den Winkeln der Augen. Der König ließ sich den Spieß reichen. Die Reiterschar stob davon. Gelächter wehte herüber. Adelheid fröstelte. Der Sommer hatte eine verheerende Hitze gebracht, der Winter versprach kalt zu werden.

Sie nutzte die ihr bleibende Zeit. Pläne, die am Einspruch Theophanus gescheitert waren, verwirklichte sie jetzt. Sie ordnete an, mit dem Bau des Klosters in Selz zu beginnen. Die Mönche, die sie heranzog, sollten nach den Regeln des heiligen Benedikt leben. Als ersten Abt hatte sie ihren Kaplan Eceman ausersehen, der aus dem Kloster Cluny stammte. Anders aber als bei den Klöstern in Pavia und Payerne zögerte sie, die neue Gründung der Leitung Clunys zu unterstellen. Selz lag auf dem Gebiet des Reichs. Darüber durfte sie sich nicht hinwegsetzen, wenn sie dem Kloster die Unterstützung der Kanzler und des Königs sichern wollte. Willigis gewann sie, weil sie ihn überzeugte, sie setze mit der Abtei am Oberrhein eine schon von Otto I. begonnene Politik fort. Vor etwa vierzig Jahren hatte der Kaiser die ersten Entscheidungen getroffen, die dem Ausbau der Stellung des Reichs im Elsaß dienten.

Zufrieden schaute Adelheid im Saal der Pfalz Pöhlde zu, wie die Feder des Notars über das Pergament glitt. Mit dem Beistand ihres Enkels, des Königs, und ihrer Tochter, der Äbtissin Mathilde, erhielt Kloster Selz aus ihrem Besitz eine umfangreiche Schenkung im Wormsgau. Dörfer auf beiden Seiten des Rheins sicherten den Benediktinern die wirtschaftliche Grundlage. Die Mönche der Abtei sollten der verstorbenen Ottonen gedenken und die Menschen dieses Landstrichs in ihrer Frömmigkeit unterstützen. Als Patrone der Klosterkirche waren deshalb die im Elsaß beliebten Apostel Petrus und Paulus gewählt worden. Zur Seelsorge gehörte jedoch die Fürsorge. Die Armut in allen Teilen Europas wuchs, und zwar gleichzeitig, was Adelheid nicht begriff, mit dem Wohlstand. Die Begüterten dachten aber nicht an das Donnerwort des Jakobus: ›Euer Reichtum wird verfault sein und eure Kleider von Motten zerfressen, euer Gold und Silber verrostet, und ihr Rost wird ein Zeugnis sein gegen euch und an eurem Fleische fressen wie Feuer.‹

Hilfe erhielt der riesige Haufen plärrender, drängelnder Bettler nur an der Klosterpforte und vor der Kirchentür. Adelheid war den Anblick des Elends gewohnt und fand ihn doch erschreckend. Sie hatte gefragt, woher die Armut komme und gelehrte Antworten bekommen. Sie gehöre zum Heilsplan. Sie gebe den Reichen die Möglichkeit, mit milden Gaben sich von den eigenen Sünden freizukaufen. In ihrer Jugend hatte ihr Bischof Atto von Vercelli gesagt, Christus sei nicht gekommen, um die Bedingungen der Menschen zu ändern, sondern ihre Sitten. Später hatte sich Rather ihr gegenüber streng gegen die Armen geäußert. Sie sollten gefälligst etwas für ihr Seelenheil tun. Aber gab es nicht das Jesuswort: ›Was ihr getan habt einem von diesen meinen geringsten Brüdern, das habt ihr mir getan‹?

Wann immer sie eine Kirche betrat oder verließ und bei unzähligen anderen Gelegenheiten drückte sie Münzen in die Hände, die sich ihr entgegenstreckten. Sie hoffte, mit den Almosen ihrem Seelenheil zu dienen, wünschte aber gleichzeitig etwas gegen den Jammer zu tun, den sie sah. Geholfen wurde den Armen nun auch durch den Almosenier von Kloster Selz. Was er austeilte, linderte die Not nur für kurze Zeit. Aus Cluny hörte sie, das Kloster ruiniere sich in der Armenpflege. Selz brauchte üppige Einkünfte.

Damit es sich ungehindert entfalten könne, entzog sie das Kloster dem Einfluß der weltlichen und kirchlichen Großen.

Selz stand unter dem Schutz von König und Papst und erhielt das Recht der freien Abtwahl. In Klöstern sah Adelheid Stätten der Andacht, Bildung und Armenfürsorge. Sie wußte aber auch, daß der Reichtum der großen Benediktinerabteien keineswegs nur auf Zuwendungen beruhte. Sie verstanden zu wirtschaften. In Jahrhunderten hatten sie vielfältige Erfahrungen gesammelt und den folgenden Generationen weitergegeben, wie man Land bearbeitet und Gewerbe betreibt. Den kräftigen Beitrag, den die Reichsabteien zur Verköstigung des Hofs und zur Aufstellung von Heeren leisteten, kannte sie gut und wartete gern mit Angaben auf. Fast ein Drittel der Streitmacht zum Beispiel, die ihrem Sohn, Kaiser Otto II., in den Süden gefolgt war, hatten die Klöster gestellt. Ganz bewußt gründete sie in Selz zusammen mit dem Kloster auch einen Ort, dem sie Handwerker und Handelsleute zuführen wollte. Adelheid sah in einer wüsten Welt eine neue kleine Insel des Friedens entstehen, während der Notar die Urkunde vom 4. 1. 992 dem König zur Unterzeichnung vorlegte.

Zwei Tage später fanden sich in Grone die sächsischen Großen ein. Sie erklärten sich mit der Regentschaft Adelheids einverstanden. Wenig später sprach ihr in Frankfurt der Adel des Südens und Westens das Vertrauen aus. Über den Grund für die einmütige Unterstützung gab es keinen Zweifel: die Gefahr an den Grenzen. Rasch konnten Verantwortung und Zuständigkeit in den einzelnen Bereichen bestätigt und festgelegt werden. Bischof Notger von Lüttich sollte die Interessen des Reichs im Westen wahrnehmen. Die Verteidigung im Norden und Osten übernahmen wie gewohnt der sächsische Herzog und die Markgrafen. Daß der Südosten dem bayrischen Herzog anvertraut werden konnte, einst der erbitterte Feind ihres Sohns, befriedigte Adelheid und erneuerte die alte Hoffnung, am ehesten sei auf die Blutsverwandtschaft Verlaß. Das Königreich Italien stand in ihrer Obhut.

Vorsorge war getroffen. Noch blieb der Feind aus. Mühsame Verhandlungen folgten. In Aachen sollte der Streit um das Erzbistum Reims unter Vorsitz eines päpstlichen Legaten geklärt werden. Da der westfränkische Klerus nicht erschien, mußte die Entscheidung vertagt werden. Der junge König benutzte die Gelegenheit auf seine Weise. Er stieg aufs Pferd und jagte von Aachen hinüber zum Kloster Brogne, um seinen vom Hof entfernten Kaplan Heribert aufzusuchen. Adelheid verstand die Botschaft, fuhr aber fort, neue Leute aus der Umgebung ihres Enkels durch bewährte alte zu ersetzen. Im Mai traf sie in der Nähe von Lüttich die Könige Hugo und Robert. Sie zum Einlenken gegenüber den Forderungen des Papstes zu bringen, mißlang. Arnulf, der abgesetzte Erzbischof von Reims, blieb in Haft, Gerbert, der neue, im Amt.

Adelheid reiste nach Osten. In der sächsischen Pfalz Allstedt empfing sie am 19. Juni 992 eine Delegation aus Italien. Ihr alter Bekannter, Theophanus Günstling Johannes Philagathos führte sie. Seine Absetzung als Leiter der königlichen Kammer nahm der Erzbischof von Piacenza mit kalter Miene hin. Aus einem Brief des Augsburger Bischofs Liudolf wußte sie, daß die Helfer des Erzbischofs bei der Neuordnung der italienischen Finanzverwaltung, die Herren Sicco und Nanus, nach dem Tod Theophanus eiligst und mit Mühe aus Italien geflohen waren. Adelheid spürte Genugtuung, ließ sich aber zu keiner Feindseligkeit gegenüber dem ehemaligen Vertrauten der Schwiegertochter verleiten. Er erhielt den Auftrag, in Italien die Krönung des Königs zum Kaiser vorzubereiten.

Im übrigen nahmen Adelheid die Angelegenheiten des Bischofs Odelrich von Cremona in Anspruch. Sie hatte ihn schon vor zwanzig Jahren unterstützt und setzte sich auch jetzt für den gebürtigen Franken ein. Er stritt mit den Bewohnern seiner Stadt und dem ortsansässigen kleinen Adel. Solche Auseinandersetzungen kannte Adelheid aus Pavia. Die Klagen sollten vor einem Königsgericht geklärt werden. Es war aber gefährlich, den Bischof, einen treuen Anhänger der Herrscherfamilie, zu schwächen. Er wurde als Gegengewicht gegen Arduin, den neuen Markgrafen von Ivrea gebraucht. Adelheid verwandte sich mit Erfolg dafür, die Besitzungen Odelrichs in diesem Bereich, unter Königsschutz zu stellen.

Italien entließ sie nicht aus der Pflicht. In Mühlhausen wartete eine Gesandtschaft des neuen Dogen von Venedig. Pietro Orseolo II. nahm Verbindung mit dem kaiserlichen Hof auf. Seine Diplomaten erreichten die Erneuerung bereits verbriefter Privilegien und bekannten sich zu den alten Pflichten. Bischof Petrus von Asti übernahm das Amt des Kanzlers für Italien und erhielt eine Bestätigung aller Rechte, die dem Bistum im Lauf von dreißig Jahren zugestanden worden waren. Wie Cremona diente auch Asti als Bollwerk gegen Ivrea und Turin. Die Passagen des Vertrags, die Handel, Schiffahrtsrechte und Hafenbauten betrafen, lasen sich mühsam. Sie schienen Adelheid aber ungleich nützlicher als der Krieg, der gerade jetzt zu Entscheidungen zwang.

Noch in Allstedt hatten den Hof Nachrichten erreicht, ein sächsisches Aufgebot habe bei Kämpfen mit den Elbslawen schwere Verluste erlitten. Vorbereitungen für einen umfangreichen Sommerfeldzug begannen. Boten gingen nach Bayern, Böhmen und Polen und forderten die Fürsten auf, sich zu beteiligen. Ende Mai war der polnische Fürst Mieszko gestorben. Sein Sohn Boleslav Chrobry, der Tapfere, kämpfte gegen seine Stiefbrüder, um die Alleinherrschaft zu gewinnen. Er sandte nur eine Schar Krieger. Aber Heinrich, der Herzog von Bayern, und Herzog Boleslav von Böhmen fanden sich mit ihren Truppen ein. Mitte August sah Adelheid ihren Enkel an der Spitze des Heeres über die Elbe setzen. Fußvolk, Reiter und die schweren Karren mit Kriegsgerät und Gepäck zogen in die Ebene hinaus, auf der Getreide stand, eine gelbe Woge mit den blauen Tupfern der Kornblume und den roten Flecken des Mohns. Den riesigen Heerwurm verschluckte bald eine Staubwolke. Sie hing noch in der Luft, als kein Laut mehr zu hören war.

Bald trafen Berichte über eine Schlacht ein. Die Slawen hatten die Oberhand behalten. Das Reichsheer zog sich zurück. Eine Woche nach der Niederlage trafen der König und die Fürsten in Magdeburg ein. Adelheid berief eine Versammlung der Bischöfe, Herzöge, Markgrafen und Grafen in die Pfalz. Sie saß an der Seite ihres Enkels in der Nische der Königshalle. Vor ihnen stritten die Großen des Reichs. Sollte man den Krieg jenseits der Elbe fortsetzen? Die meisten der in unzähligen Kämpfen erprobten Männer sprachen sich gegen einen neuen Feldzug noch in diesem Jahr aus. Die Kräfte der Marken seien erschöpft, und man wisse nicht, ob nicht bald noch größere Gefahr aus dem Norden drohe. Der junge König widersprach, Adelheid schwieg. Sie stimmte der Mehrheit zu.

Seit langem war sie der Ansicht, man müsse die Elbe als Grenze hinnehmen. Nur ihre Verteidigung gegen Angriffe erschien sinnvoll. Die Eroberung des Ostens hatte sie immer wieder scheitern sehen. Kaum waren dort Burgen und Kirchen errichtet, gingen sie in Flammen auf. Das Christentum dürfe nicht mit dem Schwert zu den Slawen gebracht werden, hatte schon Erzbischof Wilhelm von Mainz, der Sohn Ottos des Großen, gefordert. Unterdrückte und Geknechtete ließen sich nicht bekehren. Friede öffnete vielleicht ihren Sinn für das ihnen fremde Bekenntnis. Die bestehenden Verknüpfungen der sächsischen und slawischen Adelsfamilien zu verstärken, war ratsam. Als Adelheid ihre Überlegungen andeutete, stieß sie auf Ablehnung. Jeder sprach mit Erbitterung von den Abodriten, Lutizen, und Hevellern, mit denen noch jede Generation gekämpft hatte. Niemand wußte mehr, wer den Krieg angefangen hatte. Er sollte im nächsten Jahr weitergehen.

Die meisten der in Magdeburg Versammelten und dazu noch andere weltliche und kirchliche Würdenträger aus allen Teilen des weiten Reichs trafen sich am 16. Oktober in Halberstadt. Die Einweihung der neuen Kathedrale glich einer Beschwörung des Himmels, er möge sich in der Stunde der Gefahr nicht von ihnen abwenden. Unter dem hallenden Geläut der Glokken betraten der junge König Otto, die kaiserliche Großmutter und seine Tante, die Äbtissin Mathilde, den Dom. Zwölf Bischöfe, darunter Erzbischof Willigis, folgten ihnen. König Otto trug eine Krone auf dem Haupt und hatte auch den übrigen Königsschmuck angelegt. Hildiward, der Bischof von Halberstadt, und seine Amtsbrüder weihten neun Altäre. Stunde um

Stunde füllte das Gemurmel der Gebete den weiten Dom. Es verwob sich mit feierlichen Gesängen, dem Brausen der Orgel, mit dem Klang der Zimbeln und dem Geklingel der Glöckchen. Die Andachtsstätten erhielten Reliquien in verschwenderischer Fülle. Sie stellten das Gotteshaus in den Schutz einer umfangreichen Schar von Heiligen und Märtyrern. Zwischen Sanctus und Pater Noster, als die Zeit des Opfers kam, und Brot und Wein sich in den Leib und das Blut Christi wandelten, überreichte der König dem Bischof sein goldenes Zepter.

Adelheid dachte an die Schenkungen für Kirchen und Klöster, die sie selbst in diesem Jahr vorgenommen hatte. Weitere sollten folgen. Die Augen des Himmels fühlte sie aber auch auf sich gerichtet, wenn sie öffentliche Angelegenheiten erledigte. Jeder Tag trug eine Fülle von Plagen an sie heran. Es dauerte sie, wie beschränkt ihre Möglichkeiten blieben. Unwetter hatten die Ernte vernichtet, Hunger brach aus. Der Winter brachte strenge Kälte. Obdachlose erfroren.

Aus Frankreich hörte sie, König Robert habe seine Frau Rozala verstoßen, die Tochter Berengars, ihren Schützling von einst. Es hieß, sie kämpfe um Herausgabe ihrer Witwenausstattung. In Italien wurde Fürst Landulf ermordet. Adelheid beauftragte den Markgrafen Hugo, in den langobardischen Herzogtümern die Ordnung wiederherzustellen. Eine tröstliche Mitteilung kam aus Rom. Der vor zwanzig Jahren verstorbene Bischof Udalrich war zur Ehre der Altäre erhoben worden. So weit man zurückdenken konnte, hatte zum erstenmal eine Versammlung von Kirchenfürsten die Heiligsprechung geprüft und in großer Feierlichkeit vollzogen. Adelheid stiftete für sein Grab eine mit Edelsteinen besetzte Altartafel.

Das Osterfest feierte sie mit dem König in Ingelheim. Wieder versuchte eine Synode vergeblich die Reimser Frage zu klären. König Otto begab sich nach Lothringen. Seine Schwester Mathilde hatte den jungen Ezzo, den zukünftigen Pfalzgrafen von Lothringen geheiratet. Um aller Welt zu zeigen, daß er diese Verbindung billige, beschenkte Otto das Paar reich. Adelheid lächelte, als sie an das Gerede der Leute dachte. Sie erzählten, die Ehe sei nur zustande gekommen, weil der König einst beim Brettspiel versprochen habe, wenn er unterliege, stehe Ezzo ein Wunsch frei. Ezzo habe gewonnen und um die Hand der vierzehnjährigen Mathilde gebeten.

Das Rad des Glücks drehte sich, hob die einen empor und stürzte andere ins Verderben. Der Sohn des im Kerker verstorbenen Herzogs Karl von Niederlothringen erbte das Lehen des Vaters. Graf Gero II. von Serimunt und Nicici erhielt die sächsische Ostmark, die schon sein Vater Thietmar innegehabt hatte. Selz bekam das Markt- und Münzrecht. Man würde vielleicht auch dort die Pfennige prägen, die ihren und Kaiser Ottos Namen trugen und eine hölzerne Kirche zeigten. Zuwendungen gingen nach Quedlinburg, nach Worms, an Guntharius, den Kaplan des Königs, an Kloster Hersfeld. Die Kämpfe im Osten zwangen erneut zu raschem Handeln. Das Heer des Markgrafen Liuthar von der sächsischen Nordmark geriet durch die Verräterei eines Ritters namens Kizo in Bedrängnis. Ersatz mußte herbeigerufen werden. Er ging bei Frohse, südlich von Magdeburg über die Elbe. König Otto zog dem Heerhaufen voran. Adelheid hielt sich in Derenburg, nicht weit von dem umkämpften Brandenburg auf. Der Krieg nahm kein Ende.

Im Herbst 993 erfuhr sie, ihr Bruder Konrad, der König von Burgund, sei gestorben. Er hatte ihr ein Leben lang Beistand geleistet, guten Rat geliehen und in mancher Fährnis Zuflucht an seinem Hof geboten. Man nannte ihn den ›Friedfertigen‹. Das konnte spöttisch gemeint sein, in Adelheids Ohren klang der Titel gut. Sie wußte, daß sie seinem Sohn und Nachfolger, ihrem Neffen Rudolf, würde helfen müssen, das väterliche Reich zu bewahren. Mächtige Herren bedrängten ihn. Graf Otto-Wilhelm, der Gefährlichste unter ihnen, war ein Enkel König Berengars. Ihr alter Feind, obschon bald dreißig Jahre im Grab, schien sie immer noch zu verfolgen.

Ihr Kummer um den Bruder verband sich mit einem Gefühl der Verlassenheit. Gerade jetzt wuchsen die Spannungen zwischen ihr und dem Enkel. Für einen Ausgleich hatte oft der langjährige Erzieher des Enkels gesorgt, der Diakon Graf Bernward. Am Anfang des Jahres war er Bischof von Hildesheim geworden. Der vierzehnjährige König entzog sich ihrem Rat. Er hatte eine hohe Meinung von sich. Seine Neigung für alles Byzantinische wuchs. Die Landsleute mißfielen ihm. Er nannte die Sachsen roh und ungebildet. Adelheid ermahnte ihn, die Menschen seiner Heimat zu achten. Sie seien mit Recht stolz auf die Bedeutung, die sie in einigen Generationen erworben hatten. Während sie sprach, wunderte sie sich. Oft genug hatte sie selbst Anstoß an der ausgeprägten Eigenliebe der Sachsen, Franken, Schwaben und Bayern genommen. Sie neigten immer stärker dazu, sich selbst zu loben und kritisch über die Leute zu sprechen, die im Westen lebten oder im Süden, von denen im Osten ganz zu schweigen. Außerhalb der eigenen Grenzen behagte ihnen weder Klima noch Menschenschlag. Überall sahen sie sich von Hinterlist verfolgt. Die eigene Neigung zum Gehorsam schätzten sie hoch ein und schimpften über den Hang der anderen zur Aufsässigkeit.

Adelheid hatte in mehreren Ländern Europas gelebt und Unterschiede als anregend empfunden. In der Ablehnung des Fremden sah sie eine Feindseligkeit wachsen, vor der ihr graute. Wenn aber der Enkel mit schöner Beredsamkeit seine hochfliegenden Pläne entwickelte, von Byzanz schwärmte und von Rom, dann war sie aus lauter Besorgnis, er könne den Boden unter den Füßen verlieren, auch nicht einverstanden. Sie widersprach. Die jungen Herren um ihn redeten ihm nach dem Mund. Sie bestärkten ihn in seinem Eigensinn. Er drängte zur Selbständigkeit und verlangte, mündig zu werden. Adelheid beriet sich mit den Kanzlern und gab nach. Für den kommenden Herbst wurde ein Reichstag nach Sohlingen einberufen.

18. Kapitel

Die letzte Reise

*E*in Nordlicht, bei dem sich der Himmel rötete wie mit Blut übergossen, warnte die Menschen vor schlimmen Ereignissen. Kalte Winter und heiße Sommer plagten das Land. Seuchen brachen aus. Seeräuber aus dem Norden landeten wie schon 991 mit ihren Booten an den Küsten, verheerten das Gebiet und drangen sengend und mordend in die Flußmündungen von Weser und Elbe vor. Viele der Grafen aus dem sächsischen Adel, die sich mit ihren Gefolgsleuten den Angreifern entgegenwarfen, wurden erschlagen oder gerieten in Gefangenschaft. Wer nicht mit viel Geld losgekauft werden konnte, war entsetzlichen Grausamkeiten ausgesetzt. Die Herzöge und Bischöfe verteidigten das Land mit Mühe und bereiteten sich auf neue Angriffe vor. Im Sommer steigerten sich die üblichen Scharmützel jenseits der Elbe zu erbitterten Kämpfen. Es kam Adelheid vor, als wollten die Feinde das Reich in Stücke reißen, bevor sie es dem Enkel übergeben konnte.

In den letzten Septembertagen des Jahres 994 begaben sich Bischöfe, Herzöge und Grafen aus allen Himmelsrichtungen zum Hoftag nach Sohlingen. Adelheid freute sich, ihren Neffen, den Markgrafen Hugo von Tuszien wiederzusehen. Gegen Ende der Regierung Theophanus war ihre Beziehung abgekühlt. Er berichtete, wie er die Ordnung in Capua wiederhergestellt habe. Als neuen Fürsten müsse man Laidulf hinnehmen, obwohl er vielleicht an der Ermordung seines Bruders Landenulf beteiligt gewesen sei. Auch der Erzbischof von Piacenza traf ein. Er verhielt sich Adelheid gegenüber höflich, schien aber dem Ende ihrer Regentschaft voller Erwartungen entgegenzusehen. Aus Bayern kam Herzog Heinrich. Er sah nicht aus, als sei ihm noch ein langes Leben beschieden. Adelheid wußte, daß er seinen Sohn zur Treue gegenüber dem Vetter ermahnte.

Um das Fortbestehen der Dynastie und die damit verbundene Sicherung des Reichs ging es allen, die miterlebten, wie dem König in festlicher Handlung die im Sommer erreichte Mündigkeit und Wehrhaftigkeit bestätigt wurde. Der dritte Otto, jetzt vierzehn Jahre alt, übernahm die Regierung des Reichs. Seine Maßnahmen zeigten sofort seine hohen Ansprüche. Bischof Bernward von Würzburg und Erzbischof Johannes von Piacenza erhielten den Auftrag, im Frühjahr des nächsten Jahres nach Konstantinopel zu reisen und mit dem byzantinischen Kaiser Basileios II. wegen einer Braut zu verhandeln. Eine Pupurgeborene mußte es sein. Die Abgesandten sollten sich nach den beiden Nichten des Kaisers erkundigen, nach der siebzehnjährigen Zoe und der sechsjährigen Theodora. Adelheid fürchtete, die angestrebte Verbindung werde den Enkel noch stärker seiner heimatlichen Umgebung entfremden, doch sie widersprach nicht.

Sie dachte an die Bemühungen Kaiser Ottos, ihres Gemahls, eine Porphyrogenneta für ihren Sohn zu gewinnen. Byzanz, das uralte Imperium des Ostens, besaß eine rätselhafte Macht über die Gemüter in Europa. Sie zwang die Herrscher des Westens immer wieder, um Anerkennung in Konstantinopel zu werben. Die Braut aus dem kaiserlichen Palast am Marmarameer stellte sie in die unendliche lange Reihe der Caesaren und verband sie mit dem Blut der Herren der Erde. Die Huld des Himmels erbaten sie in Rom. Der König besprach mit Markgraf Hugo seinen Zug nach Italien, der ihm die Kaiserkrone bringen sollte. Zum neuen Kanzler des italienischen Königreichs bestellte er seinen ehemaligen Kaplan Heribert, den Abt von Brogne. Adelheid nahm seine Bestallung als Hinweis, ihrem Einfluß seien nun auf beiden Seiten der Alpen enge Grenzen, wenn nicht das Ende gesetzt. Der König eilte zum Hohentwiel, um das Erbe der im Sommer verstorbenen Herzogin Hadwig zu klären. Adelheid zog langsam über Ingelheim und Bruchsal nach Erstein.

Die neue Wendung ihrer Verhältnisse traf sie nicht unvorbereitet und überraschte sie doch. Sie verglich sich mit einem von der Achse gelösten Rad, das noch Schwung besitzt und ausrollt. Sie kümmerte sich um Kloster Selz und erwirkte beim König weitere Schenkungen. Mit ihm, der Tochter Mathilde und der Enkelin Sophia verbrachte sie Weihnachten in Erstein. Wenn sie nicht in ihrer bevorzugten Pfalz wohnte, reiste sie. Überall gab es Aufgaben zu erfüllen. In Augsburg war der westliche Teil des von Bischof Udalrich errichteten Doms eingestürzt. Sie suchte die Unglücksstätte auf, um den Wiederaufbau zu fördern. Als sie im Refektorium bei der Tafel saß und Brot, Bier, Lammfleisch, Speck und Wein aufgetragen wurden, geschah etwas Seltsames. Bischof Liudolf erklärte mit großer Feierlichkeit, sie, die Kaiserin, habe an einem anderen Ort den Einsturz vorausgesagt. Auch damals hätten sie beim Mahl gesessen. Vor Schreck über ihre Vision sei ihr das Messer aus der Hand gefallen.

Sie wiegelte ab. An ein Gespräch über ihre Bedenken wegen des Westchors erinnerte sie sich. Sie hatte Klöster errichten lassen und war am Bau der Paläste in Pavia, Ravenna und Magdeburg beteiligt gewesen. Zwangsläufig verstand sie etwas von Architektur. Jetzt las sie in den auf sie gerichteten Augen und andächtigen Mienen der Geistlichen um sie herum, daß ihr die Gabe der Weissagung bescheinigt wurde. Ihr verging der Appetit. Das Messer behielt sie diesmal in der Hand, um nicht das Zeichen für das Ende des Mahls zu geben. Sie beschloß, sich dieser unerwarteten Verehrung zu entziehen, und bereitete ihre Abreise nach Würzburg vor. Mit einem Brief forderte sie dort Unterkunft, Futter für die Gespanne und Geld für sich selbst und ihre Begleiter an. Es tat ihr wohl, Alltägliches zu erledigen. Sie wollte nicht in die Nähe von Wundern gerückt werden.

Doch Begebenheiten wie in Augsburg erlebte sie jetzt öfter. Da gab es den Vorfall mit dem Lahmen, für den sie eine Zuneigung gefaßt hatte und der mit großer Liebe an ihr hing. Sie erlaubte ihm, sich in ihrer Kammer aufzuhalten. Ein Pächter namens Hicemann, ein zuverlässiger und verschwiegener

Mensch, brachte ihr eines Tages einen Korb voller Äpfel. Sie wählte einen davon für sich, die anderen sollte der Mann in die Vorratskammer tragen. Ihr Apfel rollte auf den Boden. Sie bat den Gelähmten, ihr den Apfel zu holen. Da er seine Krücken nicht zur Hand hatte, verwies er auf sein Leiden. Sie wünschte laut und wandte sich dabei an Reliquien in ihrer Kammer, er möge von der Lähmung befreit sein. Der Mann erhob sich, er konnte gehen. Erst staunte sie, dann begann sie zu grübeln. Der Kranke hatte seine Behinderung vielleicht übertrieben, um in ihrer Nähe sein zu dürfen. Sie verbat, von dem Vorfall zu reden. Trotzdem begann ein Raunen. Der Ruf der Wundertätigkeit schob sich zwischen sie und das tätige Leben. Wie um zu beweisen, daß sie ein Mensch sei wie alle anderen auch, ließ sie gerade jetzt ihrem Zorn über einen unbotmäßigen Ritter freien Lauf. Sie forderte den Erzbischof von Reims auf, ihn zu exkommunizieren. Mit Erleichterung las sie bald darauf Gerberts Antwortbrief, in dem er ihr die weit übertriebene Maßnahme auszureden suchte.

Nachdrücklich wandte sie sich allen Vorkommnissen im Reich und in der Familie zu. Sie verfolgte den endlosen Streit, ob das Erzbistum Reims Arnulf oder Gerbert zustünde. Es gefiel ihr, daß nach dem Tod des Herzogs von Bayern sein Sohn Heinrich zum Nachfolger gewählt wurde. Die Stellung der alteingesessenen Fürstenfamilien zu achten, hielt sie immer noch für richtig und sah darin keine Schwächung der Königsmacht. Ottos Feldzug im Osten beschäftigte sie ebenso wie die Einkleidung ihrer Enkelin Adelheid in Quedlinburg, zu der auch die Enkelin Sophia aus Gandersheim gekommen war. Der Hof reiste nach Mainz, nach Aachen und Ingelheim. Sie und ihre Tochter, die Äbtissin Mathilde, erhielten den Auftrag, den Kaiser während seiner bevorstehenden Abwesenheit zu vertreten.

Die Zeit verging ihr nun viel rascher als früher. Manchmal rätselte sie noch über die Bedeutung eines Ereignisses, wenn schon das nächste ihre Aufmerksamkeit forderte. In den ersten Märztagen des Jahres 996 trabte ein langer Zug zum Regens-

27 Papst Johannes XV. (985–996) war berühmt für seine
Gelehrsamkeit und berüchtigt für Habsucht und Begünstigung
von Verwandten (Nepotismus).

28 *Bischof Brun(o) von Toul wurde durch seinen königlichen Vetter Otto III. als erster ›Deutscher‹ zum Papst erhoben. Als Gregor V. (996–999) krönte er Otto III. am Himmelfahrtstag 996 zum Kaiser.*

burger Stadttor hinaus. Hinter der Heiligen Lanze, die der Waffenträger Ottos zum Himmel reckte, ritten der König und seine Schwester Sophia. Ihnen folgten die Kanzler, mehrere Bischöfe, Herzöge und zahlreiche bedeutende Herren des Reichs, gepanzerte Ritter und Kriegsvolk. Wenn Adelheid an die beiden schmalen Gestalten an der Spitze des Heeres dachte, wurde ihr angst und bange. Sie wußte aus langer Erfahrung, welche Schwierigkeiten auf den König warteten, und fragte sich, ob er genügend vorbereitet sei.

Aus Verona trafen bald Nachrichten über Gewalttätigkeiten zwischen Bürgern und Kriegsleuten ein. In den Gassen blieben Tote zurück. Mit Venedig nahm der Enkel Verhandlungen auf. In Pavia wurde er glänzend empfangen. In Ravenna bestimmte er einen Vetter, den Kaplan Brun, zum neuen Papst. In Rom krönte ihn Brun, nun Gregor V., zum Kaiser. Mit dem Brief, der sie davon unterrichtete, sprach ihr der Enkel seinen Dank aus. Sie las: ›Denn es sind uns Eure mütterliche Zärtlichkeit und Eure Liebeswerke wohl bekannt, für die wir ewig Euer Diener sein und bleiben müssen.‹ Sie genoß die schönen Worte und daß sie aufgefordert wurde, sich weiter dem Wohl des Staates zu widmen.

Täuschen ließ sie sich nicht. Rat und Mitwirkung waren nicht mehr gefragt. Beim Abschied hatte sie den Enkel gebeten, im bevorstehenden Königsgericht über die Klagen gegen Bischof Odelrich von Cremona umsichtig zu urteilen. Jedoch entschied er erst gegen den Bischof und für die Bürger dieser Stadt, dann widerrief er sein Urteil. Sie schwieg davon, als er sie in Erstein aufsuchte. Am 18. November nahm er an der Einweihung des Klosters in Selz teil. Die Kostbarkeiten aus Seide, Gold und Edelsteinen, die sie der Kirche St. Peter und Paul geschenkt hatte, glänzten auf dem Altar, während Wilderod, der Bischof von Straßburg, die Messe las. Trotz großer Schwierigkeiten war nun doch eine stattliche Abtei entstanden. Der Anblick freute sie.

In Rom griff abermals ein Crescentius nach der Macht. Er vertrieb Papst Gregor, den Verwandten des Kaisers, aus der

Stadt. Der von seiner Reise nach Byzanz zurückgekehrte Erzbischof Johannes Philagathos ließ sich nach einigem Zögern zum Gegenpapst erheben, er, der von der kaiserlichen Familie so oft begünstigt worden war.

»In ärmlichen Kleidern, als Sklave ist er zu uns gekommen!« Adelheid verstand die Entrüstung des Enkels. Leider bereitete im Frühjahr 997 nicht nur Rom Sorgen. Markgraf Arduin von Ivrea ließ am 17. März Bischof Petrus von Vercelli umbringen. Seine Leiche verbrannte zusammen mit seiner Kathedrale. Zwanzig Jahre war der Bischof eine Stütze der ottonischen Herrscher gewesen. Die Teilnahme an der Schlacht von Capo Colonna hatte ihm eine lange Gefangenschaft bei den Sarazenen eingebracht. Seine Ermordung durfte der Kaiser nicht hinnehmen. Es gab noch einen zweiten Grund gegen Arduin vorzugehen. Er sammelte die Unzufriedenen des Landes um sich, vor allem den kleinen Adel. Die Valvassoren wurden von den großen Herren bedrängt und verlangten eine Sicherung ihres Besitzes. Der Markgraf schürte ihre Empörung und trieb sie zum Widerstand an.

Den Kaiser erschütterte um diese Zeit der Märtyrertod des Bischofs Adalbert von Prag. Adelheid erinnerte sich, wie ihm 983 in Verona das Bistum übertragen worden war. Als der junge Kaiser ihn später näher kennenlernte, begeisterte ihn der Glaubenseifer Adalberts. Eine Zeitlang traf er den Bischof bei Tag und bei Nacht zu religiösen Gesprächen. Adalberts Einfluß auf Kaiser Otto wuchs und war nicht allen am Hof geheuer. Gegner wie Freunde begrüßten seinen Aufbruch zu einer Missionsreise in den Osten. Pruzzen, die er hatte bekehren wollen, forderten ihn auf, ihr Land zu verlassen. Er blieb und sie erschlugen ihn am 7. April 997 in der Nähe von Danzig.

Den Sommer über kämpfte der Kaiser gegen die Elbslawen. Am Ende des Jahres kam es zu einer Hochzeit, die Bischof Adalbert noch hatte vermitteln können. Gisela, die Tochter von Adelheids gleichnamiger Nichte und Herzog Heinrich von Bayern, heiratete den ungarischen Herzog Stephan. Ihm gelang es, mit der Hilfe bayerischer Ritter in Ungarn eine heidni-

29 Bei Grabungsarbeiten wurde 1880 in Mainz ein Hort geborgen. Er bestand aus 26 Schmuckstücken einer Herrscherin. Zu ihnen gehörte die gegen Ende des 10. Jahrhunderts entstandene große Adlerfibel. Seit römischer Zeit galt der Adler als Symbol der kaiserlichen Macht.

sche Opposition niederzuringen. Der Sieg wurde auch einer Nachbildung der Heiligen Lanze zugeschrieben, die Otto III. für Stephan hatte anfertigen lassen.

Während Adelheid diese Verbindung begrüßte, sorgte sie sich wegen der Ehe, die ihre Nichte Berta kurz nach dem Tod ihres Mannes Odo, des Grafen von Chartres, eingegangen war. Sie hatte König Robert geheiratet, der jetzt allein im westfränkischen Reich herrschte. Die Verbindung verstieß gegen das Kirchenrecht. Beide besaßen gemeinsame Urgroßeltern. Die Exkommunikation drohte. Um Papst Gregor für seine unkanonische Ehe günstig zu stimmen, gab Robert in der Reimser Frage nach und ließ den von ihm als Erzbischof geförderten Gerbert fallen. Er mußte Reims verlassen. Dankbar folgte Gerbert einer Einladung Kaiser Ottos und begab sich an dessen Hof. Adelheid staunte, wie Tod und Liebe hier zusammenwirkten und in kurzer Zeit das Los nahestehender Menschen änderten.

Wieder bestach Gerbert jedermann mit seinem Wissen. Seine Musikinstrumente erregten Staunen. Durch ein Fernrohr beobachtete er den im Norden stehenden Stern der Seefahrer, um dann den Himmel mit einem Gerät zu vermessen. Viele Leute erschraken über Gerbert und meinten, er stehe mit dem Teufel im Bunde. Er philosophierte mit dem Kaiser. Von dem römischen Staatsmann und Denker Boethius war die Rede. Die Erläuterungen erweckten die Antike zu neuem Leben. Der Hofkaplan Leo steuerte gediegene Kenntnisse der römischen Gesetze bei. Manchmal hörte Adelheid den erregten Gesprächen des Kaisers und seiner Freunde zu. Das Reich der Römer sollte neu entstehen, um die von Gott für den Kosmos geschaffene Ordnung auf Erden zu verwirklichen. Für diese Aufgabe müßten Papst und Kaiser ihre Kräfte vereinen. Rom würde abermals zum Mittelpunkt der Welt werden. Der Gedankenreichtum ihres Enkels beeindruckte Adelheid, aber sie sah die sauren Mienen der einheimischen Großen, wenn er auch vor ihnen von seinen Plänen sprach. Außerdem überschätzte er seine Stärke in Italien. So wie sie die Dinge sah, durfte er zu-

30 Die Provinzen des Reichs (Sclavinia, Germania, Gallia, Roma) huldigen Otto III. Das Widmungsbild, etwa um 1000 im Kloster Reichenau entstanden, spiegelt das Streben des jungen Kaisers nach Erneuerung des römischen Reichs (Renovatio imperii Romanorum).

frieden sein, wenn es ihm mit Glück und Geschick gelang, in Italien etwas von der Macht zu bewahren, die der Großvater dort begründet hatte.

Jetzt brauchte der Kaiser Ratgeber mit scharfem Verstand und viel Erfahrung. Deshalb bedauerte Adelheid, daß der Enkel den bewährten Erzbischof und Erzkanzler Willigis immer seltener anhörte. Wie Johannes Philagathos stammte auch er aus den einfachsten Verhältnissen und besaß Ehrgeiz, hielt aber in unerschütterlicher Treue zu der Dynastie, die ihn früh in ihre Dienste gezogen hatte. Im Streit, ob Mainz oder Hildesheim für das Kloster Gandersheim zuständig sei, bezog Willigis eine andere Postion als der Kaiser. Adelheid sah in der Meinungsverschiedenheit keinen Grund, sich von dem bewährten Mann abzukehren.

Im Dezember zog der Kaiser nach Italien. Als das Frühjahr kam, berichteten aus Rom Heimkehrende von dem grauenvollen Strafgericht, das er über seine Feinde verhängt hatte. Johannes Philagathos, der Gegenpapst, war gefangengenommen und von kaiserlichen Gefolgsleuten barbarisch verstümmelt worden. Bald danach demütigte ihn der siegreiche Papst Gregor auch noch durch die Zeremonie der Absetzung. Am Ende, trieben die Schergen abermals eine Jammergestalt durch die Gassen. Der Verurteilte saß auf einem Esel, hielt dessen Schwanz in den Händen, über den Kopf war ihm ein Kuheuter gestülpt. Johannes Crescentius, das Haupt des Aufstandes gegen die kaiserliche Macht, verschanzte sich in der Engelsburg. Markgraf Ekkehard von Meißen setzte hölzerne Türme, Rammböcke und Schleudern ein und eroberte das für uneinnehmbar gehaltene Bauwerk. Die Henker packten den Patricius und enthaupteten ihn auf den Zinnen der Burg. Andere erzählten, das Kriegsvolk habe Crescentius die Augen ausgerissen, die Glieder verstümmelt, ihn auf einer Kuhhaut durch die Gassen geschleift und mit zwölf seiner Anhänger an den Galgen beim Monte Mario gehängt.

Nie mehr würde er von Römern auch Mons Gaudii, Freudenberg, genannt werden. Vor sechsunddreißig Jahren hatten sie und König Otto dort die Nacht vor der Kaiserkrönung verbracht. Sie erinnerte sich der feierlichen Stimmung, in der sie zur Peterskirche gezogen war. Sie sah die Szene aus der Apokalypse vor sich, die den Giebel der Fassade schmückte, und meinte wieder die Worte aus der Offenbarung zu hören: ›Würdig ist das Lamm, das geschlachtet wurde, die Macht zu empfangen und Reichtum und Weisheit und Stärke und Ehre, Verherrlichung und Lobpreis.‹ An die Kaiserkrönung, auf der Segen zu ruhen schien, hatte sie große Erwartungen und Hoffnungen geknüpft. Gefolgt waren Greuel und Gemetzel. Die Blutspur verlängerte sich mit jeder Generation. Ihr grauste bei dem Gedanken, auch sie trage Verantwortung für die Grausamkeiten und werde Rechenschaft ablegen müssen.

Zur Zeit des Strafgerichtes in Rom jagte im Norden rot leuchtend ein Komet über den Himmel. Auch ein Erdbeben wurde gemeldet. Im Juli fielen nach einem gewaltigen Donnerschlag feurige Steine vom Himmel. Einer schlug mitten in der

Stadt Magdeburg auf. Die Menschen raunten, der Herr gebe ihnen ein Zeichen. Anderthalb Jahre blieben noch bis zur Jahrtausendwende. Nahte sich das Ende der Welt? Sie war nicht die einzige, die sich diese Frage stellte. In Quedlinburg hatte ihre Tochter, die Äbissin Mathilde, ihrem kaiserlichen Neffen einen Mantel mit Bildern aus der Apokalypse bestickt. Adelheid erinnerte sich der beruhigenden Auskunft des Abtes Adso über den Antichrist und die Endzeit. Aber wenn er sich irrte? Sie las jetzt viel. Auch die Schrift ›Vom Gottesstaat‹ des Kirchenvaters Augustinus nahm sie einmal zur Hand, als sie in der Schreibstube des Erzbischofs von Mainz stand. Über das siebente Weltalter, mit dem alles Altern in der Welt aufhöre, schrieb er: ›Dann werden wir stille sein und schauen, schauen und lieben, lieben und loben. Das ist's, was dereinst sein wird an jenem Ende ohne Ende. Denn welches andere Ende gäbe es für uns, als heimzugelangen zu dem Reich, das kein Ende hat?‹

Der gelehrte Abt in Selz, ihr ehemaliger Kaplan Eceman, wies ihr freilich eine andere Stelle im Werk des Kirchenvaters. Dort loderte am Ende der Welt und zur Zeit des Antichrist ein zerstörendes Feuer. Ein Geistlicher wiederholte Adelheid einige Verse aus einer sächsischen Dichtung, die er im Regensburger Kloster St. Emmeram eingesehen hatte. ›So inprinnant die perga‹, hieß es da über den Untergang der Welt. Die Berge brannten, kein Baum blieb stehen, die Gewässer trockneten aus, das Moor versickerte, am Himmel schwelte eine Lohe und der Mond fiel herab: ›mano vallit‹.

Obwohl die Schreckensbilder sie bedrückten, hielt sie es für ihre Pflicht, Gelassenheit zu zeigen. Unruhe steckte ohnehin schon in den Menschen. Zwar gingen die meisten wie immer ihren Tätigkeiten nach, aber es schien ihr, als seien die Bindungen an Sitte und Herkommen lockerer und die Gier nach den Freuden des Leben größer denn je. Ein Vorfall in Quedlinburg bestätigte ihre Befürchtungen. Ein junger sächsischer Graf entführte aus dem Kanonissinnenstift, dem ihre Tochter, die Äbtissin Mathilde, vorstand, ein junges Mädchen aus alter Familie. Der Raub beschädigte nicht nur das Ansehen des vornehmen Klosters, er beleidigte auch die Äbtissin und das Reich. Der Kaiser hatte seine Tante erneut mit seiner Stellvertretung beauftragt und ihr den Titel ›matricia‹ verliehen. Reitertrupps klirrten los, von den Burgwällen herab und zu den Palisaden hinauf wurde geschrien und gedroht. Der Graf lenkte ein. Barfüßig erschien er in Magdeburg vor der Äbtissin und Regentin und übergab das Mädchen.

Die Aufregungen raubten Mathilde Kraft. Sie starb wenige Tage darauf, am 6. Februar 999, nur vierundvierzig Jahre alt. Adelheid hatte unbeschränktes Zutrauen zu ihrer zweiten Tochter gehabt und ihre Uneigennützigkeit immer als Vorbild empfunden. Der Verlust erschütterte sie, aber sie ließ sich nicht gehen. Sie benachrichtigte den Kaiser und schlug vor, seine Schwester Adelheid zur Nachfolgerin in Quedlinburg zu ernennen. Die Boten überbrachten auch eine Aufforderung an das Kloster S. Salvatore bei Pavia, umgehend eine Abordnung in ihre Pfalz Erstein zu senden. Es wurde Zeit, letzte Anordnungen zu treffen.

Sie hatte ihre fünf Kinder überlebt, zwei Ehemänner und zahllose Verwandte, Freunde und Feinde. Ihr Leben war zu Erinnerung geworden. Eine Stimme flüsterte unaufhörlich: »Damals...« Wenn sie reglos im Sessel saß und es still um sie war, hörte sie das Gepolter und Gelächter längst verstorbener Männer und Frauen, den Lärm ihrer Gastmähler, das Geschrei der tobenden Kinder, Musik spielte und verwehte.

Anfang April trafen die Mönche aus Pavia ein. Johannes, der Notar des königlichen Palastes, begleitete sie, ein erfahrener Mann, der auch für den Markgrafen von Tuszien arbeitete. Mit ihm gekommen war der Palastrichter Adam, zu dem sich der kaiserliche Richter Ebbo gesellte. Die geladenen Zeugen traten in den Saal der Pfalz. Adelheid begrüßte Herzog Hermann II. von Schwaben und Elsaß, den Mann ihrer Nichte Gerberga, der Tochter König Konrads. Seine Zustimmung und die ihrer Familie zu dem bevorstehenden Rechtsgeschäft wünschte sie festzuhalten.

Dem Pfalznotar übergab sie Pergament und Tintenfaß und

erteilte ihm den Auftrag, Urkunden nach ihren Anweisungen auszufertigen. Sie betrafen die Klöster S. Fructuosi bei Portofino und S. Salvatore vor den Mauern Pavias. Die eine Abtei war von ihr schon nach der Schlacht von Capo Colonna zum Dank für die Errettung des Sohnes beschenkt worden. Das Kloster S. Salvatore hatte bereits bei der Gründung reichlich Güter und Dörfer aus König Lothars Hochzeitsgeschenk erhalten, ein kleines Reich in der Lombardei, das mit den Jahren durch Zuwendungen gewachsen war und nun, abgerundet, bestätigt wurde. Unentwegt schrappte der Federkiel. Die Zeit verging. Die Gäste unterhielten sich. Schließlich bat Adelheid um Ruhe. Der Notar las die Urkunde vor.

»Ego ipsa adaleida Imperatrjs...« Im Gedenken an ihre Eltern und die kaiserlichen Ottonen, verzichte sie, Adelheid, Kaiserin, die nach salischem Recht lebe, nun nach langobardischem Brauch auf ihre Besitzrechte. Eine lange Reihe von Ortsnamen folgte. Sie riefen Bilder hervor. Adelheid sah sich und König Lothar über die Wiesen am Ufer des Tessins reiten, durch die Bergwälder am Monte Amiata, sie lagen im Schatten von Zypressen und schauten hinaus auf die blaue Bucht unterhalb von Valpiana. Draußen schwamm im Dunst des Meers die Insel Elba.

Sie überreichte den Empfängern ihrer Schenkung die Zeichen der Übertragung: Messer, Halmbündel, Handschuh und eine Erdscholle, in der Zweige steckten. Wieder kratzte die Feder. Sie setzte den Vollziehungsstrich in ihr Monogramm. Auch der Notar unterzeichnete. Ihre Besitzungen wußte sie jetzt in guter Hand. Nur die eben getroffene letztwillige Verfügung, davon war sie überzeugt, konnte verhindern, daß ihre Hinterlassenschaft in zahllose Stücke zerfetzt und eine Beute der Machthaber Italiens wurde. Das Kloster stand unter dem Schutz von Papst und Kaiser. Die Mönche von S. Salvatore würden das Erbe bewahren und dem kaiserlichen Haus einen Rückhalt in Italien erhalten.

Wie recht sie hatte, die Raubgier des großen und des kleinen Adels zu fürchten, erfuhr sie binnen kurzem. Die Fürsten Burgunds begehrten gegen ihren Neffen, König Rudolf III., auf. Im Sommer verabredete sie ein Treffen mit ihm und seinen Lehnsleuten in Orbe. Sie wollte die Reise benutzen, noch einmal die Stätten ihrer Kindheit aufzusuchen. Da sie sich lange Ritte nicht mehr zumuten mochte und notfalls eine Sänfte benutzen wollte, brach sie beizeiten auf. Ihre bisher eiserne Gesundheit ließ nach. Als sie in dem von ihrer Mutter gegründeten Kloster Payerne ankam, erlitt sie einen Schwächeanfall. Ihre Ankunft hatte sich herumgesprochen und eine Menge Bedürftiger herbeigerufen. Sie beauftragte einen der Mönche, an ihrer Stelle Münzen auszuteilen. Er klagte, die Zahl der Armen überstiege die Zahl der Geldstücke bei weitem. Durch eine plötzliche Vermehrung befanden sich dann doch genügend Almosen in der Schatztruhe.

Ihr Weg führte sie das Rhonetal hinauf nach Saint Maurice. Odilo, der neue Abt von Cluny, suchte sie auf. Sie hielt den gewandten und vornehmen Mann für einen fähigen Nachfolger des vor fünf Jahren verstorbenen Majolus. Seinen Tod hatte sie in den Aufregungen der Regentschaft nicht genügend beachten können. Sie erklärte, wie viel er ihr bedeutet und gegeben habe. Von seiner Gefangennahme oben am Paß nach Italien vor 27 Jahren durch die Sarazenen kam das Gespräch auf die Heimsuchungen, die Kloster Cluny neuerdings betroffen hatten. Der Abt berichtete von den scharfen Angriffen des Bischofs von Laon. Der Adelheid sattsam bekannte Adalbero Ascelin hatte in einem satirischen Gedicht gegen Cluny im allgemeinen und Odilo im besonderen gelästert.

»›König Odilo von Cluny‹ hat er mich genannt«, entrüstete sich der Abt. Adelheid wußte, daß dem Reformkloster Selbstherrlichkeit und eine gewisse Verweltlichung vorgeworfen wurden. Die Anschuldigungen hatten Einfluß auf ihre Entscheidungen für Kloster Selz gehabt. Um davon nicht reden zu müssen, erwähnte sie eine Sorge ihrer Familie. Papst Gregor V. hatte ihre Nichte Berta wegen der verbotenen Ehe mit König Robert exkommuniziert. Dann erkundigte sie sich, was denn Odilo von der Bewegung halte, die in Aquitanien um sich

GERBERT (Sylvestre II.)

31 Gerbert von Aurillac, als Papst Silvester II. (999–1003), war der größte Gelehrte seiner Zeit. Gelegentlich wird er für das Urbild des Dr. Faustus gehalten. Er hielt enge Verbindung zum kaiserlichen Hof, korrespondierte oft mit Kaiserin Adelheid und nannte sie in einem Brief ›Mutter der Königreiche‹.

greife und in Europa den Verzicht auf Gewalt durchsetzen wolle.

»Cluny unterstützt den Gottesfrieden«, erklärte Odilo. Es müsse gelingen, den Adel wenigstens von Freitag bis Sonntag zur Waffenruhe zu überreden. Ausführlich sprachen sie über den Enkel, den Kaiser. Abt Odilo war in Rom gewesen, als Otto III. sein Strafgericht hielt. Noch im Frühjahr dieses Jahres hatte er ihn dort aufgesucht. Der Abt äußerte sich behutsam, doch schien er ähnliche Befürchtungen zu hegen wie sie selbst. Um Rom zu gewinnen, genügte es nicht, sich auf dem Palatin zwischen den alten Kaiserpalästen eine Pfalz einzurichten und nach byzantinischer Art Hof zu halten.

Es lag ein Verhängnis über dem Drang nach Italien und den Würden, die es dort zu erringen gab. Adelheid stand in Saint Maurice vor der Grablege ihres Vaters Rudolf, der hier die Heilige Lanze erhalten hatte und dann im italienischen Königreich gescheitert war. Sie dachte an den Kräfte verzehrenden Kampf ihres Mannes, des ersten Kaisers Otto, um die Herrschaft in Italien. Sie trauerte über den Sohn, der dort seinen Ruf verloren und den Tod gefunden hatte. Und sie bangte um den Enkel wegen seiner übersteigerten Pläne. Hielt er sich für den in der Apokalypse beschriebenen letzten König des römischen Imperiums? Er verwechselte seine Träume mit dem Leben. Ihm fehlte Augenmaß. Sie sah ihn mit vielen seines Gefolges in Rom zugrunde gehen. Alle diese Fehlschläge trafen auch sie. Unter ihrem Gewicht brach sie zusammen und lag auf dem Boden der Kirche des heiligen Mauritius.

Am Tag darauf setzte sie ihre Reise fort. An ihrer Seite ritt ihr Neffe, König Rudolf III. Sie besprachen, wie sie ihm in Orbe gegen die Großen seines Landes beistehen könne. Unterwegs besuchte sie in Genf das Grab des Märtyrers Viktor und die Kathedrale von Lausanne. In Orbe beschwor sie die dort Versammelten, sie sollten begreifen, wie sehr ihre Interessen denen des Königs glichen. Wenn sie ihn schwächten, stärkten sie ihre eigenen Feinde. Sie benutzte die Worte ihres Vaters. Viele konnte sie nicht überzeugen, und König Rudolf erwies sich als ein sehr bequemer Mensch. Sie zweifelte an seiner Fähigkeit, das ererbte Reich zu erhalten.

Die Geschenke, die sie jetzt absandte, sollten nicht nur ihrem Heil dienen. Sie wollte die Hilfe heiliger Männer auch ihrem Neffen und dem Enkel sichern. Gaben gingen nach Fleury-sur-Loire ans Grab des heiligen Benedikt, nach Souvigny, wo Majolus bestattet war und an sein Kloster Cluny. Dem Martinskloster in Tours überließ sie eine Geldsumme und ein Stück vom Mantel ihres Sohns. Sie hatte ihn nach seinem Ableben von Theophanu erhalten.

Um die zu seinem Gedächtnis am 7. Dezember eingeführte kirchliche Feier mitzuerleben, kehrte sie nach Selz zurück. Wie immer an seinem Todestag lagerten unzählige Arme aus der Umgebung vor der Klosterkirche. Die Reise hatte Adelheid zugesetzt, die Versorgung der Menge strengte sie an, die Messen bei Tag und in der Nacht schwächten sie. Sie begann zu fiebern. Einige Tage lang nahm ihre Hinfälligkeit zu. Für kurze Zeit kehrte ihre Kraft zurück. Sie verlangte nach der heiligen Ölung und dem Sakrament. Die in ihrer Kammer stehenden Fürsten und Geistlichen bat sie, die Bußpsalmen zu singen und die Heiligen anzurufen. Auch sie stimmte in den Chor ein. In der Nacht vom 16. auf den 17. Dezember 999 starb sie.

19. Kapitel

Nachleben

An ihrem Grab in der Kirche des Klosters gewannen Kranke die Gesundheit zurück. Selz entwickelte sich zur Wallfahrtsstätte. Die Benediktinermönche zeichneten die Heilungen auf. In der Mitte des 11. Jahrunderts fertigten sie ein ›liber miracolorum‹ an. Das Buch der Wunder reichten sie in Rom ein. Eine Lateransynode sprach Adelheid im Januar 1097 heilig. Den Vorsitz führte Papst Urban II., vormals Prior der Abtei Cluny. Das Kloster versuchte lange, Selz seinem Verband einzugliedern. Es blieb jedoch beim Reich und genoß die Unterstützung der Kaiser.

1307 trat der Rhein über die Ufer. Eine Überschwemmung vernichtete die Gebäude von Kloster Selz. Eine neue, höher gelegene Abtei entstand. Es ist anzunehmen, daß die Mönche die Gebeine der Gründerin retteten und abermals beisetzten. Die Grabstelle ist unbekannt. Die letzte Nachricht über ihre sterblichen Reste stammt aus der Zeit vor der Reformation. Adelheidreliquien gab und gibt es an mehreren Orten. In Selz wird ein Stück aus einem ihrer Gewänder bewahrt.

Neben der Kirche steht seit 1899 ein Denkmal. Es zeigt Adelheid als stattliche junge Frau mit Zöpfen. Sie ist oft abgebildet worden. Das älteste Werk, auf dem sie zu sehen ist, könnte eine in Mailand aufbewahrte Elfenbeintafel des 10. Jahrhunderts sein, aber Zuweisung und Datierung sind umstritten. In der gleichen Stadt kann man sie vermutlich auch auf einem Relief über dem Altar von S. Ambrogio entdecken. Die bekannteste Darstellung Adelheids entstand in der Mitte des 13. Jahrhunderts und steht im Chor des Doms in Meißen. Die Kaiserin und Heilige lächelt kräftig und schaut freundlich auf die Kirchgänger herab. Auch im Dom zu Augsburg erinnert eine Statue an

32 Selz (fr. Seltz) erhielt Kaiserin Adelheid 968 mit großen Besitzungen im Elsaß zum Geschenk von Kaiser Otto I. Den lange gehegten Plan, dort ein Kloster zu errichten, konnte sie erst nach dem Tod der Kaiserin Theophanu, ihrer Schwiegertochter, verwirklichen. In Selz starb Adelheid am 16./17. 12. 999.

sie. Sie hält ein Kirchenmodell in der Hand und steht neben Theophanu. Auf einem 1742 geschaffenen Relief in der Schloßkapelle von Versailles tritt sie als große Dame auf, die inmitten ihres Gefolges Abschied von Abt Odilo nimmt.

Nicht nur die bildende Kunst nahm sich Adelheids an. Noch in ihrer Zeit wurden einige ihrer Erlebnisse aufgezeichnet. Zahlreiche poetische oder prosaische Schilderungen ihres Lebens folgten. Sogar Goethe feilte an Versen, die sich mit ihr beschäftigten. Sie ist gelobt, aber auch kritisiert worden. Bemerkenswerter als ihre Tüchtigkeit schien manchen ihre Frömmigkeit.

Anders wandelte sich das Urteil über die Heilige Lanze. Es gibt mehrere Waffenreliquien dieses Namens. Die hier gemeinte, schon erwähnte, spielte drei Jahre nach Adelheids Tod

33 Auf dem Relief von 1742 in der Hofkapelle von Versailles nimmt Adelheid (rechts mit Gefolge) Abschied von Abt Odilo von Cluny. Die Szene bezieht sich auf eine Stelle im Nachruf Odilos auf die Kaiserin Adelheid.

wieder eine Rolle bei dem Kampf um die Macht im Reich. Die Herrschaft Ottos III. in Rom brach in einem blutigen Aufstand zusammen. Der Kaiser mußte die Stadt verlassen und starb in der Burg Paterno. Sein Gefolge schnallte den Leichnam auf ein Pferd. Der Tote führte den Zug an, der auf dem Weg zu den Alpen ein Land in Aufruhr durchquerte. Jenseits des Brenners, in Polling, empfing Herzog Heinrich den toten Vetter. Er weinte. Als er sich der Reichskleinodien bemächtigte, fehlte die Heilige Lanze. Erzbischof Heribert von Köln hatte sie an sich gebracht. Sie wurde Heinrich dann doch ausgehändigt und legitimierte seine Wahl zum König.

Ihr Ansehen hielt sich lange. Kaiser Heinrich IV. gab ihr im 11. Jahrhundert eine silberne Einfassung. Der ›sper‹ wurde bei der Krönung Rudolf I. aus dem Haus Habsburg 1273 erwähnt.

Karl IV. versah die Heilige Lanze im 14. Jahrhundert mit einer Goldmanschette und zeigte sie bei der öffentlichen Weisung der Heiltümer den staunenden Nürnbergern. 1523 sah die Menge sie für lange Zeit zum letzten Mal. In der Reformation verlor die Reliquie an Überzeugungskraft. Andere Zeichen für die Macht des Glaubens und den Glauben an die Macht setzten sich durch. Als das alte Reich 1806 unterging, kam die Heilige Lanze mit den Reichskleinodien nach Wien. Sie kehrte 1938 noch einmal nach Nürnberg zurück und wurde 1949 abermals der Schatzkammer der Wiener Hofburg übergeben. Inmitten erlesener, glanzvoller Kostbarkeiten findet sie wenig Beachtung. Der verhältnismäßig bescheiden wirkende Gegenstand läßt nicht erkennen, welche Kraft einmal von ihm ausging, daß er Vertrauen und Hoffnungen auslöste und wieviel Glück und Unglück er gebracht hat.

Chronik

864 Konrad d. J., Graf von Auxerre, Urgroßvater Adelheids, erhält Hochburgund
888 Rudolf I., Großvater Adelheids, wird König
911 Rudolf II., Vater Adelheids, König von Hochburgund
921 Rudolf II. wird aufgefordert, in Oberitalien einzugreifen
923 17.7. besiegt Rudolf II. Kaiser Berengar I.
926 Rudolf II. verliert Italien
931 27.6. (?) Geburt Adelheids
937 13.7. Tod Rudolfs II., 12.12. Adelheids Mutter Berta heiratet König Hugo von Italien, Adelheid mit dessen Sohn Lothar verlobt, Übersiedlung nach Pavia
938 Übersiedlung nach Pavia
941 Markgraf Berengar II. flieht aus Italien
945 Rückkehr Berengars nach Italien
946 König Hugo flieht aus Italien
947 10.4. König Hugo stirbt, 27.6. König Lothar heiratet Adelheid
949 Emma geboren, Adelheids Tochter
950 22.11. Tod König Lothars, Berengar II. u. Sohn Adalbert Könige von Italien
951 Berengar II. setzt Adelheid gefangen, 21.8. Flucht Adelheids, 23.9. König Otto I. in Pavia, Herbst Heirat mit Adelheid
952 Hof reist nach Norden, 7.8. Berengar II. wird mit Italien belehnt
952/3 Heinrich geb., Adelheids Sohn
953 März Ausbruch des Liudolf-Aufstands, Nov./Dez. Brun geb., Adelheids Sohn
954 7.4. Adelheids Sohn Heinrich stirbt
955 Januar (?) Mathilde geb., Adelheids Tochter, 10.8. Schlacht auf dem Lechfeld, Dezember (?) Otto geb., Adelheids Sohn
957 8.9. Adelheids Sohn Brun stirbt, Erkrankung Ottos I.
961 26.5. Krönung Ottos II., im Sommer Hof nach Italien
962 2.2. Kaiserkrönung durch Papst Johannes XII. in Rom
963 Mai Belagerung Berengars II. in San Leo, 4.12. Absetzung Joh. XII., Nachfolger Leo VIII.
964 Aufstand in Rom, Mai Tod Leos VIII., Papst Benedikt V. ein- und abgesetzt, Tod Johannes XII.
965 Januar Hof nach Norden, Tod Leos VIII., Nachfolger Papst Johannes XIII., 14.5. Hoftag in Köln, Adelheids Tochter Emma mit König Lothar von Frankreich verlobt

966	Adelheids Mutter Berta stirbt, Mathilde Äbtissin von Magdeburg, Ende August Hof nach Italien
967	Strafgericht Ottos I. in Rom, Feldzug in Süditalien, Kaiserkrönung Ottos II.
968	Januar Feldzug in Süditalien, 16. 11. Adelheid erhält Selz
970	Adelheid baut Kloster S. Salvatore bei Pavia wieder auf
972	14. 4. Otto II. heiratet Theophanu, der Hof nach Norden
973	7. 5. Tod Ottos I., neuer Papst: Benedikt VI.
974	Herzog Heinrich von Bayern erhebt sich gegen Otto II., Absetzung, Ermordung Benedikts VI. durch Papst Bonifaz VII., wird vertrieben, Nachfolger: Benedikt VII.
975	Otto II. bestätigt Adelheid die Schenkungen Ottos I.
976	neuer Aufstand Hzg. Heinrichs, Adelheid in Pavia, regelt Erbschaft ihrer Nichte Waldrada
977	Adelheid nach Norden, Tochter Emma des Ehebruchs bezichtigt, 31. 3. Aufstand der drei Heinriche
978	Adelheid verläßt den Hof Ottos II., Überfall König Lothars auf Aachen, Feldzug Ottos II. in Frankreich
980	Übereinkunft zwischen Otto und Lothar, Otto II. versöhnt sich mit Adelheid in Pavia
982	Niederlage Ottos II. bei Capo Colonna
983	Mai Reichstag in Verona, Papst Johannes XIV. eingesetzt, 7. 12. Tod Ottos II.
984	März Adelheid u. Theophanu kehren nach Norden zurück, Hzg. Heinrich händigt ihnen Otto III. aus, 20. 10. Papst Johannes XIV. von Bonifaz VII. ermordet, Bonifaz stirbt, Nachfolger Johannes XV.
985	Mai Hzg. Heinrich unterwirft sich, Adelheid nach Pavia
987	Königin Emma wird von ihrem Sohn vom Hof vertrieben, Theophanu bestätigt Adelheids Besitz, Tod Ludwigs V., Herzog Hugo Capet neuer König von Frankreich, Adelheid gründet Kloster Selz
988	Adelheid vermittelt in Venedig, Königin Emma gefangengesetzt
989	Herbst Theophanu nach Rom
991	15. 6. Tod Theophanus, Adelheid übernimmt Regentschaft, Schenkungen an Selz
992	22. 8. Niederlage des Reichsaufgebots gegen die Slawen
993	Slawenkrieg
994	Einfall der Schweden und Dänen, neuer Slawenkrieg, Otto III. wird mündig gesprochen
995	Adelheid in Augsburg, Würzburg, Papst Johannes XV. stirbt, Nachfolger wird Gregor V.
996	21. 5. Kaiserkrönung Ottos III. in Rom, 18. 11. Kloster Selz eingeweiht
997	Frühjahr, Gegenpapst Johannes XVI., Äbtissin Mathilde Reichsregentin (Adelheids Tochter)
998	Strafgericht Ottos III. gegen Johannes XVI.
999	6. 2. stirbt Äbtissin Mathilde, 11. 4. Schenkungen Adelheids, Sept. Reise nach St. Maurice, Orbe, vermittelt für Neffen Rudolf III. von Burgund, Adelheid stirbt am 16. / 17. 12. in Selz
1000	(um) Odilo von Cluny verfaßt Nachruf (Epitaph)

Bildnachweis

Für Ermunterung, Kritik und Rat danke ich meiner Frau, Herrn Günther Bergman und Frau Eva von Freeden, für eine kritische Durchsicht Herrn Wolfgang Schuler, für Übersetzungshilfe Frau Dr. Elisabeth Luber, für Freundlichkeit und Geduld den Mitarbeiterinnen und Mitarbeitern der Bayerischen Staatsbibliothek München. Herrn Dr. Manfred Lotsch und der Verlagsdirektion danke ich für die umsichtige Betreuung und großzügige Ausstattung des Buchs. Meine dankbare Verpflichtung gegenüber den Autoren, deren Werke ich benutzt habe, hoffe ich durch die Bibliographie auszudrücken.

Bibliographie

Adalbert, Fortsetzung der Chronik Reginos, in: Ausgewählte Quellen zur deutschen Geschichte des Mittelalters, Freiherr vom Stein-Gedächtnisausgabe, Bd. VIII, 1977

Adam von Bremen, Bischofsgeschichte der Hamburger Kirche, in: Ausgew. Quellen, Bd. XI, 1978

Guido Adler, Handbuch der Musikgeschichte, Bd. 3, 1975

Adso von Montier-en-Der, Libellus de Antichristo (Hg. Robert Konrad), in: Münchner Historische Studien, Abt. Mittelalterliche Geschichte

Alpertus von Metz, De episcopis Mettensibus libellus, in: Monumenta Germaniae historica, scriptorum, tom. 4 (MGh SS IV), 1841

Gertrud A. Altenberg, La trasformazione dei nomi germanici nell'Italia meridionale, 1968

Gerd Althoff, Adels- und Königsfamilien im Spiegel ihrer Memorialüberlieferung, Studien zum Totengedenken der Billunger und Ottonen, 1984

Ders., Vormundschaft, Erzieher, Lehrer – Einflüsse auf Otto III., in: Kaiserin Theophanu, 1991

Gerd Althoff/Hagen Keller, Heinrich der Erste und Otto der Gr., 1985

Adolf Altmann, Das früheste Vorkommen der Juden in Deutschland, 1932

Maria Pia Andreolli, Aspetti politici e religiosi di Pavia rilevati nelle vicende storiche del Monastero di S. Salvatore (sec. VII–XII), in: Atti del 4. congresso internazionale di studi sull'Alto Medioevo, 1969

Annales Quedlinburgenses, in: MGh SS III

Aurelius Augustinus (Übers. Wilhelm Thimme), Vom Gottesstaat, 1977

Adolf Bach, Die deutschen Personennamen, 1943

Friedrich Baethgen, Das Königreich Burgund im Mittelalter, in: Jahrbuch der Stadt Freiburg i. Brsg., Bd. 5, 1942

Cesar Baronius, Annales ecclesiastici a christo nato ad annum 1198, Ed. Mansi, 1744

Gertrud Bäumer, Adelheid, 1936

Ds., Krone und Kreuz, 1938, Ds. Otto I. und Adelheid 1951

Ds., Der Krieg und die Frauen, in: Der deutsche Krieg, 1914

Hans-Georg Beck (Übs.) Vademecum des Byzantinischen Aristokraten (Das sog. Strategikon des Kekaumenos), 1956

Friedrich Behn, Römertum und Völkerwanderung, 1963

Ugo Bellochi, Giovanni Marzi, Il poema di Donizone, 1970

Henry Benrath, Der Kaiser Otto III., 1951

Julius Betzinger, Das Leben der Kaiserin Adelheid, Gemahlin Ottos I., während der Regierung Ottos III., 1883

Karl J. Benz, A propos du dernier voyage de l'imperatrice Adelhaide en 999, in: Revue d'histoire ecclésiastique, 1972

Helmut Beumann (Hg.), Kaisergestalten des Mittelalters, 1984

Ders., Die Ottonen, 1987

Franz Beyerle (Hg.), Die Gesetze der Burgunder, 1936

Ders., Die Gesetze der Langobarden, 1947

Gian Andri Bezzola, Das ottonische Kaisertum in der französischen Geschichtsschreibung des 10. und beginnenden 11. Jahrhunderts, 1956

Karl-Heinrich Bieritz, Das Kirchenjahr, 1988

Marc Bloch, Die Feudalgesellschaft, 1982

Laetitia Boehm, Rechtstitel der burgundischen Königserhebung, in: Königswahl und Thronfolge in fränkisch-karolingischer Zeit, 1975

Ds., Geschichte Burgunds, 1979

Johann Friedrich Böhmer, Regesta Imperii II, 1–3, 1950/67

Hartmut Brockmann, Das Mittelalter, 1988

Arno Borst, Lebensformen im Mittelalter, 1973

Ders., Barbaren, Ketzer und Artisten, 1990

Karl Bosl, Europa im Mittelalter, 1975

Ders., Europa im Aufbruch, 1980

Wilhelm Braune, Althochdeutsches Lesebuch, 1962

Wolfgang Braunfels, Die Welt der Karolinger und ihre Kunst, 1968

Ders., Die Kunst im Heiligen Römischen Reich, Bd. VI, 1989

Carlrichard Brühl, Deutschland–Frankreich, die Geburt zweier Völker, 1990

Ders., Das ›Palatium‹ von Pavia und die ›Honorantiae civitatis Papiae‹, in: Atti del 4. congr., 1969

Wolfgang Bruhn, Max Tilke, Kostümgeschichte in Bildern, 1973

D. A. Bullough, Urban Change in early medieval Italy: the example of Pavia, in: Papers of the British School at Rome, vol. XXXIV, 1966

Alessandro Colombo, I diplomi ottoniani e adelhaidini, in: Bibliotheca subalp., 1932

Ovidio Capitani, Chiese e monasteri pavesi nel secolo X., in: Atti del 4. congr., 1969

Gian Maria Capuani, Quell' estate del 962, 1987

Claude Carozzi, Adalbero de Laon, Poem au roi Robert, in: Les classiqiques de l'histoire de France au Moyen âge, 1979

Maria Antonietta Casagrande Mazzoli, L'epigrafe pavese della ›regina Adelaide‹, una tradizione infondata, 1987

Robert T. Coolidge, Adalbero, Bishop of Laon, in: Studies in Medieval and Renaissance History, Vol. II, 1965

Patrik Corbet, Les Saints ottoniens, 1986

Damberger, Fürstentafel des königlichen Hauses Burgund

Dhuoda, Manuel pour mon fils (Hg. P. Riché), in: Sources chrétiennes 225, 1975

Hellmut Diwald, Heinrich der Erste, 1987

Franz Dölger, Wer war Theaphano?, in: Historisches Jahrbuch der Görres-Gesellschaft, 1949

Bianca Dragoni, Il comune die Pavia fra il Mille e il Milleduecento, 1929

Georges Duby, L'Anno Mille, 1976

L. Duchesne, Le liber Pontificalis, II., 1886–1892

Ernst Dümmler, Geschichte des ostfränkischen Reichs, in: Jahrbücher der deutschen Geschichte, Bd. III, 1888

L. Dupont-Lachenal, Saint-Maurice d'Agaune, 1983

Eugenio Dupré-Theseider, Otto I. und Italien, in: Festschrift zur Jahrtausendfeier der Kaiserkrönung Ottos des Großen 1962/63

Egbert von Lüttich, Fecunda Ratis (Hg. Ernst Vogl), 1889

Jürgen Eichhoff/Irmgard Rauch, Der Heliand, 1973

Einhard, Leben Karls des Großen, in: Ausgew. Quellen, Bd. V, 1955

Ekkehard IV, St. Galler Klostergeschichte, in: Ausgew. Quellen, Bd. X, 1980

Peter Engels, Der Reisebericht des Ibrāhīm ibn Yaqūb (961/966), in: Kaiserin Theophanu I., 1991

Edith Ennen, Frauen im Mittelalter, 1985

Franz-Reiner Erkens, Die Frau als Herrscherin in ottonisch-frühsalischer Zeit, in: Kaiserin Theophanu II., 1991

Antonio Falce, Il marchese Ugo di Tuscia, 1921

Gina Fasoli, I re d'Italia, 1949

Ds., I longobardi in Italia, 1965

Miachael de Ferdinandy, Der heilige Kaiser, 1969

Heinrich Fichtenau, Lebensordnungen des 10. Jahrhunderts, 1992

Julius Ficker, Forschungen zur Reichs- und Rechtsgeschichte Italiens, 1868

Josef Fleckenstein, Grundlagen und Beginn der deutschen Geschichte, 1974

Ders., Die Hofkapelle der deutschen Könige, 1959

Ders.,/Marie Luise Bulst, Begründung und Aufstieg des deutschen Reichs, in: Handbuch der deutschen Geschichte, Bd. 3, 1973

Flodoard, Les Annales (Hg. Ph. Lauer), in: Collection des textes, 1906

Fredegar, Die Chronik (Hg. Alexander Heine, Übers. Otto Abel), 1985

Pankratz Fried, Die Herkunft der Wittelsbacher, in: Wittelsbach und Bayern I/1, 1980

Froumund (Hg. Karl Strecker), Die Tegernseer Briefsammlung (Froumund), in: Briefe der deutschen Kaiserzeit, MGh epis. select. III, 1925

Horst Fuhrmann, Die ›heilige und Generalsynode‹ des Jahres 948, in: Otto der Große (Hg. H. Zimmermann), 1976

Ders., Einladung ins Mittelalter, 1989

Fred Funcken/Lilian, Rüstungen und Kriegsgerät im Mittelalter, 1977

Ernst Gagliardi, Geschichte der Schweiz, 1934

Gerbert von Aurillac, Die Briefsammlung Gerberts von Reims (bearb. von Fritz Weigle) MGh epi. select. II

Wolfgang Georgi, Ottonianum und Heiratskunde 962/972, in: Kaiserin Theophanu Bd. II, 1991

Bronislaw Geremek, Geschichte der Armut, 1988

Gerhard, Leben des heiligen Ulrich (Hg. H. Kallfelz), in: Ausgew. Quellen, Bd. XXII, 1973

Wilhelm von Giesebrecht, Geschichte der deutschen Kaiserzeit, 1981

Winfried Glocker, Die Verwandten der Ottonen, 1989

Werner Goetz, Leben im Mittelalter, 1986

Werner Goez, Gestalten des Hochmittelalters, 1983

Ders., Geschichte Italiens in Mittelalter und Renaissance, 1988

Maria A. Goldmann, Die heilige Kaiserin Adelheid, 1947

Adolf Goldschmidt, Die Elfenbeinskulpturen aus der Zeit der karolingischen und sächsischen Kaiser, Bd. 2, 1918

Ferdinand Gregorovius, Geschichte der Stadt Rom im Mittelalter, 3. Bd., 1860

Jakob Grimm, Deutsche Mythologie, 1875

Aaron Gurjewitsch, Das Weltbild des mittelalterlichen Menschen 1987

Herbert Grundmann, Betrachtungen zur Kaiserkrönung Ottos I., in: Otto der Große (Hg. H. Zimmermann), 1976

Ugo Gualazzini, La scuola pavese, con particolare riguardo all' insegnamento del diritto, in: Atti del 4. congr., 1969

Johannes Haller, Das altdeutsche Kaisertum, 1934

Kassius Hallinger, Gorze-Kluny, Studie zu den monastischen Lebensformen und Gegensätzen im Hochmittelalter, 1948

Vinzenz Hamp (Übers.), Die Heilige Schrift, 1957

Ludwig Moritz Hartmann, Geschichte Italiens im Mittelalter Bd. 2 u. 3, 1900

Alfred Haverkamp, Italien im Mittelalter, in: Historische Zeitschrift Sonderheft 7, 1980

Jacques Heers, Vom Mummenschanz zum Machttheater, 1986

Erich Herzog, Die ottonische Stadt, 1964

Christopher Hibbert, Rom, Biographie einer Stadt, 1987

Rudolf Hiestand, Byzanz und das Regnum Italicum, in: Geist und Werk der Zeit, 1964

Helmut Hiller, Otto der Große und seine Zeit, 1980

Eduard Hlawitschka, Franken, Alemannen, Bayern und Burgunder in Oberitalien, 774–962, in: Forschungen zur oberrheinischen Landesgeschichte, Bd. VIII, 1960

Ders., Die verwandtschaftlichen Verbindungen zwischen dem hochburgundischen und dem niederburgundischen Königshaus, in: Grundwissenschaft und Geschichte, Festschrift für P. Acht, 1976

Ders., Die Königsherrschaft der burgundischen Rudolfinger, in: Historisches Jahrbuch der Görres-Gesellschaft, 100, 1980

Adolf Hofmeister, Die Heilige Lanze, 1908

Ders., Deutschland und Burgund im frühen Mittelalter, 1914

Robert Holtzmann, Geschichte der sächsischen Kaiserzeit, 1979

G. A. Hückel, Les poèms satiriques d'Adalberon, in: Biblio. de la Faculté des Lettres de Paris, t. XIII

Hrotsvitha von Gandersheim (Hg. Helene Homeyer), 1973

Hermann Hüffer (Übers.), Das Leben des Bischofs Adalbert von Prag, in: Die Geschichtsschreiber der deutschen Vorzeit, 1857

Karl Gottfried Hügelmann, Stämme, Nation und Nationalstaat im deutschen Mittelalter, 1955

Judith Hurtig, The armored gisant before 1400, 1979

W. K. Prinz von Isenburg, Stammtafeln zur Geschichte der europäischen Staaten, Bd. II

Georg Jacob, Arabische Berichte von Gesandten an germanischen Fürstenhöfen aus dem 9. und 10. Jahrhundert, 1922

P. Ch. Jacobsen, Flodoard von Reims, sein Leben und seine Dichtung, 1972

Philipp Jaffé, Das Leben der Königin Mathilde, in: Geschichtsschreiber der deutschen Vorzeit, 1858

Hans Jantzen, Ottonische Kunst, 1947

Kurt-Ulrich Jäschke, Königskanzlei und imperiales Königtum, in: Otto der Große (Hg. H. Zimmermann), 1976

Hagen Keller, Kloster Einsiedeln im ottonischen Schwaben, 1964

Ders., Das Kaisertum Ottos des Großen, in: Otto der Große (Hg. H. Zimmermann), 1976

Ders., Adelsherrschaft und städtische Gesellschaft in Oberitalien, 9.–12. Jahrhundert, 1979

Hiltgart Keller, Lexikon der heiligen und der biblischen Gestalten, 1968

Max Kirchner, Die deutschen Kaiserinnen, 1910

Christiane Klapisch-Zuber, Die Frau und die Familie, in: Der Mensch des Mittelalters (Hg. J. Le Goff), 1989

Hans Walter Klewitz, Die Heilige Lanze, in: Deutsches Archiv für die Geschichte des Mittelalters 6, 1, 1943

Rudolf Köpke / Ernst Dümmler, Kaiser Otto der Große, 1962

August von Kotzebue, Der Schutzgeist (bearbeitet von W. v. Goethe), in: Goethes Werke, 13. Bd., Weimar 1901

Andreas Kraus, Geschichte Bayerns, 1988

Willy Krogmann, Ein altsächsisches Lied vom Ende der Welt, 1937

Wilhelm Kurze, I momenti principali della storia di S. Salvatore al Monte Amiata, in: L'Amiata nel Medioevo, 1989

J. Kürzinger (Hg.), Neues Testament, 1957

Walther Lammers, Entstehung und Verfassung des Sachsenstamms, 1967

Karl Langosch, Hrotsvitha von Gandersheim, 1975

Ders., Waltherius, Ruodlieb, Märchenepen, 1950

Johannes Laudage, Das Problem der Vormundschaft über Otto III., in: Kaiserin Theophanu II., 1991

Jean Laclerq, S. Maiolo fondatore e riformatore di monasteri a Pavia, in: Atti del 4. Congr., 1969

James Lees-Milne, Sankt Peter, 1967

Jacques Le Goff, Kultur des europäischen Mittelalters, 1970

Ders., Die Geburt des Fegefeuers, 1990

Leo Marsicanus, Die Chronik von Montecassino (Hg. Hartmut Hoffmann), 1980

Leon Diakonos, Nikephoros Phokos und Johannes Tzimiskes (Übers. Franz Loretto), in: Byzantinische Geschichtsschreiber, Bd. X, 1961

Liber Miracolorum, MGh SS IV, 1841

Liudprand von Cremona, Werke, in: Ausgew. Quellen, Bd. VIII, 1977

Herbert Ludat, Siedlung und Verfassung der Slawen, 1960

Max Manitius, Geschichte der lateinischen Literatur des Mittelalters, 1959

Nevio Matteini, San Leo, 1969

Dieter Matthes, Die Heiratsurkunde der Kaiserin Theophanu, 1984

Hans Eberhard Meyer, Die Urkunden der Burgundischen Rudolfinger, 1977

Ders., Ein Rundschreiben Rudolfs II. von Burgund aus dem Jahr 932, in: Deutsches Archiv für Erforschung des Mittelalters, 1961

Wilfried Menghin, Die Langobarden, 1985

Gian Carlo Menis, I Longobardi, 1990

Reinhold Merkelbach, Die Quellen des griech. Alexanderromans, 1954

Henri Michelet, Eclaircissements sur le martyre de la Légion thébaine, 1987

Cola Minis, Handschrift, Forum und Sprache des Muspilli, in: Philologische Studien und Quellen, Heft 35, 1966

Michel Mollat, Die Armen im Mittelalter, 1987

Eckhard Müller-Mertens, Die Reichsstruktur im Spiegel der Herrschaftspraxis Ottos des Großen, 1980

Lodovico A. Muratori, Annali d'Italia dal principio dell'era volgare sino all-'anno 1500, tom. quinto, 1744

Ernest Muret, La legende de la Reine Berthe, 1987, in: Schweizer Archiv für Volkskunde, 1897

Helmut Naumann, Rätsel des letzten Aufstandes, in: Otto der Große (Hg. H. Zimmermann), 1976

Odilo von Cluny, Das Leben der Kaiserin Adelheid (Übers. Hermann Güffer), 1856

Otto Gerhard Oexle, Die funktionale Dreiteilung der Gesellschaft bei Adalberto von Laon, in: Frühmittelalterliche Studien 12, 1978

Ders., Bernward von Hildesheim und die religiösen Bewegungen seiner Zeit, in: Bernward I., 1993

Norbert Ohler, Reisen im Mittelalter, 1986

Werner Ohnsorge, Otto I. und Byzanz, in: Festschrift zur Jahrtausendfeier, 1962/63

Dante Olivieri, Dizionario di toponomastica Lombarda, 1931

José Ortega y Gasset, Der Schrecken des Jahres eintausend, 1992

Georg Ostrogorsky, Geschichte des byzantinischen Staates im Mittelalter, 1963

Roland Pauler, Das Regnum Italiae in ottonischer Zeit, in: Biblio. d. deutsch. hist. Instituts, 54, 1982

Herbert Paulhart, Zur Heiligsprechung der Kaiserin Adelheid, in: Mitteilungen des Instituts für österreichische Geschichtsforschung, LXIV, 1956

Ders., Die Lebensbeschreibung der Kaiserin Adelheid, 1962

Paulus Diakonus, Geschichte der Langobarden (Hg. A. Heine, Übers. O. Abel) 1986

Mario Pazzaglia, Antologia della Letteratura Italiana, Vo. I., 1971

Adriano Peroni, Pavia, 1978

Gregor H. Pertz (Hg.), Chronicon Novaliciense, MGh SS IX, 1846

Giuseppe Petronio, L'attività letteraria in Italia, 1970

Manfred Petry, Die Gründungsgeschichte der Abtei St. Vitus zu Mönchengladbach, 1974

Hans Conrad Peyer, Handbuch der Schweizer Geschichte, Bd. 1, 1972

Luzian Pfleger, Zum Millenarium der Kaiserin Adelheid, in: Archiv für elsässische Kirchengeschichte, 7, IX, 1932

Wilhelm Pinder, Die Kunst der deutschen Kaiserzeit, 1952

Edmond Pognon, Hugo Capet, König von Frankreich, 1966

Marie Louise Portmann, Die Darstellung der Frau in der Geschichtsschreibung des Mittelalters, 1958

René Poupardin, Le royaume de Bourgogne 888–1038, 1907

Friedrich Prinz, Grundlagen und Anfänge, Deutschland bis 1056, in: Neue Deutsche Geschichte Bd. 1, 1985

Gisela Pullmann, Die Kiliansfahne im Mainfränkischen Museum in Würzburg, 1975

Rather, Die Briefe des Bischofs Rather von Verona (Hg. Fritz Weigle), in: Die Briefe der deutschen Kaiserzeit, MGh epis. select.

Regino, Chronik, Ausgew. Quellen, Bd. VII, 1960

Kurt Reindel, Die bayerischen Luitpoldinger 893–989, 1953

Karl H. Rexroth, Die Herkunft der Heiligen Lanze, in: Protokolle des Konstanzer Arbeitskreises für mittelalterliche Geschichte Bd. 185, 1973

Pierre Riché, Die Karolinger, 1987

Richer, 4 Bücher Geschichte (Übers. Frh. v. d. Osten-Sacken), in: Geschichtsschreiber der deutschen Vorzeit, 1854

Christa Rienäcker, St. Servatius in Quedlinburg, 1990

Rudolfus Glaber, Chronache dell'anno mille (Hg. G. Cavallo/G. Orlandi), 1989

Ders., Vita di Guglielmo (Hg. G. M. Capuani/D. Tuniz), 1989

Ruotger, Leben des Erzbischofs Bruno von Köln (Übers. Julius von Jasmund), 1851

Luigi Salvatorelli, L'Italia Medioevale, in: Storia d'Italia, vol. III

Leo Santifaller, Otto I., das Imperium und Europa, in: Otto der Große (Hg. H. Zimmermann), 1976

Luigi Schiaparelli, I Diplomi di Ugo e di Lotario di Berengario II. e di Alberto I., 1924, in: Fonti per la storia d'Italia, 1924

Jean-Claude Schmitt, Die Logik der Gesten im europäischen Mittelalter, 1992

Georg Schnath, Das Welfenhaus als europäische Dynastie, 1968

Friedrich Schneider, Universalstaat oder Nationalstaat, 1941

Wilhelm Scholz, Die Frankfurter Weihnacht, 1938

Percy Ernst Schramm, Die Kaiser aus dem sächsischen Hause im Licht der Staatssymbolik, in: Festschrift zur Jahrtausendfeier, 1962/63

Ders., Die Geschichte des mittelalterlichen Herrschertums im Licht der Herrschaftszeichen, in: Historische Zeitschrift, Bd. 178

Ders., Herrschaftszeichen und Staatssymbolik Bd. II

Konrad Schrod, Reichsstraßen und Reichsverwaltung im Königreich Italien (754–1197), 1931

Ernst Schubert, Stätten sächsischer Kaiser, 1990

Hans Jakob Schuffels, Bernward Bischof von Hildesheim, in: Bernward von Hildesheim und das Zeitalter der Ottonen, 1993

Mechthild Schulze-Dörrlamm, Die Kaiserkrone Konrads II., 1991

Ignaz Schweizer, Vom Glanz der Ingelheimer Kaiserpfalz, 1969

Detlev Schwennicke, Europäische Stammtafeln, Bd. II, 1984

Karl Simrock, Bertha, die Spinnerin, 1853

Ders., Heiland, ein Sachsensang aus dem 9. Jahrhundert, 1915

Bernhard Simson (Hg.), Jahrbücher des fränkischen Reichs unter Ludwig dem Frommen, Bd. VI, 1888

Arrigo Solmi, L'ammistrazione finanziaria del regno italico nell'alto medioevo, 1932

Elias von Steinmeyer, Die kleineren althochdeutschen Sprachdenkmäler, 1916

Maria Stoeckle, Studien über Ideale in Frauenviten des 7.–10. Jahrhunderts, 1957

Arthur Suhle, Kulturgeschichte der Münze, 1964

John N. Sutherland, Liudprand of Cremona, in: Bibliotheca degli ›studi medievali‹, XIV, 1988

Thomas Szabó, La via Francigena, in: L'Amiata, 1989

Giovanni Tabacco, Il regno Italico nei secoli IX; XI, 1968

Thangmar, Leben des heiligen Bernward, in: Ausgew. Quellen, Bd. 22

Jean Marie Theurillat, Le trésor de St. Maurice, 1982

Helmut von Thiel, Leben und Taten Alexanders von Makedonien, 1974

Thietmar von Merseburg, Chronik, in: Ausgew. Quellen, Bd. IX, 1985

Wilhelm Heinz Thomas, Der Ursprung des Wortes Theodiscus, in: Historische Zeitschrift, 1988

Helmut Trnek, Die Reichskrone, Die Heilige Lanze, in: Weltliche und Geistliche Schatzkammer, 1987

Karl u. Mathilde Uhlirz, Jahrbücher des Deutschen Reichs unter Otto II. und Otto III., 1902/1954

Mathilde Uhlirz, Die rechtliche Stellung der Kaiserinwitwe im Deutschen und Italienischen Reich, in: Zeitschrift der Savigny Stiftung für Rechtsgeschichte, 1957

Ds., Studien über Theophanu, in: Deutsches Archiv für Erforschung des Mittelalters, 1943

Ds., Forschungen und Vorarbeiten zu den Jahrbüchern und Regesten Ottos III., 1951

Pietro Vacari, Pavia nell'alto medioevo e nell'eta communale, 1956

André Vauchez, Der Heilige, in: Der Mensch im Mittelalter, 1989

Donata Vicini, Il castello visconteo di pavia e i suoi musei, 1984

Albrecht Vogel, Ratherius von Verona und das zehnte Jahrhundert, 1854

Thilo Vogelsang, Die Frau als Herrscherin im hohen Mittelalter, 1954

G. Waitz (Hg.), Ex Syri, Vita S. Maioli, in: MGh SS IV

Wilhelm Wattenbach (u. a.), Die Zeit der Sachsen und Salier, in: Deutschlands Geschichtsquellen im Mittelalter, 1952

Lorenz Weinreich, Quellen zur Deutschen Verfassungs-, Wirtschafts- und Sozialgeschichte, 1977

Karl Ferdinand Werner, Geschichte Frankreichs Bd. 1, 1989

Hiltrud Westermann-Angerhausen, Spuren der Theophanu in der ottonischen Schatzkunst?, in: Kaiserin Theophanu, 1991

Widukind, Sachsengeschichte, in: Ausgew. Quellen, Bd. VIII, 1977

Franz Paul Wimmer, Kaiserin Adelheid, Gemahlin Ottos des Großen in ihrem Leben und Wirken von 931–973, 1897

Otto Wimmer, Kennzeichen und Attribute der Heiligen, 1976

Eduard Winkelmann, Der sächsische Annalist, in: Geschichtsschreiber der deutschen Vorzeit, 5. Bd., 1864

Ders., Die Jahrbücher von Quedlinburg, in: Geschichtsschr., 1862

Wolfgang Wippermann, Der ›Deutsche Drang nach Osten‹, 1981

Terence Wise, Ritter und Rüstung, 1980

Gunther Wolf, Über die Hintergründe der Erhebung Liudolfs von Schwaben, in: Otto der Große (Hg. H. Zimmermann), 1976

Ders., Nochmals zur Frage nach dem ›rex Francorum et Langobardorum‹ und dem ›regnum Italiae‹ 951, in: Archiv für Diplomatie 35, 1989

Ders., Theophanu und Adelheid, in: Kaiserin Theophanu, 1991

Franz Graf Wolff-Metternich, Die Erbauung der Peterskirche in Rom, 1972

Joachim Wollasch, Das Grabkloster der Kaiserin Adelheid in Selz am Rhein, 1968

Ders., Gemeinschaftsbewußtsein und soziale Leistung im Mittelalter, in: Frühmittelalterliche Studien Bd. 9, 1975

Harald Zimmermann, Ottonische Studien, 1962/63

Ders., Das dunkle Jahrhundert, 1971

Ders., Parteiungen und Papstwahl, in: Otto der Große, 1976

Wolfgang Zorn, Augsburg, 1955

Alvise Zorzi, Venedig, 1987

Giuseppe Zuchetti, Il chronicon di Benedetto, 1920